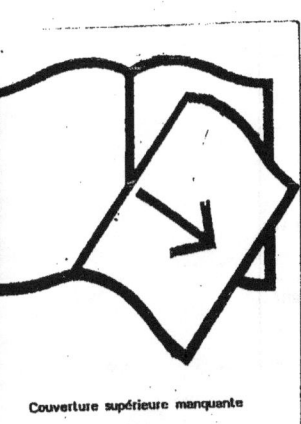
Couverture supérieure manquante

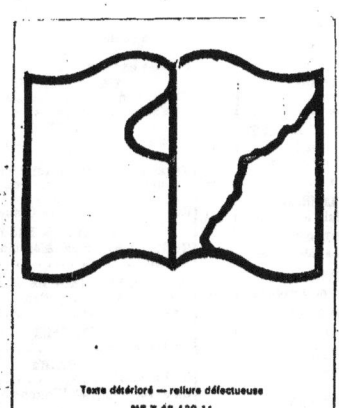
Texte détérioré — reliure défectueuse
NF Z 43-120-11

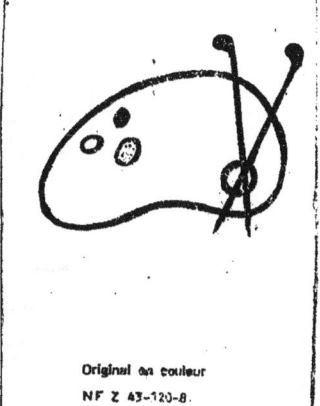
Original en couleur
NF Z 43-120-8

UN FRANC LE VOLUME BROCHÉ
CARTONNÉ EN TOILE ANGLAISE IMPRIMÉE, **1 FR. 25**

BIBLIOTHÈQUE CHOISIE
DES CHEFS-D'ŒUVRE FRANÇAIS ET ÉTRANGERS

EN VENTE :

BEAUMARCHAIS
Théâtre choisi........... 1 vol.

BOCCACE
Contes............! ...... 1 —

BONAVENTURE DES PERIERS
Les Contes ou les Nouvelles récréations et joyeux devis. 1 —

BRANTOME
Vies des dames galantes... 1 —

BRILLAT-SAVARIN
Physiologie du Goût...... 1 —

CH. DE BROSSES
L'Italie galante et familière. 1 —

CAYLUS
Contes et Facéties...... 1 —

CASANOVA
Amours de Jeunesse..... 1 —
L'Amour à Venise........ 1 —

CHAMFORT ET RIVAROL
Œuvres choisies......... 1 —

ANDRÉ CHENIER
Œuvres poétiques....... 1 —

P.-L. COURIER
L'Ane d'or. Daphnis et Chloé. 1 vol.

DIDEROT
Contes, Nouvelles et Mélanges 1 —

GOETHE
Werther, Hermann et Dorothée 1 —

GRÉCOURT
Contes et Chansons....... 1 —

HAMILTON
Histoire amoureuse de la Cour d'Angleterre............. 1 —

HOFFMANN
Contes fantastiques..... 1 —

J. DE LA FONTAINE
Contes et Nouvelles...... 1 —

LESAGE
Le Diable boiteux......... 1 —

LOUVET DE COUVRAY
Les Amours du Chevalier de Faublas................. 1 —

XAVIER DE MAISTRE
Œuvres complètes....... 1 vol

MARGUERITE DE VALOIS
Les Contes de la Reine de Navarre............... 1 —

MIRABEAU
Lettres d'Amour à Sophie... 1 —

MOLIÈRE
Œuvres choisies......... 1 —

GÉRARD DE NERVAL
Les Femmes du Caire..... 1 —

OVIDE
L'Art d'aimer. Les Amours.. 1 —

PARNY
Poésies complètes....... 1 —

PIRON
Poésies badines......... 1 —

L'Abbé PREVOST
Histoire du Chevalier Desgrieux et de Manon Lescaut. 1 —

STENDHAL
Physiologie de l'Amour.... 1 —

STERNE
Voyage sentimental, suivi des Amours de mon oncle Tobie 1 —

SUÉTONE
Rome galante sous les Césars 1 vol

AUGUSTIN THIERRY
Récits des temps Mérovingiens............. 1 —

UN CONTEMPORAIN DE BRANTOME
Les Heures perdues d'un cavalier français......... 1 vol.

VOISENON
Contes légers........... 1 —

VOLTAIRE
La Pucelle............. 1 —
Candide, Zadig et l'Ingénu.. 1 —

***
Nouveaux Contes à plaisir tirés des 100 Nouvelles nouvelles. 1 —

***
Lettres d'Amour d'Héloïse et d'Abailard............. 1 —

***
Les Quinze Joies de Mariage. 1 —

Mme DE STAËL
De l'Allemagne.......... 1 —

IMP. NOIZETTE, 8, RUE CAMPAGNE-PREMIÈRE, PARIS.

LES
LIAISONS DANGEREUSES

Bibliothèque des chefs-d'œuvre Français et Étrangers

C. DELACLOS

LES

LIAISONS DANGEREUSES

SUIVIES DE :

LES EXERCICES DE DÉVOTION DE M. H. ROCH

Par l'abbé de VOISENON

Nouvelle édition précédée d'une Notice

PARIS
E. DENTU, ÉDITEUR
LIBRAIRE DE LA SOCIÉTÉ DES GENS DE LETTRES
3, PLACE DE VALOIS, PALAIS-ROYAL

1891

(Tous droits réservés).

LES LIAISONS DANGEREUSES

I

CÉCILE VOLANGE à SOPHIE CARNAY, aux Ursulines
de...

Tu vois, ma bonne amie, que je tiens parole, et que
les bonnets et les pompons ne prennent pas tout mon
temps ; il m'en restera toujours pour toi. J'ai pourtant
vu plus de parures dans cette seule journée, que dans
les quatre ans que nous avons passés ensemble ; et je
crois que la superbe Tanville [1] aura plus de chagrin
à ma première visite, où je compte bien la demander, qu'elle n'a cru nous en faire toutes les fois qu'elle
est venue nous voir *in fiocchi*. Maman m'a consultée
sur tout ; elle me traite beaucoup moins en pensionnaire que par le passé. J'ai une femme de chambre à
moi ; j'ai une chambre et un cabinet dont je dispose,
et je t'écris à un secrétaire très joli, dont on m'a remis la clef, et où je peux renfermer tout ce que je
veux. Maman m'a dit que je la verrais tous les jours
à son lever ; qu'il suffisait que je fusse coiffée pour

[1] Pensionnaire du même couvent.

dîner, parce que nous serions toujours seules, et qu'alors elle me dirait chaque jour l'heure où je devrais l'aller joindre l'après-midi. Le reste du temps est à ma disposition, et j'ai ma harpe, mon dessin et des livres comme au couvent ; si ce n'est que la mère Perpétue n'est pas là pour me gronder et qu'il ne tiendrait qu'à moi d'être toujours à ne rien faire : mais comme je n'ai pas ma Sophie pour causer et pour rire, j'aime autant m'occuper.

Il n'est pas encore cinq heures ; je ne dois aller retrouver maman qu'à sept : voilà bien du temps, si j'avais quelque chose à te dire ! Mais on ne m'a encore parlé de rien ; et sans les apprêts que je vois faire, et la quantité d'ouvrières qui viennent toutes pour moi, je croirais qu'on ne songe pas à me marier, et que c'est un radotage de plus de la bonne Joséphine [1]. Cependant maman m'a dit si souvent qu'une demoiselle devait rester au couvent jusqu'à ce qu'elle se mariât, que puisqu'elle m'en fait sortir, il faut bien que Joséphine ait raison.

Il vient d'arrêter un carrosse à la porte, et maman me fait dire de passer chez elle tout de suite. Si c'était le Monsieur ! Je ne suis pas habillée, la main me tremble et le cœur me bat. J'ai demandé à la femme de chambre, si elle savait qui était chez ma mère : « Vraiment, m'a-t-elle dit, c'est M. C***. » Et elle riait. Oh ! je crois que c'est lui. Je reviendrai sûrement te raconter ce qui se sera passé. Voilà toujours son nom. Il ne faut pas se faire attendre. Adieu, jusqu'à un petit moment.

Comme tu vas te moquer de la pauvre Cécile ! Oh ! j'ai été bien honteuse ! Mais tu y aurais été attrapée comme moi. En entrant chez maman, j'ai vu un

---

[1] Tourrière du couvent.

Monsieur en noir, debout auprès d'elle. Je l'ai salué du mieux que j'ai pu, et suis restée sans pouvoir bouger de ma place. Tu juges combien je l'examinais ! « Madame, a-t-il dit à ma mère, en me saluant, voilà une charmante demoiselle, et je sens mieux que jamais le prix de vos bontés. » À ce propos si positif, il m'a pris un tremblement, tel que je ne pouvais me soutenir : j'ai trouvé un fauteuil, et je m'y suis assise, bien rouge et bien déconcertée. J'y étais à peine, que voilà cet homme à mes genoux. Ta pauvre Cécile alors a perdu la tête ; j'étais, comme dit maman, toute effarouchée. Je me suis levée en jetant un cri perçant ; tiens, comme ce jour du tonnerre. Maman est partie d'un éclat de rire, en me disant : — « Eh bien, qu'avez-vous ? Asseyez-vous, et donnez votre pied à Monsieur. » En effet, ma chère amie, le Monsieur était un cordonnier : je ne peux te rendre combien j'ai été honteuse, par bonheur il n'y avait que maman. Je crois que, quand je serai mariée, je ne me servirai plus de ce cordonnier-là.

Conviens que nous voilà bien savantes ! Adieu. Il est près de six heures, ma femme de chambre dit qu'il faut que je m'habille. Adieu, ma chère Sophie : je t'aime comme si j'étais encore au couvent.

S. P. Je ne sais par qui envoyer ma lettre : ainsi j'attendrai que Joséphine vienne.

Paris, ce 3 août 17**.

II

La marquise DE MERTEUIL au vicomte DE VALMONT, au château de...

Revenez, mon cher Vicomte, revenez : que faites-vous, que pouvez-vous faire chez une vieille tante dont tous les biens vous sont substitués ? Partez sur le champ ; j'ai besoin de vous. Il m'est venu une excellente idée, et je veux bien vous en confier l'exécution. Ce peu de mots devrait suffire ; et trop honoré de mon choix, vous devriez venir avec empressement, prendre mes ordres à genoux : mais vous abusez de mes bontés même depuis que vous n'en usez plus ; et dans l'alternative d'une haine éternelle ou d'une excessive indulgence, votre bonheur veut que ma bonté l'emporte. Je veux donc bien vous instruire de mes projets : mais jurez-moi qu'en fidèle chevalier, vous ne courez aucune aventure que vous n'ayez mis celle-ci à fin : elle est digne d'un héros : vous servirez l'amour et la vengeance ; ce sera enfin une rouerie de plus à mettre dans vos mémoires : oui, dans vos mémoires, car je veux qu'ils soient imprimés un jour, et je me charge de les écrire. Mais laissons cela, et revenons à ce qui m'occupe.

Mme de Volanges marie sa fille : c'est encore un secret ; mais elle m'en a fait part hier. Et qui croyez-vous qu'elle ait choisi pour gendre ? le comte de Gercourt. Qui m'aurait dit que je deviendrais la cousine de Gercourt ? J'en suis dans une fureur.... Eh bien ! vous ne devinez pas encore ? oh ! l'esprit lourd ! Lui

avez-vous donc pardonné l'aventure de l'intendante ?
Et moi, n'ai-je pas encore plus à me plaindre de lui,
monstre que vous êtes ¹ ? Mais je m'apaise, et l'espoir
de me venger rassérène mon âme.

Vous avez été ennuyé cent fois, ainsi que moi, de
l'importance que met Gercourt à la femme qu'il aura,
et de la sotte présomption qui lui fait croire qu'il
évitera le sort inévitable. Vous connaissez ses ridicules
préventions pour les éducations cloîtrées, et son pré-
jugé plus ridicule encore, en faveur de la retenue des
blondes. En effet, je gagerais que malgré les soixante
mille livres de rente de la petite Volanges, il n'aurait
jamais fait ce mariage, si elle eût été brune, ou si
elle n'eût pas été au couvent. Prouvons-lui donc
qu'il n'est qu'un sot : il le sera sans doute un jour ;
ce n'est pas là ce qui m'embarrasse : mais le plaisant
serait qu'il débutât par là. Comme nous nous amu-
serions le lendemain en l'entendant se vanter ! car
il se vantera ; et puis, si une fois vous formez cette
petite fille, il y aura bien du malheur si le Gercourt
ne devient pas, comme un autre, la fable de Paris.

Au reste, l'héroïne de ce nouveau roman mérite
tous vos soins, elle est vraiment jolie ; cela n'a que
quinze ans, c'est le bouton de rose ; gauche, à la vérité, comme on ne l'est point, et nullement manié-
rée : mais, vous autres hommes, vous ne craignez
pas cela ; de plus, un certain regard langoureux qui
promet beaucoup en vérité ; ajoutez-y que je vous

¹ Pour entendre ce passage, il faut savoir que le comte
de Gercourt avait quitté la marquise de Merteuil pour l'intendante de ***, qui lui avait sacrifié le vicomte de Valmont,
et que c'est alors que la marquise et le Vicomte s'attachè-
rent l'un à l'autre. Comme cette aventure est fort antérieure
aux événements dont il est question dans ces Lettres, on a
cru devoir en supprimer toute la correspondance.

la recommande : vous n'avez plus qu'à me remercier et m'obéir.

Vous recevez cette lettre demain matin. J'exige que demain, à sept heures du soir, vous soyez chez moi. Je ne recevrai personne qu'à huit, pas même le régnant Chevalier : il n'a pas assez de tête pour une si grande affaire. Vous voyez que l'amour ne m'aveugle pas. A huit heures, je vous rendrai votre liberté et vous reviendrez à dix souper avec le bel objet ; car la mère et la fille souperont chez moi.

Adieu, il est midi passé : bientôt je ne m'occuperai plus de vous.

Paris, ce 4 août 17**.

III

CÉCILE VOLANGES à SOPHIE CARNAY

Je ne sais encore rien, ma bonne amie. Maman avait hier beaucoup de monde à souper. Malgré l'intérêt que j'avais à examiner, les hommes surtout, je me suis fort ennuyée. Hommes et femmes, tout le monde m'a beaucoup regardée, et puis on se parlait à l'oreille ; et je voyais bien qu'on parlait de moi : cela me faisait rougir ; je ne pouvais m'en empêcher. Je l'aurais bien voulu, car j'ai remarqué que quand on regardait les autres femmes, elles ne rougissaient pas ; ou bien c'est le rouge qu'elles mettent qui empêche de voir celui que l'embarras leur cause ; car il doit être bien difficile de ne pas rougir quand un homme vous regarde fixement.

Ce qui m'inquiétait le plus, était de ne pas savoir ce qu'on pensait sur mon compte. Je crois avoir entendu pourtant deux ou trois fois le mot de *jolie*; mais j'ai entendu bien distinctement celui de *gauche*; et il faut que cela soit bien vrai, car la femme qui le disait est parente et amie de ma mère; elle paraît même avoir pris tout de suite de l'amitié pour moi. C'est la seule personne qui m'ait un peu parlé dans la soirée. Nous souperons chez elle.

J'ai encore entendu, après souper, un homme que je suis sûre qui parlait de moi, et qui disait à un autre : « Il faut laisser mûrir cela, nous verrons cet hiver. » C'est peut-être celui-là qui doit m'épouser ; mais alors ce ne serait donc que dans quatre mois ! Je voudrais bien savoir ce qui en est.

Voilà Joséphine, et elle me dit qu'elle est pressée. Je veux pourtant te raconter encore une de mes *gaucheries*. Oh ! je crois que cette dame a raison !

Après le souper on s'est mis à jouer. Je me suis placée auprès de maman ; je ne sais pas comment cela s'est fait ; mais je me suis endormie presque tout de suite. Un grand éclat de rire m'a réveillée. Je ne sais si l'on riait de moi, mais je le crois. Maman m'a permis de me retirer, et elle m'a fait grand plaisir. Figure-toi qu'il était onze heures passées. Adieu, m'a chère Sophie ; aime toujours bien ta Cécile. Je t'assure que le monde n'est pas aussi amusant que nous l'imaginions.

Paris, ce 4 août 17**.

IV

Le vicomte de VALMONT à la marquise de MERTEUIL, à Paris.

Vos ordres sont charmants ; votre façon de les donner est plus aimable encore ; vous feriez chérir le despotisme. Ce n'est pas la première fois, comme vous savez, que je regrette de ne plus être votre esclave ; et tout *monstre* que vous dites que je suis, je ne me rappelle jamais sans plaisir le temps où vous m'honoriez de noms plus doux. Souvent même je désire de les mériter de nouveau, et de finir par donner avec vous un exemple de constance au monde. Mais de plus grands intérêts nous appellent ; conquérir est notre destin ; il faut le suivre : peut-être au bout de la carrière nous rencontrerons-nous encore ; car, soit dit sans vous fâcher, ma très belle Marquise, vous me suivez au moins d'un pas égal ; et depuis que, nous séparant pour le bonheur du monde, nous prêchons la foi chacun de notre côté, il me semble que dans cette mission d'amour, vous avez fait plus de prosélytes que moi. Je connais votre zèle, votre ardente ferveur ; et si ce Dieu-là nous jugeait sur nos œuvres, vous seriez un jour la patronne de quelque grande ville, tandis que votre ami serait au plus un saint de village. Ce langage vous étonne, n'est-il pas vrai ? Mais depuis huit jours, je n'en entends, je n'en parle pas d'autre ; et c'est pour m'y perfectionner, que je me vois forcé de vous désobéir.

Ne vous fâchez pas et écoutez-moi. Dépositaire de

tous les secrets de mon cœur, je vais vous confier le plus grand projet que j'aie jamais formé. Que me proposez-vous ? de séduire une jeune fille qui n'a rien vu, ne connaît rien ; qui, pour ainsi dire, me serait livrée sans défense ; qu'un premier hommage ne manquera pas d'énivrer, et que la curiosité mènera peut-être plus vite que l'amour. Vingt autres peuvent y réussir comme moi. Il n'en est pas ainsi de l'entreprise qui m'occupe ; son succès m'assure autant d'honneur que de plaisir. L'Amour qui prépare ma couronne, hésite lui-même entre le myrte et le laurier, ou plutôt il les réunira pour honorer mon triomphe. Vous-même, ma belle amie, vous serez saisie d'un saint respect ; et vous direz avec enthousiasme : « Voilà l'homme selon mon cœur. »

Vous connaissez la présidente de Tourvel, sa dévotion, son amour conjugal, ses principes austères. Voilà ce que j'attaque ; voilà l'ennemi digne de moi ; voilà le but où je prétends atteindre :

Et si de l'obtenir je n'emporte le prix,
J'aurai du moins l'honneur de l'avoir entrepris.

On peut citer de mauvais vers, quand ils son d'un grand poète [1].

Vous saurez donc que le président est en Bourgogne, à la suite d'un grand procès : (j'espère lui en faire perdre un plus important.) Son inconsolable moitié doit passer ici tout le temps de cet affligeant veuvage. Une messe chaque jour, quelques visites aux pauvres du canton, des prières du matin et du soir, des promenades solitaires, de pieux entretiens avec ma vieille tante, et quelquefois un triste whist,

[1] La Fontaine.

devaient être ses seules distractions. Je lui en prépare de plus efficaces. Mon bon ange m'a conduit ici, pour son bonheur et pour le mien. Insensé ! je regrettais vingt-quatre heures que je sacrifiais à des égards d'usage. Combien on me punirait, en me forçant de retourner à Paris ! Heureusement il faut être quatre jour pour jouer au whist, et comme il n'y a ici que le curé du lieu, mon éternelle tante m'a beaucoup pressé de lui sacrifier quelques jours. Vous devinez que j'ai consenti. Vous n'imaginez pas combien elle me cajole depuis ce moment, combien surtout elle est édifiée de me voir régulièrement à ses prières et à sa messe. Elle ne se doute pas de la divinité que j'y adore. »

Me voilà donc, depuis quatre jours, livré à une passion forte. Vous savez si je désire vivement, si je dévore les obstacles : mais ce que vous ignorez c'est combien la solitude ajoute à l'ardeur du désir. Je n'ai plus qu'une idée ; j'y pense le jour, et j'y rêve la nuit. J'ai bien besoin d'avoir cette femme, pour me sauver du ridicule d'en être amoureux : car où ne mène par un désir contrarié ! O délicieuse jouissance ! je t'implore pour mon bonheur, et surtout pour mon repos. Que nous sommes heureux que les femmes se défendent si mal ! nous ne serions auprès d'elles que de timides esclaves. J'ai dans ce moment un sentiment de reconnaissance pour les femmes faciles, qui m'amène naturellement à vos pieds. Je m'y prosterne pour obtenir mon pardon, et j'y finis cette trop longue lettre. Adieu, ma très belle amie : sans rancune.

Du château.... ce 5 août 17**

V

La marquise DE MERTEUIL au vicomte DE VALMONT

Savez-vous, vicomte, que votre lettre est d'une insolence rare, et qu'il ne tiendrait qu'à moi de m'en fâcher ? mais elle m'a prouvé clairement que vous aviez perdu la tête, et cela seul vous a sauvé de mon indignation. Amie généreuse et sensible, j'oublie mon injure pour ne m'occuper que de votre danger ; et quelqu'ennuyeux qu'il soit de raisonner, je cède au besoin que vous en avez dans ce moment.

Vous, avoir la présidente de Tourvel ! mais quel ridicule caprice ! Je reconnais bien là votre mauvaise tête, qui ne sait désirer que ce qu'elle croit ne pas pouvoir obtenir. Qu'est-ce donc que cette femme ? des traits réguliers si vous voulez, mais nulle expression : passablement faite, mais sans grâces, toujours mise à faire rire, avec ses paquets de fichus sur la gorge, et son corps qui remonte au menton ! Je vous le dis en amie, il ne vous faudrait pas deux femmes comme celle-là, pour vous faire perdre toute votre considération. Rappelez-vous donc ce jour où elle quêtait à Saint-Roch, et où vous me remerciâtes tant de vous avoir procuré ce spectacle. Je crois la voir encore, donnant la main à ce grand échalas en cheveux longs, prête à tomber à chaque pas, ayant toujours son panier de quatre aunes sur la tête de quelqu'un, en rougissant à chaque révérence. Qui vous eût dit alors, vous désirerez cette femme ? Allons, vicomte, rougissez vous-même, et revenez à vous. Je vous promets le secret.

Et puis, voyez donc les désagréments qui vous attendent ! quel rival avez-vous à combattre ? un mari ! Ne vous sentez-vous pas humilié à ce seul mot ! Quelle honte si vous échouez ! et même combien peu de gloire dans le succès ! Je dis plus, n'en espérez aucun plaisir. En est-il avec des prudes ? j'entends celles de bonne foi. Réservées au sein même du plaisir, elles ne vous offrent que des demi-jouissances. Cet entier abandon de soi-même, ce délire de la volupté où le plaisir s'épure par son excès, ces biens de l'amour ne sont pas connus d'elles. Je vous le prédis : dans la plus heureuse supposition, votre présidente croira avoir tout fait pour vous, en vous traitant comme son mari, et dans le tête-à-tête conjugal le plus tendre, on reste toujours deux. Ici c'est bien pis encore ; votre prude est dévote, et de cette dévotion de bonne femme qui condamne à une éternelle enfance. Peut-être surmonterez-vous cet obstacle, mais ne vous flattez pas de le détruire : vainqueur de l'amour de Dieu, vous ne le serez pas de la peur du diable ; et quand, tenant votre maîtresse dans vos bras, vous sentirez palpiter son cœur, ce sera de crainte et non d'amour. Peut-être, si vous eussiez connu cette femme plutôt, en eussiez-vous pu faire quelque chose ; mais cela a vingt-deux ans, et il y en a près de deux qu'elle est mariée. Croyez-moi, vicomte, quand une femme s'est *encroûtée* à ce point, il faut l'abandonner à son sort ; ce ne sera jamais qu'une *espèce*.

C'est pourtant pour ce bel objet que vous refusez de m'obéir, que vous vous enterrez dans le tombeau de votre tante, et que vous renoncez à l'aventure la plus délicieuse et la plus faite pour vous faire hon-

neur. Par quelle fatalité faut-il donc que Gercourt
garde toujours quelque avantage sur vous ? Tenez,
je vous en parle sans humeur : mais, dans ce moment, je suis tentée de croire que vous ne méritez pas
votre réputation ; je suis tentée surtout de vous retirer ma confiance. Je ne m'accoutumerai jamais à dire
mes secrets à l'amant de Mme de Tourvel.

Sachez pourtant que la petite Volanges a déjà fait
tourner une tête. Le jeune Danceny en raffole. Il a
chanté avec elle ; et en effet elle chante mieux qu'à
une pensionnaire n'appartient. Ils doivent répéter
beaucoup de duos, et je crois qu'elle se mettrait volontiers à l'unisson : mais ce Danceny est un enfant
qui perdra son temps à faire l'amour, et ne finira
rien. La petite personne de son côté est assez farouche ; et à tout événement, cela sera toujours beaucoup moins plaisant que vous n'auriez pu le rendre :
aussi j'ai de l'humeur, et sûrement je querellerai le
chevalier à son arrivée. Je lui conseille d'être doux ;
car, dans ce moment, il ne m'en coûterait rien de
rompre avec lui. Je suis sûre que si j'avais le bon
esprit de le quitter à présent, il en serait au désespoir ; et rien ne m'amuse comme un désespoir amoureux. Il m'appellerait perfide, et ce mot de perfide
m'a toujours fait plaisir ; c'est, après celui de cruelle,
le plus doux à l'oreille d'une femme, et il est moins
pénible à mériter. Sérieusement je vais m'occuper de
cette rupture. Voilà pourtant de quoi vous êtes
cause ! aussi je le mets sur votre conscience. Adieu.
Recommandez-moi aux prières de votre présidente.

Paris, ce 7 août 17**.

VI

Le vicomte DE VALMONT à la marquise DE MERTEUIL

Il n'est donc point de femme qui n'abuse de l'empire qu'elle a su prendre ! Et vous-même, vous que je nommai si souvent mon indulgente amie, vous cessez enfin de l'être, et vous ne craignez pas de m'attaquer dans l'objet de mes affections ! De quels traits vous osez peindre Mme de Tourvel !... quel homme n'eût point payé de sa vie cette insolente audace ? à quelle autre femme qu'à vous n'eût-elle pas valu au moins une noirceur ? De grâce, ne me mettez plus à d'aussi rudes épreuves ; je ne répondrais pas de les soutenir. Au nom de l'amitié, attendez que j'aie eu cette femme, si vous voulez en médire. Ne savez-vous pas que la seule volupté a le droit de détacher le bandeau de l'amour ? Mais que dis-je Mme de Tourvel a-t-elle besoin d'illusion ? non : pour être adorable il lui suffit d'être elle-même. Vous lui reprochez de se mettre mal ; je le crois bien, toute parure lui nuit ; tout ce qui la cache la dépare. C'est dans l'abandon du négligé qu'elle est vraiment ravissante. Grâce aux chaleurs accablantes que nous éprouvons, un déshabillé de simple toile me laisse voir sa taille ronde et souple. Une seule mousseline couvre sa gorge ; et mes regards furtifs, mais pénétrants, en ont déjà saisi les formes enchanteresses. Sa figure, dites-vous, n'a nulle expression. Et qu'exprimerait-elle, dans les moments où rien ne parle à son cœur? Non, sans doute, elle n'a point, comme nos femmes coquettes, ce regard menteur qui séduit quelquefois et nous trompe toujours. Elle ne sait pas couvrir le vide d'une phrase par un sourire étudié ; et quoiqu'elle ait les plus belles dents du monde, elle ne rit que de ce qui l'amuse. Mais il faut voir comme, dans les folâtres jeux, elle offre l'image d'une gaîté naïve et franche ! comme, auprès d'un malheureux qu'elle s'empresse de secourir, son regard annonce la joie pure et la bonté compatissante ! Il faut voir, surtout au moindre mot d'éloge ou de cajolerie, se peindre, sur sa figure céleste, ce touchant embarras d'une modestie qui n'est point jouée !... Elle est prude et dévote, et de là vous la jugez froide et inanimée ? Je pense bien différemment. Quelle étonnante sensibilité ne faut-il pas avoir pour la répandre jusque sur son mari, et pour aimer toujours un être toujours absent ! Quelle preuve plus forte pourriez-vous désirer ? J'ai su pourtant m'en procurer un autre.

J'ai dirigé sa promenade de manière qu'il s'est trouvé un fossé à franchir ; et, quoique fort leste, elle est encore plus timide : vous jugez bien qu'une prude craint de sauter le fossé. Il a fallu se confier à moi. J'ai tenu dans mes bras cette femme modeste. Nos préparatifs et le passage de ma vieille tante avaient fait rire aux éclats la folâtre dévote ; mais, dès que je me fus emparé d'elle, par une adroite gaucherie, nos bras s'entrelacèrent mutuellement. Je pressai son sein contre le mien ; et, dans ce court intervalle, je sentis son cœur battre plus vite. L'aimable rougeur vint colorer son visage, et son modeste embarras m'apprit assez *que son cœur avait palpité d'amour et non de crainte*. Ma tante cependant s'y trompa comme vous, et se mit à dire : « L'enfant a eu peur ; » mais la char-

mante candeur de l'*enfant* ne lui permit pas le mensonge, et elle répondit naïvement : « Oh non, mais... »
Ce seul mot m'a éclairé. Dès ce moment, le doux espoir a remplacé la cruelle inquiétude. J'aurai cette femme, je l'enlèverai au mari qui la profane : j'oserai la ravir au dieu même qu'elle adore. Quel délice d'être tour à tour l'objet et le vainqueur de ses remords ! Loin de moi l'idée de détruire les préjugés qui l'assiègent ! ils ajouteront à mon bonheur et à ma gloire. Qu'elle croie à la vertu, mais qu'elle me la sacrifie ; que ses fautes l'épouvantent sans pouvoir l'arrêter ; et qu'agitée de mille terreurs, elle ne puisse les oublier, les vaincre que dans mes bras. Qu'alors, j'y consens, elle me dise : « Je t'adore ; » elle seule, entre toutes les femmes, sera digne de prononcer ce mot. Je serai vraiment le dieu qu'elle aura préféré.

Soyons de bonne foi : dans nos arrangements, aussi froids que faciles, ce que nous appelons bonheur est à peine un plaisir. Vous le dirai-je ? je crois mon cœur flétri : et ne me trouvant plus que des sens, je me plaignais d'une vieillesse prématurée. Mme de Tourvel m'a rendu les charmantes illusions de la jeunesse. Auprès d'elle, je n'ai pas besoin de jouir pour être heureux. La seule chose qui m'effraie, est le temps que va me prendre cette aventure ; car je n'ose rien donner au hasard. J'ai beau me rappeler mes heureuses témérités ; je ne puis me résoudre à les mettre en usage. Pour que je sois vraiment heureux, il faut qu'elle se donne ; et ce n'est pas une petite affaire.

Je suis sûr que vous admireriez ma prudence. Je n'ai pas encore prononcé le mot d'amour ; mais déjà nous en sommes à ceux de confiance et d'intérêt. Pour la tromper le moins possible, et surtout pour prévenir l'effet des propos qui pourraient lui revenir, je lui ai raconté moi-même, et comme en m'accusant quelques-uns de mes traits les plus connus. Vous ririez de voir avec quelle candeur elle me prêche. Elle veut, dit-elle, me convertir. Elle ne se doute pas encore de ce qui lui en coûtera pour le tenter. Elle est loin de penser qu'*en plaidant*, pour parler comme elle, *pour les infortunées que j'ai perdues*, elle parle d'avance dans sa propre cause. Cette idée me vint hier au milieu d'un de ses sermons, et je ne pus me refuser au plaisir de l'interrompre, pour l'assurer qu'elle parlait comme un prophète. Adieu, ma très-belle amie. Vous voyez que je ne suis pas perdu sans ressource.

P. S. A propos, ce pauvre chevalier s'est-il tué de désespoir ? En vérité, vous êtes cent fois plus mauvais sujet que moi, et vous m'humilieriez, si j'avais de l'amour-propre.

Du château de... ce 9 août 17***.

VII

CÉCILE VOLANGES à SOPHIE CARNAY

Si je ne t'ai rien dit de mon mariage, c'est que je ne suis pas plus instruite que le premier jour. Je m'accoutume à n'y plus penser, et je me trouve assez bien de mon genre de vie. J'étudie beaucoup mon chant et ma harpe ; il me semble que je les aime mieux depuis que je n'ai plus de maître, ou plutôt c'est que j'en ai un meilleur. M. le chevalier Danceny, ce monsieur dont je t'ai parlé, et avec qui j'ai chanté chez Mme de Merteuil, a la complaisance de venir ici tous les jours, et de chanter avec moi des heures entières. Il est extrêmement aimable. Il chante comme un ange, et compose de très jolis airs dont il fait aussi les paroles. C'est bien dommage qu'il soit chevalier de Malte ! Il me semble que s'il se mariait, sa femme serait bien heureuse... Il a une douceur charmante. Il n'a jamais l'air de faire un compliment, et pourtant tout ce qu'il dit flatte. Il me reprend sans cesse, tant sur la musique que sur autre chose : mais il mêle à ses critiques tant d'intérêt et de gaîté, qu'il est impossible de ne pas lui en savoir gré. Seulement, quand il vous regarde, il a l'air de vous dire quelque chose d'obligeant. Il joint à tout cela d'être très complaisant. Par exemple, hier il était prié d'un grand concert, il a préféré de rester toute la soirée chez maman. Cela m'a bien fait plaisir ; car quand il n'y est pas, personne ne me parle, et je m'ennuie : au lieu que quand il y est, nous chantons et nous causons ensemble. Il a toujours quelque chose à me dire. Lui et Mme de Merteuil sont les deux seules personnes que je trouve aimables. Mais, adieu, ma chère amie ; j'ai promis que je saurais pour aujourd'hui, une ariette dont l'accompagnement est très difficile, et je ne veux pas manquer de parole. Je vais me remettre à l'étude jusqu'à ce qu'il vienne.

De... ce 7 août 17**.

VIII

La présidente DE TOURVEL à madame DE VOLANGES

On ne peut être plus sensible que je le suis, Madame, à la confiance que vous me témoignez, ni prendre plus d'intérêt que moi à l'établissement de Mlle de Volanges. C'est bien de toute mon âme que je lui souhaite une félicité dont je ne doute pas qu'elle ne soit digne, et sur laquelle je m'en rapporte bien à votre prudence. Je ne connais point M. le comte de Gercourt ; mais, honoré de votre choix, je ne puis prendre de lui qu'une idée très avantageuse. Je me borne, Madame, à souhaiter à ce mariage un succès aussi heureux qu'au mien, qui est pareillement votre ouvrage, et pour lequel chaque jour ajoute à ma reconnaissance. Que le bonheur de mademoiselle votre fille soit la récompense de celui que vous m'avez procuré ; et puisse la meilleure des amies, être aussi la plus heureuse des mères !

Je suis vraiment peinée de ne pouvoir vous offrir de vive voix l'hommage de ce vœu sincère, et faire, aussitôt que je le désirerais, connaissance avec Mlle de Volanges. Après avoir éprouvé vos bontés vraiment maternelles, j'ai droit d'espérer d'elle l'amitié tendre d'une sœur. Je vous prie, Madame, de vouloir bien la lui demander de ma part, en attendant que je me trouve à portée de la mériter.

Je compte rester à la campagne tout le temps de l'absence de M. de Tourvel. J'ai pris ce temps pour jouir et profiter de la société de la respectable Mme de

Rosemonde. Cette femme est toujours charmante : son grand âge ne lui fait rien perdre ; elle conserve toute sa mémoire et sa gaîté. Son corps seul a quatre-vingt-quatre ans ; son esprit n'en a que vingt.

Notre retraite est égayée par son neveu, le vicomte de Valmont, qui a bien voulu nous sacrifier quelques jours. Je ne le connaissais que de réputation, et elle me faisait peu désirer de le connaître davantage ; mais il me semble qu'il vaut mieux qu'elle. Ici, où le tourbillon du monde ne le gâte pas, il parle raison avec une facilité étonnante ; et il s'accuse de ses torts avec une candeur rare. Il me parle avec beaucoup de confiance, et je le prêche avec beaucoup de sévérité. Vous qui le connaissez, vous conviendrez que ce serait une belle conversion à faire : mais je ne doute pas, malgré ses promesses, que huit jours de Paris ne lui fassent oublier tous mes sermons. Le séjour qu'il fera ici sera au moins autant de retranché sur sa conduite ordinaire ; et je crois que, d'après sa façon de vivre, ce qu'il peut faire de mieux est de ne rien faire du tout. Il sait que je suis occupée à vous écrire, et il m'a chargée de vous présenter ses respectueux hommages. Recevez aussi le mien avec la bonté que je vous connais, et ne doutez jamais des sentiments sincères avec lesquels j'ai l'honneur d'être, etc.

Du château de... ce 9 août 17***.

IX

Madame DE VOLANGES à la présidente
DE TOURVEL

Je n'ai jamais douté, ma jeune et belle amie, ni de l'amitié que vous avez pour moi, ni de l'intérêt sincère que vous prenez à tout ce qui me regarde. Ce n'est pas pour éclaircir ce point, que j'espère convenu à jamais entre nous, que je réponds à votre *réponse* : mais je ne crois pas pouvoir me dispenser de causer avec vous au sujet du vicomte de Valmont.

Je ne m'attendais pas, je l'avoue à trouver jamais ce nom-là dans vos lettres. En effet, que peut-il y avoir de commun entre vous et lui ? Vous ne connaissez pas cet homme : où auriez-vous pris l'idée de l'âme d'un libertin ? Vous me parlez de sa *rare candeur* : oh ! oui ; la candeur de Valmont doit être en effet très rare. Encore plus faux et dangereux qu'il n'est aimable et séduisant, jamais, depuis sa plus grande jeunesse, il n'a fait un pas ou dit une parole sans avoir un projet, et jamais il n'eut un projet qui ne fut malhonnête ou criminel. Mon amie, vous me connaissez, vous savez si des vertus que je tâche d'acquérir, l'indulgence n'est pas celle que je chéris le plus. Aussi, si Valmont était entraîné par des passions fougueuses ; si, comme mille autres, il était séduit par les erreurs de son âge, blâmant sa conduite, je plaindrais sa personne, et j'attendrais, en silence, le temps où un retour heureux lui rendrait l'estime des gens honnêtes. Mais Valmont n'est pas cela : sa conduite est le résultat de ses principes. Il sait calculer tout ce qu'un homme peut se permettre d'horreurs sans se compromettre ; et pour être cruel et méchant sans danger, il a choisi les femmes pour victimes. Je ne m'arrête pas à compter celles qu'il a séduites : mais combien n'en a-t-il pas perdues !

Dans la vie sage et retirée que vous menez, ces scandaleuses aventures ne parviennent pas jusqu'à vous. Je pourrais vous en raconter qui vous feraient frémir : mais vos regards, purs comme votre âme, seraient souillés par de semblables tableaux ; sûre que Valmont ne sera jamais dangereux pour vous, vous n'avez pas besoin de pareilles armes pour vous défendre. La seule chose que j'ai à vous dire, c'est que de toutes les femmes auxquelles il a rendu des soins, succès ou non, il n'en est point qui n'aient eu à s'en plaindre. La seule marquise de Merteuil fait exception à cette règle générale ; seule elle a su lui résister et enchaîner sa méchanceté. J'avoue que ce trait de sa vie est celui qui lui fait le plus d'honneur à mes yeux : aussi a-t-il suffi pour la justifier pleinement aux yeux de tous, de quelques inconséquences qu'on avait à lui reprocher dans le début de son voyage[1].

Quoi qu'il en soit, ma belle amie, ce que l'âge, l'expérience, et surtout l'amitié m'autorisent à vous représenter, c'est qu'on commence à s'apercevoir dans le monde de l'absence de Valmont ; et que, si on sait qu'il soit resté quelque temps en tiers entre sa tante et vous, votre réputation sera entre ses mains ; malheur le plus grand qui puisse arriver à

[1] L'erreur où est Mme de Volanges nous fait voir qu'ainsi que les autres scélérats, Valmont ne décelait pas ses complices.

une femme. Je vous conseille donc d'engager sa tante à ne pas le retenir davantage ; et s'il s'obstine à rester, je crois que vous ne devez pas hésiter à lui céder la place. Mais pourquoi resterait-il ? que fait-il donc à cette campagne ? Si vous faisiez épier ses démarches, je suis sûre que vous découvririez qu'il ne fait que prendre un asile plus commode, pour quelques noirceurs qu'il médite dans les environs. Mais, dans l'impossibilité de remédier au mal, contentons-nous de nous en garantir.

Adieu, ma belle amie ; voilà le mariage de ma fille un peu retardé. Le comte de Gercourt, que nous attendons d'un jour à l'autre, me mande que son régiment passe en Corse ; et comme il y a encore des mouvements de guerre, il lui sera impossible de s'absenter avant l'hiver. Cela me contrarie ; mais cela me fait espérer que nous aurons le plaisir de vous voir à la noce, et j'étais fâchée qu'elle se fît sans vous. Adieu ; je suis sans compliment comme sans réserve, entièrement à vous.

P.S. Rappelez-moi au souvenir de Mme de Rosemonde, que j'aime toujours autant qu'elle le mérite.

De.. ce 11 août 17***.

X

La marquise DE MERTEUIL au vicomte DE VALMONT

Me boudez-vous, vicomte ? ou bien êtes-vous mort ? ou ce qui y ressemblerait beaucoup, ne vivez-vous plus que pour votre présidente ? Cette femme, qui vous a rendu *les illusions de la jeunesse,* vous en rendra bientôt aussi les ridicules préjugés. Déjà vous voilà timide et esclave ; autant vaudrait être amoureux. Vous renoncez *à vos heureuses témérités.* Vous voilà donc vous conduisant sans principes, et donnant tout au hasard, ou bien plutôt au caprice. Ne vous souvient-il plus que l'amour est comme la médecine, *seulement l'art d'aider à la nature* ? Vous voyez que je vous bats avec vos armes ; mais je n'en prendrai pas d'orgueil ; car c'est bien battre un homme à terre. *il faut qu'elle se donne,* me dites-vous : eh ! sans doute, il le faut ; aussi se donnera-t-elle comme les autres, avec cette différence que ce sera de mauvaise grâce. Mais, pour qu'elle finisse par se donner, le vrai moyen est de commencer par la prendre. Que cette ridicule distinction est bien un vrai déraisonnement de l'amour ! Je dis l'amour ; car vous êtes amoureux. Vous parler autrement, ce serait vous trahir ; serait vous cacher votre mal. Dites-moi donc, amant langoureux, ces femmes que vous avez eues, croyez-vous les avoir violées ? Mais ; quelqu'envie qu'on ait de se donner, quelque pressée que l'on en soit, encore faut-il un prétexte ; et y en a-t-il de plus commode pour nous, que celui qui nous donne l'air de céder à la force ? Pour moi, je l'avoue, une des choses qui me flattent le plus, est une attaque vive et bien faite, où tout se succède avec ordre, quoique avec rapidité ; qui ne nous met jamais dans ce pénible embarras de réparer nous-même une gaucherie dont au contraire nous aurions dû profiter ; qui sait garder l'air de la violence jusque dans les choses que nous accordons, et flatter avec adresse nos deux passions favorites, la gloire de la défense et le plaisir de la défaite. Je conviens que ce talent, plus rare que l'on ne croit, m'a toujours fait plaisir, même alors qu'il ne m'a pas séduite, et que quelquefois il m'est arrivé de me rendre, uniquement comme récompense. Telle dans nos anciens tournois, la beauté donnait le prix de la valeur et de l'adresse.

Mais vous, vous qui n'êtes plus vous, vous vous conduisez comme si vous aviez peur de réussir. Et depuis quand voyagez-vous à petites journées et par des chemins de traverse ? Mon ami, quand on veut arriver, des chevaux de poste et la grande route ! Mais laissons ce sujet, qui me donne d'autant plus d'humeur, qu'il me prive du plaisir de vous voir. Au moins écrivez-moi plus souvent que vous ne faites, et mettez-moi au courant de vos progrès. Savez-vous que voilà plus de quinze jours que cette ridicule aventure vous occupe, et que vous négligez tout le monde.

A propos de négligence, vous ressemblez aux gens qui envoient régulièrement savoir des nouvelles de leurs amis malades, mais qui ne se font jamais rendre la réponse. Vous finissez votre dernière lettre par me demander si le chevalier est mort. Je ne réponds pas, et vous ne vous en inquiétez pas davantage. Ne savez-vous plus que mon amant est votre ami-né ? Mais rassurez-vous, il n'est pas mort ; ou s'il l'était, ce serait de l'excès de sa joie. Ce pauvre chevalier, comme il est tendre ! comme il est fait pour l'amour ! comme il sait sentir vivement ! la tête m'en tourne. Sérieusement, le bonheur parfait qu'il trouve à être aimé de moi, m'attache véritablement à lui.

Ce même jour, où je vous écrivais que j'allais travailler à notre rupture, combien je le rendis heureux ! Je m'occupais pourtant tout de bon des moyens de le désespérer, quand on me l'annonça. Soit caprice ou raison, jamais il ne me parut si bien. Je le reçus cependant avec humeur. Il espérait passer deux heures avec moi, avant celle où ma porte serait ouverte à tout le monde. Je lui dis que j'allais sortir : il me demanda où j'allais ; je refusai de le lui apprendre. Il insista : *où vous ne serez pas*, repris-je avec aigreur. Heureusement pour lui, il resta pétrifié de cette réponse ; car s'il eût dit un mot, il s'ensuivait immanquablement une scène qui eût amené la rupture que j'avais projetée. Étonnée de son silence, je jetai les yeux sur lui sans autres projets, je vous jure, que de voir la mine qu'il faisait. Je retrouvai sur cette charmante figure cette tristesse à la fois profonde et tendre, à laquelle vous-même êtes convenu qu'il était si difficile de résister. La même cause produisait le même effet ; je suis vaincue une seconde fois. Dès ce moment, je ne m'occupai plus que des moyens d'éviter qu'il pût me trouver un tort. Je sors pour affaire, lui dis-je avec un air peu plus doux, et même cette affaire vous regarde ; mais ne m'interrogez pas. Je souperai chez moi ; revenez, et vous serez instruit. Alors il retrouva la parole ; mais je ne lui permis pas d'en faire usage. Je suis très pressée, continuai-je : laissez-moi ; à ce soir. Il baisa ma main et sortit.

Aussitôt, pour le dédommager, peut-être pour me dédommager moi-même, je me décide à lui faire connaître ma petite maison dont il ne se doutait pas. J'appelle ma fidèle *Victoire*. J'ai ma migraine ; je me couche pour tous mes gens ; et, restée enfin seule avec *la véritable*, tandis qu'elle se travestit en laquais, je fais une toilette de femme-de-chambre. Elle fait ensuite venir un fiacre à la porte de mon jardin, et nous voilà parties. Arrivées dans ce temple de l'Amour, je choisis le déshabillé le plus galant. Celui-ci est délicieux ; il est de mon invention : il ne laisse rien voir, et pourtant fait tout deviner. Je vous en promets un modèle pour votre présidente, quand vous l'aurez rendue digne de le porter.

Après ces préparatifs, pendant que Victoire s'occupe des autres détails, je lis un chapitre du Sopha, une lettre d'Héloïse et deux contes de la Fontaine, pour accorder les différents tons que je voulais prendre. Cependant mon chevalier arrive à ma porte, avec l'empressement qu'il a toujours. Mon suisse la lui refuse, et lui apprend que je suis malade : premier incident. Il lui remet en même temps un billet de moi, mais non de mon écriture, suivant ma prudente règle. Il l'ouvre, et y trouve, de la main de Victoire : « A neuf heures précises, au boulevard, devant les cafés. » Il s'y rend ; et là, un petit laquais qu'il ne connaît pas qu'il croit au moins ne pas connaître, car c'était toujours Victoire, vient lui annoncer qu'il faut renvoyer sa voiture et le suivre. Toute cette marche romanesque lui échauffait la tête d'autant, et la tête échauffée ne nuit à rien. Il arrive enfin, et la surprise et l'amour causaient en lui un véritable enchantement. Pour lui donner le temps de se remettre, nous nous promenons un moment dans le bosquet ; puis je le ramène vers la maison. Il voit d'abord deux couverts mis ; ensuite un lit fait. Nous passons jusqu'au boudoir, qui était dans toute sa parure. Là, moitié réflexion, moitié sentiment, je passai mes bras autour de lui, et me laissai tomber à ses genoux. « O mon ami ! lui dis-je, pour vouloir te ménager la surprise de ce moment, je me reproche de t'avoir affligé par l'apparence de l'humeur ; d'avoir pu un instant voiler mon cœur à tes regards. Pardonne-moi mes torts ; je veux les expier à force d'amour : » Vous jugez de l'effet de ce discours sentimental. L'heureux chevalier me releva, et mon pardon fut scellé sur cette même ottomane où vous et moi scellâmes si gaîment et de la même manière notre éternelle rupture.

Comme nous avions six heures à passer ensemble, et que j'avais résolu que tout ce temps fût pour lui également délicieux, je modérai ses transports ; et l'aimable coquetterie vint remplacer la tendresse. Je ne crois pas avoir jamais mis tant de soin à plaire, ni avoir été jamais aussi contente de moi. Après le souper, tour à tour enfant et raisonnable, folâtre et sensible, quelquefois même libertine, je me plaisais à le considérer comme un sultan au milieu de son sérail, dont j'étais tour à tour les favorites différentes. En effet, ses hommages réitérés, quoique toujours reçus par la même femme, le furent toujours par une maîtresse nouvelle.

Enfin, au point du jour il fallut se séparer ; et quoi qu'il dît, quoiqu'il fît même pour me prouver le contraire, il en avait autant de besoin que peu d'envie. Au moment où nous sortîmes, et pour dernier adieu, je pris la clef de cet heureux séjour ; et la lui remettant entre les mains : « Je ne l'ai eue que pour vous, lui dis-je ; il est juste que vous en soyez maître, c'est au sacrificateur à disposer du temple. » C'est par cette adresse que j'ai prévenu les réflexions qu'aurait pu lui faire naître la propriété, toujours suspecte, d'une petite maison. Je le connais assez, pour être sûre qu'il ne s'en servira que pour moi ; et si la fantaisie me prenait d'y aller sans lui, il me reste bien une double clef. Il voulait à toute force prendre jour pour y revenir ; mais je l'aime trop encore pour vouloir l'user si vite. Il ne faut se permettre d'excès qu'avec les gens qu'on veut quitter bientôt. Il ne sait pas cela, lui ; mais, pour son bonheur, je le sais pour deux.

Je m'aperçois qu'il est trois heures du matin, et que j'ai écrit un volume, ayant le projet de n'écrire qu'un mot. Tel est le charme de la confiante amitié : c'est elle qui fait que vous êtes toujours ce que j'aime le mieux ; mais, en vérité, le chevalier est ce qui me plaît davantage.

De..., ce 12 août 17*.

XI

La présidente DE TOURVEL à madame DE VOLANGES

Votre Lettre sévère m'aurait effrayée, Madame, si, par bonheur, je n'avais trouvé ici plus de motifs de sécurité que vous ne m'en donnez de crainte. Ce redoutable M. de Valmont, qui doit être la terreur de toutes les femmes, paraît avoir déposé ses armes meurtrières, avant d'entrer dans ce château. Loin d'y former des projets, il n'y a pas même porté de prétentions, et la qualité d'homme aimable que ses ennemis même lui accordent disparaît presque ici, pour ne lui laisser que celle de bon enfant. C'est apparemment l'air de la campagne qui a produit ce miracle. Ce que je puis vous assurer, c'est qu'étant sans cesse avec moi, paraissant même s'y plaire, il ne lui est pas échappé un mot qui ressemble à l'amour, pas une de ces phrases que tous les hommes se permettent, sans avoir comme lui, ce qu'il faut pour les justifier. Jamais il n'oblige à cette réserve, dans laquelle toute femme qui se respecte est forcée de se tenir aujourd'hui, pour contenir les hommes qui l'entourent. Il sait ne point abuser de la gaîté qu'il inspire. Il est peut-être un peu louangeur ; mais c'est avec tant de délicatesse, qu'il accoutumerait la modestie même à l'éloge. Enfin, si j'avais un frère, je désirerais qu'il fût tel que M. de Valmont se montre ici. Peut-être beaucoup de femmes lui désireraient une galanterie plus marquée ; et j'avoue que je lui sais un gré infini d'avoir su me juger assez bien pour ne pas me confondre avec elles.

Ce portrait diffère beaucoup sans doute de celui que vous me faites ; et malgré cela, tous deux peuvent être ressemblants en fixant les époques. Lui-même convient d'avoir eu beaucoup de torts, et on lui en aura bien aussi prêté quelques-uns. Mais j'ai rencontré peu d'hommes qui parlassent des femmes honnêtes avec plus de respect, je dirais presque d'enthousiasme. Vous m'apprenez qu'au moins sur cet objet il ne trompe pas. Sa conduite avec Mme de Merteuil en est une preuve. Il nous en parle beaucoup ; et c'est toujours avec tant d'éloges et l'air d'un attachement si vrai, que j'ai cru, jusqu'à la réception de votre Lettre, que ce qu'il appelait amitié entre eux deux, était bien réellement de l'amour. Je m'accuse de ce jugement téméraire, dans lequel j'ai eu d'autant plus de tort, que lui-même a pris souvent le soin de la justifier. J'avoue que je ne regardais que comme finesse, ce qui était de sa part une honnête sincérité. Je ne sais ; mais il me semble que celui qui est capable d'une amitié aussi suivie pour une femme aussi estimable, n'est pas un libertin sans retour. J'ignore au reste si nous devons la conduite sage qu'il tient ici, à quelques projets dans les environs, comme vous le supposez. Il y a bien quelques femmes aimables à la ronde ; mais il sort peu, excepté le matin, et alors il dit qu'il va à la chasse. Il est vrai qu'il rapporte rarement du gibier ; mais il assure qu'il est maladroit à cet exercice. D'ailleurs, ce qu'il peut faire au dehors m'inquiète peu ; et si je désirais le savoir, ce ne le serait que pour avoir une raison de plus de me rapprocher de votre avis ou de vous ramener au mien.

Sur ce que vous me proposez de travailler à abréger le séjour que M. de Valmont compte faire ici, il me paraît bien difficile d'oser demander à sa tante de ne pas avoir son neveu chez elle, d'autant qu'elle l'aime beaucoup. Je vous promets pourtant, mais seulement par déférence et non par besoin, de saisir l'occasion de faire cette demande soit à elle, soit à lui-même. Quand à moi M. de Tourvel est instruit de mon projet de rester ici jusqu'à son retour, et il s'étonnerait, avec raison, de la légèreté qui m'en ferait changer.

Voilà, Madame, de bien longs éclaircissements ; mais j'ai cru devoir à la vérité un témoignage avantageux à M. de Valmont, et dont il me paraît avoir grand besoin auprès de vous. Je n'en suis pas moins sensible à l'amitié qui a dicté vos conseils. C'est à elle que je dois aussi ce que vous me dites d'obligeant à l'occasion du retard du mariage de Mademoiselle votre fille. Je vous en remercie bien sincèrement ; mais quelque plaisir que je me promette à passer ces moments avec vous, je les sacrifierais de bien bon cœur au désir de savoir Mlle de Volanges plutôt heureuse, si pourtant elle peut jamais l'être plus qu'auprès d'une mère aussi digne de toute sa tendresse et de son respect. Je partage avec elle ces deux sentiments qui m'attachent à vous, et je vous prie d'en recevoir l'assurance avec bonté.

J'ai l'honneur d'être, etc.

De... ce 13 août 17**.

XXI

CÉCILE VOLANGES à la marquise DE MERTEUIL

Maman est incommodée, Madame ; elle ne sortira point, et il faut que je lui tienne compagnie : ainsi je n'aurai pas l'honneur de vous accompagner à l'opéra. Je vous assure que je regrette bien plus de ne pas être avec vous que le spectacle. Je vous prie d'en être persuadé. Je vous aime tant ! Voudriez-vous bien dire à M. le chevalier Danceny que je n'ai point le recueil dont il m'a parlé, et que s'il peut me l'apporter demain, il me fera grand plaisir ? S'il vient aujourd'hui, on lui dira que nous n'y sommes pas ; mais c'est que maman ne veut recevoir personne. J'espère qu'elle se portera mieux demain.

J'ai l'honneur d'être, etc.

De... ce 3 août 17**.

XII

La marquise DE MERTEUIL à CÉCILE VOLANGES

Je suis très-fâchée, ma belle, et d'être privée du plaisir de vous voir, et de la cause de cette privation. J'espère que cette occasion se retrouvera. Je m'acquitterai de votre commission auprès du chevalier Danceny, qui sera sûrement très fâché de savoir votre maman malade. Si elle veut me recevoir demain, j'irai lui tenir compagnie. Nous attaquerons, elle et moi, le chevalier de Belleroche[1] au piquet ; et, en lui gagnant son argent, nous aurons par surcroît de plaisir, celui de vous entendre chanter avec votre aimable maître, à qui je le proposerai. Si cela convient à votre maman et à vous, je réponds de moi et de mes deux chevaliers. Adieu, ma belle : mes compliments à ma chère Mme de Volanges.

Je vous embrasse bien tendrement.

De... ce 13 août 17**.

XIV

CECILE VOLANGES à SOPHIE CARNAY

Je ne t'ai pas écrit hier, ma chère Sophie ; mais ce n'est pas le plaisir qui en est cause, je t'en assure bien. Maman était malade, et je ne l'ai pas quittée de la journée. Le soir, quand je me suis retirée, je n'avais cœur à rien du tout ; et je me suis couchée bien vite, pour m'assurer que la journée était finie : jamais je n'en avais passé de si longue. Ce n'est pas que je n'aime bien maman ; mais je ne sais pas ce que c'était. Je devais aller à l'opéra avec Mme de Merteuil ; le chevalier Danceny devait y être. Tu sais bien que ce sont

[1] C'est le même dont il est question dans les Lettres de Mme de Merteuil.

les deux personnes que j'aime le mieux. Quand l'heure où j'aurais dû y être aussi est arrivée, mon cœur s'est serré malgré moi. Je me déplaisais à tout, j'ai pleuré, pleuré sans pouvoir m'en empêcher. Heureusement maman était couchée, et ne pouvait pas me voir. Je suis bien sûre que le chevalier Danceny aura été fâché aussi ; mais il aura été distrait par le spectacle, et par tout le monde : c'est bien différent.

Par bonheur maman va mieux aujourd'hui, et Mme de Merteuil viendra avec une autre personne et le chevalier Danceny : mais elle arrive toujours bien tard, Mme de Merteuil, et quand on est si longtemps toute seule, c'est bien ennuyeux. Il n'est encore que onze heures. Il est vrai qu'il faut que je joue de la harpe ; et puis ma toilette me prendra un peu de temps, car je veux être bien coiffée aujourd'hui. Je crois que la mère Perpétue a raison, et qu'on devient coquette dès qu'on est dans le monde. Je n'ai jamais eu tant d'envie d'être jolie que depuis quelques jours, et je trouve que je ne le suis pas autant que je le croyais ; et puis, auprès des femmes qui ont du rouge, on perd beaucoup. Mme de Merteuil, par exemple, je vois bien que tous les hommes la trouvent plus jolie que moi, cela ne me fâche pas beaucoup, parce qu'elle m'aime bien ; et puis elle assure que le chevalier Danceny me trouve plus jolie qu'elle. C'est bien honnête à elle de me l'avoir dit ! elle avait même l'air d'en être bien aise. Par exemple, je ne conçois pas ça. C'est qu'elle m'aime tant ! et lui !... oh ! ça m'a fait bien plaisir ! aussi, c'est qu'il me semble que rien que le regarder suffit pour embellir. Je le regarderais toujours, si je ne craignais de rencontrer ses yeux ; car toutes les fois que cela m'arrive, cela me décontenance, et me fait comme de la peine ; mais ça ne fait rien.

Adieu, ma chère amie : je vais me mettre à ma toilette. Je l'aime toujours comme de coutume.

Paris, ce 14 août 17**.

XV

Le vicomte DE VALMONT à la marquise DE MERTEUL

Il est bien honnête à vous de ne pas m'abandonner à mon triste sort. La vie que je mène ici est réellement fatigante, par l'excès, de son repos et son insipide uniformité. En lisant votre Lettre et le détail de votre charmante journée, j'ai été tenté vingt fois de prétexter une affaire, de voler à vos pieds, et de vous y demander, en ma faveur, une infidélité à votre chevalier, qui, après tout, ne mérite pas son bonheur. Savez-vous que vous m'avez rendu jaloux de lui ? Que me parlez-vous d'éternelle rupture ? J'abjure ce serment, prononcé dans le délire : nous n'aurions pas été digne de le faire, si nous eussions dû le garder. Ah ! que je puisse un jour me venger dans vos bras, du dépit involontaire que m'a causé le bonheur du chevalier ! Je suis indigné, je l'avoue, quand je songe que cet homme, sans raisonner, sans se donner la moindre peine, en suivant tout bêtement l'instinct de son cœur, trouve une félicité à laquelle je ne puis atteindre. Oh ! je la troublerai... Promettez-moi que je la troublerai. Vous-même n'êtes pas humiliée ? Vous vous donnez la peine de le tromper, et il est plus heureux que vous. Vous le croyez dans vos chaînes !

c'est bien vous qui êtes dans les siennes. Il dort tranquillement, tandis que vous veillez pour ses plaisirs. Que ferait de plus son esclave ?

Tenez, ma belle amie, tant que vous vous partagez entre plusieurs, je n'ai pas la moindre jalousie ; je ne vois alors dans vos amants, que les successeurs d'Alexandre, incapables de conserver entre eux tous cet empire où je régnais seul. Mais que vous vous donniez entièrement à un d'eux ! qu'il existe un autre homme aussi heureux que moi ! je ne le souffrirai pas ; n'espérez pas que je les souffre. Ou reprenez-moi, ou au moins prenez-en un autre et ne trahissez pas, par un caprice expulsif, l'amitié inviolable que nous nous sommes jurée.

C'est bien assez, sans doute, que j'ai à me plaindre de l'amour. Vous voyez que je me prête à vos idées, et que j'avoue mes torts. En effet, si c'est être amoureux que de ne pouvoir vivre sans posséder ce qu'on désire, d'y sacrifier son temps, ses plaisirs, sa vie, je suis bien réellement amoureux. Je n'en suis guère plus avancé. Je n'aurais même rien du tout à vous apprendre à ce sujet, sans un événement qui me donne beaucoup à réfléchir, et dont je ne sais encore si je dois craindre ou espérer.

Vous connaissez mon chasseur, trésor d'intrigue, et vrai valet de comédie ; vous jugez bien que ces instructions portaient d'être amoureux de la femme de chambre, et d'enivrer les gens. Le coquin est plus heureux que moi ; il a déjà réussi. Il vient de découvrir que Mme de Tourvel a chargé un de ses gens de prendre des informations sur ma conduite, et même de me suivre dans mes courses du matin, autant qu'il le pourrait, sans être aperçu. Que prétend cette femme ? Ainsi donc la plus modeste de toutes, ose encore risquer des choses qu'à peine nous oserions nous permettre ! Je jure bien... Mais, avant de songer à me venger de cette ruse féminine, occupons-nous des moyens de la tourner à notre avantage. Jusqu'ici ces courses qu'on suspecte n'avaient aucun objet ; il faut en donner un. Cela mérite toute mon attention, et je vous quitte pour y réfléchir. Adieu, ma belle amie.

Toujours du château... ce 15 août 17**.

XXI

CÉCILE VOLANGES à SOPHIE CARNAY

Ah ! ma Sophie, voici bien des nouvelles ! je ne devrais peut-être pas te le dire : mais il faut bien que j'en parle à quelqu'un ; c'est plus fort que moi. Ce chevalier Danceny... Je suis dans un trouble que je ne peux pas écrire : je ne sais par où commencer. Depuis que je t'avais raconté la jolie soirée[1] que j'avais passée chez maman avec lui et Mme de Merteuil ; je ne t'en parlais plus : c'est que je ne voulais plus en parler à personne ; mais j'y pensais pourtant toujours. Depuis il était devenu si triste, mais si triste, si triste que ça me faisait de la peine ; et quand je lui demandais pourquoi, il me disait que non : mais je voyais bien que si. Enfin hier il l'était encore plus que de coutume. Ça n'a pas empêché qu'il n'ait eu la complai-

[1] La lettre où il est parlé de cette soirée ne s'est pas retrouvée. Il y a lieu de croire que c'est celle proposée dans le billet de Mme de Merteuil, et dont il est aussi question dans la précédente Lettre de Cécile Volanges.

sance de chanter avec moi comme à l'ordinaire ; mais toutes les fois qu'il me regardait, cela me serrait le cœur. Après que nous eûmes fini de chanter, il alla renfermer ma harpe dans son étui ; et, en m'en rapportant la clef, il me pria d'en jouer encore le soir, aussitôt que je serais seule. Je ne me défiais de rien du tout ; je ne voulais même pas ; mais il m'en pria tant, que je lui dis qu'oui. Il avait bien ses raisons. Effectivement quand je fus retirée chez moi, et que ma femme de chambre fut sortie, j'allai pour prendre ma harpe. Je trouvai dans les cordes une Lettre pliée seulement, et point cachetée, et qui était de lui. Ah ! si tu savais tout ce qu'il me mande. Depuis que j'ai lu sa Lettre, j'ai tant de plaisir que je ne peux plus songer à autre chose. Je l'ai relue quatre fois tout de suite, et puis je l'ai serrée dans mon secrétaire. Je la savais par cœur ; et, quand j'ai été couchée, je l'ai tant répétée, que je ne songeais pas à dormir. Dès que je fermais les yeux, je le voyais là qui me disait lui-même tout ce que je venais de lire. Je ne me suis endormie que bien tard ; et aussitôt que je me suis réveillée (il était encore de bien bonne heure), j'ai été reprendre sa Lettre pour la relire à mon aise. Je l'ai emportée dans mon lit, et puis je l'ai baisée comme si... C'est peut-être mal fait de baiser une Lettre comme ça, mais je n'ai pas pu m'en empêcher.

A présent, ma chère amie, si je suis bien aise, je suis aussi bien embarrassée ; car sûrement il ne faut pas que je réponde à cette Lettre là. Je sais bien que ça ne se doit pas, et pourtant il me le demande ; et, si je ne réponds pas je suis sûre qu'il va encore être triste. C'est pourtant bien malheureux pour lui ! Qu'est-ce que tu me conseilles ? mais tu n'en sais pas plus que moi. J'ai bien envie d'en parler à Mme de Merteuil qui m'aime bien. Je voudrais bien le consoler : mais je ne voudrais rien faire qui fût mal. On nous recommande tant d'avoir bon cœur ! et puis on nous défend de suivre ce qu'il inspire, quand c'est pour un homme ! ça n'est pas juste non plus. Est-ce qu'un homme n'est pas notre prochain comme une femme, et plus encore ? car enfin, n'a-t-on pas son père comme sa mère, son frère comme sa sœur ? Il reste toujours le mari de plus. Cependant, si j'allais faire quelque chose qui ne fût pas bien, peut-être que M. Danceny lui-même n'aurait plus bonne idée de moi ! Oh ! ça par exemple, j'aime encore mieux qu'il soit triste ; et puis, enfin, je serai toujours à temps. Parce qu'il a écrit hier, je ne suis pas obligée d'écrire aujourd'hui ; aussi bien je verrai Mme de Merteuil ce soir, et si j'en ai le courage, je lui conterai tout. En ne faisant que ce qu'elle me dira, je n'aurai rien à me reprocher. Et puis peut-être me dira-t-elle que je peux lui répondre un peu, pour qu'il ne soit pas si triste ! Oh ! je suis bien en peine.

Adieu, ma bonne amie. Dis-moi toujours ce que tu penses.

De... ce 19 août 17**

XVII

Le chevalier DANCENY à CÉCILE VOLANGES

Avant de me livrer, Mademoiselle, dirai-je au plaisir ou au besoin de vous écrire, je commence par vous supplier de m'entendre. Je sens que pour oser vous déclarer mes sentiments j'ai besoin d'indulgence ; si je ne voulais que les justifier, elle me serait inutile. Que vais-je faire après tout, que vous montrer votre ouvrage ? Et qu'ai-je à vous dire, que mes regards, mon embarras, ma conduite et même mon silence, ne vous aient dit avant moi ? Et pourquoi vous fâcheriez-vous d'un sentiment que vous avez fait naître ? Emané de vous, sans doute, il est digne de vous être offert ; s'il est brûlant comme mon âme, il est pur comme la vôtre. Serait-ce un crime d'avoir su apprécier votre charmante figure, vos talents séducteurs, vos grâces enchanteresses, et cette touchante candeur qui ajoute un prix inestimable à des qualités déjà si précieuses ? non, sans doute : mais sans être coupable, on peut être malheureux ; et c'est le sort qui m'attend, si vous refusez d'agréer mon hommage. C'est le premier que mon cœur ait offert. Sans vous je serais encore, non pas heureux, mais tranquille. Je vous ai vue ; le repos a fui loin de moi, et mon bonheur est incertain. Cependant vous vous étonnez de ma tristesse ; vous m'en demandez le cause : quelquefois même j'ai cru voir qu'elle vous affligeait. Ah ! dites un mot, et ma félicité sera votre ouvrage. Mais avant de prononcer, songez qu'un mot peut aussi combler mon malheur. Soyez donc l'arbitre de ma destinée. Par vous je vais être éternellement heureux ou malheureux. En quelles mains plus chères puis-je remettre un intérêt plus grand ?

Je finirai comme j'ai commencé, par implorer votre indulgence. Je vous ai demandé de m'entendre ; j'oserai plus, je vous prierai de me répondre. Le refuser, serait me laisser croire que vous vous trouvez offensée, et mon cœur m'est garant que mon respect égale mon amour.

P. S. Vous pouvez vous servir pour me répondre, du même moyen dont je me sers pour vous faire parvenir cette Lettre; il me paraît également sûr et commode.

De... ce 18 août 17**.

XVIII

CÉCILE VOLANGES à SOPHIE CARNAY

Quoi! Sophie, tu blâmes d'avance ce que je vais faire! j'avais déjà bien assez d'inquiétudes voilà que tu les augmentes encore. Il est clair, dis-tu, que je ne dois pas répondre. Tu en parles bien à ton aise; et, d'ailleurs, tu ne sais pas au juste ce qui en est; tu n'es pas là pour voir. Je suis sûre que si tu étais à ma place, tu ferais comme moi. Sûrement, en général, on ne doit pas répondre; et tu as bien vu, par ma Lettre d'hier, que je ne le voulais pas non plus : mais c'est que je ne crois pas que personne se soit jamais trouvé dans le cas où je suis.

Et encore être obligée de me décider toute seule! Mme de Merteuil, que je comptais voir hier soir, n'est pas venue. Tout s'arrange contre moi : c'est elle qui est la cause que je le connais! C'est presque toujours avec elle que je l'ai vu, que je lui ai parlé. Ce n'est pas que je lui en veuille du mal; mais elle me laisse là au moment de l'embarras. Oh! je suis bien à plaindre!

Figure-toi qu'il est venu hier comme à l'ordinaire.

J'étais si troublée, que je n'osais le regarder. Il ne pouvait pas me parler, parce que maman était là. Je me doutais bien qu'il serait fâché, quand il verrait que je ne lui avais pas écrit. Je ne savais quelle contenance faire. Un instant après il me demanda si je voulais qu'il allât chercher ma harpe. Le cœur me battait si fort, que ce fut tout ce que je pus faire que de répondre qu'oui. Quand il revint, c'était bien pis. Je ne le regardai qu'un petit moment. Il ne me regardait pas, lui; mais il avait un air, qu'on aurait dit qu'il était malade. Ça me faisait bien de la peine. Il se mit à accorder ma harpe, et après, en me l'apportant, il me dit : Ah ! Mademoiselle !... Il ne me dit que ces deux mots-là ; mais c'était d'un ton que j'en fut toute bouleversée. Je préludais sur ma harpe, sans savoir ce que je faisais. Maman demanda si nous ne chanterions pas. Lui s'excusa, en disant qu'il était un peu malade ; et moi qui n'avais pas d'excuse, il me fallut chanter. J'aurais voulu n'avoir jamais eu de voix. Je choisis exprès un air que je ne savais pas ; car j'étais bien sûre que je ne pourrais en chanter aucun, et on se serait aperçu de quelque chose. Heureusement il vint une visite ; et, dès que j'entendis entrer un carrosse, je cessai, et le priai de reporter ma harpe. J'avais bien peur qu'il ne s'en allât en même temps : mais il revint.

Pendant que maman et cette dame qui était venue causaient ensemble, je voulus le regarder encore un petit moment. Je rencontrai ses yeux, et il me fut impossible de détourner les miens. Un moment après je vis ses larmes couler, et il fut obligé de se retourner pour n'être pas vu. Pour le coup, je ne pus y tenir ; je sentis que j'allais pleurer, aussi, je sortis, et tout de suite j'écrivis avec un crayon, sur un chiffon de papier : « Ne soyez donc pas si triste, je vous en prie ; je promets de vous répondre. » Sûrement tu ne peux pas dire qu'il y ait du mal à cela ; et puis c'était plus fort que moi. Je mis mon papier aux cordes de ma harpe, comme sa lettre était, et je revins dans le salon : je me sentais plus tranquille. Il me tardait bien que cette dame s'en fût. Heureusement, elle était en visite, elle s'en alla bientôt après. Aussitôt qu'elle fut sortie, je dis que je voulais reprendre ma harpe, et je le priai de l'aller chercher. Je vis bien, à son air, qu'il ne se doutait de rien. Mais au retour, oh ! comme il était content ! En posant ma harpe vis-à-vis de moi, il se plaça de façon que maman ne pouvait voir, et il prit ma main qu'il serra... mais d'une façon !... ce ne fut qu'un moment ; mais je ne saurais te dire le plaisir que ça m'a fait. Je la retirai pourtant ; ainsi je n'ai rien à me reprocher.

A présent, ma bonne amie, tu vois bien que je ne peux pas me dispenser de lui écrire, puisque je lui ai promis ; et puis, je n'irai pas lui refaire encore du chagrin, car j'en souffre plus que lui. Si c'était pour quelque chose de mal, sûrement je ne le ferais pas. Mais quel mal peut-il y avoir à écrire, surtout quand c'est pour empêcher quelqu'un d'être malheureux ? Ce qui m'embarrasse, c'est que je ne saurai pas bien faire ma Lettre ; mais il sentira bien que ce n'est pas ma faute ; et puis je suis sûre que rien que de ce qu'elle sera de moi, elle lui fera toujours plaisir.

Adieu, ma chère amie. Si tu trouves que j'aie tort, dis-le-moi ; mais je ne crois pas. A mesure que le moment de lui écrire approche, mon cœur bat que ça ne se conçoit pas. Il le faut pourtant bien, puisque je l'ai promis. Adieu.

Dé... ce 20 août 17**.

XIX

CÉCILE VOLANGES au chevalier DANCENY

Vous étiez si triste hier, Monsieur, et cela me faisait tant de peine, que je me suis laissé aller à vous promettre de répondre à la Lettre que vous m'avez écrite. Je n'en sens pas moins aujourd'hui que je ne le dois pas : pourtant, comme je l'ai promis, je ne veux pas manquer à ma parole, et cela doit bien vous prouver l'amitié que j'ai pour vous. A présent que vous le savez, j'espère que vous ne me demanderez pas de vous écrire davantage. J'espère aussi que vous ne direz à personne que je vous ai écrit ; parce que sûrement on m'en blâmerait, et que cela pourrait me causer bien du chagrin. J'espère surtout que vous-même n'en prendrez pas mauvaise idée de moi ; ce qui me ferait plus de peine que tout. Je peux bien vous assurer que je n'aurais pas eu cette complaisance-là pour tout autre que vous. Je voudrais bien que vous eussiez celle de ne plus être triste comme vous étiez ; ce qui m'ôte tout le plaisir que j'ai à vous voir. Vous voyez, Monsieur, que je vous parle bien sincèrement. Je ne demande pas mieux que notre amitié dure toujours ; mais, je vous en prie, ne m'écrivez plus.

J'ai l'honneur d'être,

CÉCILE VOLANGES.

De .. ce 20 août 17**.

XX

La marquise DE MERTEUIL au vicomte DE VALMONT

Ah! fripon, vous me cajolez, de peur que je ne me moque de vous. Allons, je vous fais grâce : vous m'écrivez tant de folies, qu'il faut bien que je vous pardonne la sagesse où vous tient votre présidente. Je ne crois pas que mon chevalier eût autant d'indulgence que moi ; il serait homme à ne pas approuver notre renouvellement de bail, et à ne rien trouver de plaisant dans votre folle idée. J'en ai pourtant bien ri, et j'étais vraiment fâchée d'être obligée d'en rire toute seule. Si vous eussiez été là, je ne sais où m'aurait menée cette gaieté : mais j'ai eu le temps de la réflexion, et je me suis armée de sévérité. Ce n'est pas que je refuse pour toujours ; mais je diffère, et j'ai raison. J'y mettrais peut-être de la vanité ; et, une fois piquée au jeu, on ne sait plus où l'on s'arrête. Je serais femme à vous enchaîner de nouveau, à vous faire oublier votre présidente ; et si j'allais, moi indigne, vous dégoûter de la vertu, voyez quel scandale ! Pour éviter ce danger, voici mes conditions.

Aussitôt que vous aurez eu votre belle dévote, que vous pourrez m'en fournir une preuve, venez, et je suis à vous. Mais vous n'ignorez pas que dans les affaires importantes, on ne reçoit de preuves que par écrit. Par cet arrangement, d'une part, je deviendrai une récompense au lieu d'être une consolation, et cette idée me plaît davantage ; de l'autre votre succès en sera plus piquant, en devenant lui-même un moyen d'infidélité. Venez donc, venez au plutôt m'apporter le gage de votre triomphe : semblable à nos preux chevaliers qui venaient déposer aux pieds de leurs dames les fruits brillants de leur victoire. Sérieusement je suis curieuse de savoir ce que peut écrire une prude après un tel moment, et quel voile elle met sur ses discours, après n'en avoir plus laissé sur sa personne. C'est à vous de voir si je me mets à un prix trop haut ; mais je vous préviens qu'il n'y a rien à rabattre. Jusques-là, mon cher vicomte, vous trouverez bon que je reste fidèle à mon chevalier, et que je m'amuse à le rendre heureux, malgré le petit chagrin que cela vous cause.

Cependant si j'avais moins de mœurs, je crois qu'il aurait dans ce moment un rival dangereux ; c'est la petite Volanges. Je raffole de cet enfant ; c'est une vraie passion. Ou je me trompe, ou elle deviendra une de nos femmes les plus à la mode. Je vois son petit cœur se développer, et c'est un spectacle ravissant. Elle aime déjà son Danceny avec fureur ; mais elle n'en sait encore rien. Lui-même, quoique très amoureux, a encore la timidité de son âge, et n'ose pas trop le lui apprendre. Tous deux sont en adoration vis-à-vis de moi. La petite surtout a grande envie de me dire son secret ; particulièrement depuis quelques jours je l'en vois vraiment oppressée, et je lui aurais rendu un grand service de l'aider un peu : mais je n'oublie pas que c'est un enfant, et je ne veux pas me compromettre. Danceny m'a parlé un peu plus clairement ; mais, pour lui, mon parti est pris, je ne veux pas l'entendre. Quant à la petite, je suis souvent tentée d'en faire mon élève ; c'est un service que j'ai envie de rendre à Gercourt. Il me laisse du temps, puisque le voilà en Corse jusqu'au mois d'octobre. J'ai dans l'idée que j'employerai ce temps-là, et que nous lui donnerons une femme toute formée, au lieu de son innocente pensionnaire. Quelle est donc en effet l'insolente sécurité de cet homme, qui ose dormir tranquille, tandis qu'une femme, qui a à se plaindre de lui, ne s'est pas encore vengée ? Tenez, si la petite était ici dans ce moment, je ne sais ce que je ne lui dirais pas.

Adieu, vicomte ; bon soir et bon succès : mais, pour dieu, avancez donc. Songez que si vous n'avez pas cette femme, les autres rougiront de vous avoir eu.

De... ce 20 août 17**.

XXI

Le vicomte DE VALMONT à la marquise DE MERTEUIL

Enfin, ma belle amie, j'ai fait un pas en avant, mais un grand pas, et qui, s'il ne m'a pas conduit jusqu'au but, m'a fait connaître au moins que je suis dans la route, et a dissipé la crainte où j'étais de m'être égaré. J'ai enfin déclaré mon amour ; et quoiqu'on ait gardé le silence le plus obstiné, j'ai obtenu la réponse peut-être la moins équivoque et la plus flatteuse : mais n'anticipons pas sur les événements, et reprenons plus haut.

Vous vous souvenez qu'on faisait épier mes démarches. Eh bien, j'ai voulu que ce moyen scandaleux tournât à l'édification publique, et voici ce que j'ai fait. J'ai chargé mon confident de me trouver, dans les environs, quelque malheureux qui eût besoin de secours. Cette commission n'était pas difficile à remplir. Hier après-midi, il me rendit compte qu'on devait saisir aujourd'hui dans la matinée, les meubles d'une famille entière qui ne pouvait payer la taille. Je m'assurai qu'il n'y eût dans cette maison aucune fille ou femme dont l'âge ou la figure pussent rendre mon action suspecte ; et, quand je fus bien informé, je déclarai à souper mon projet d'aller à la chasse le lendemain. Ici je dois rendre justice à ma présidente : sans doute elle eut quelques remords des ordres qu'elle avait donnés ; et, n'ayant pas la force de vaincre sa curiosité, elle eut au moins celle de contrarier mon désir. Il devait faire une chaleur excessive ; je risquais de me rendre malade ; je ne tuerais rien, je me fatiguerais en vain ; et pendant ce dialogue, ses yeux, qui parlaient peut-être mieux qu'elle ne voulait, me faisaient assez connaître qu'elle désirait que je prisse pour bonnes ses mauvaises raisons. Je n'avais garde de m'y rendre, comme vous pouvez croire, et je résistai de même à une petite diatribe contre la chasse et les chasseurs, et à un petit nuage d'humeur qui obscurcit, toute la soirée, cette figure céleste. Je craignis un moment que ses ordres ne fussent révoqués, et que sa délicatesse ne me nuisît. Je ne calculais pas la curiosité d'une femme, aussi me trompai-je. Mon chasseur me rassura dès le soir même, et je me couchai satisfait.

Au point du jour je me lève et pars. A peine à cinquante pas du château, j'aperçois mon espion qui me suit. J'entre en chasse, et marche à travers champs vers le village où je voulais me rendre ;

sans autre plaisir, dans ma route, que de faire courir le drôle qui me suivait, et qui, n'osant pas quitter les chemins, parcourait souvent, à toute course, un espace triple du mien. A force de l'exercer, j'ai eu moi-même une extrême chaleur, et je me suis assis au pied d'un arbre. N'a-t-il pas eu l'insolence de couler derrière un buisson qui n'était pas à vingt pas de moi, et de s'y asseoir aussi ? J'ai été tenté un moment de lui envoyer mon coup de fusil, qui, quoique de petit plomb seulement, lui aurait donné une leçon suffisante sur les dangers de la curiosité : heureusement pour lui, je me suis ressouvenu qu'il était utile et même nécessaire à mes projets : cette réflexion l'a sauvé.

Cependant j'arrive au village ; je vois de la rumeur ; je m'avance ; j'interroge ; on me raconte le fait. Je fais venir le collecteur ; et, cédant à ma généreuse compassion, je paie noblement cinquante-six livres, pour lesquelles on réduisait cinq personnes à la paille et au désespoir. Après cette action si simple, vous n'imaginez pas quel chœur de bénédictions retentit autour de moi de la part des assistants ! Quelles larmes de reconnaissance coulaient des yeux du vieux chef de cette famille, et embellissaient cette figure de patriarche, qu'un moment auparavant l'empreinte farouche du désespoir rendait vraiment hideuse ! J'examinais ce spectacle, lorsqu'un autre paysan, plus jeune, conduisant par la main une femme et deux enfants, et s'avançant vers moi à pas précipités, leur dit : « Tombons tous aux pieds de cette image de dieu » ; et dans le même instant, j'ai été entouré de cette famille, prosternée à mes genoux. J'avouerai ma faiblesse ; mes yeux se sont mouillés de larmes, et j'ai senti en moi un mouvement involontaire, mais délicieux. J'ai été étonné du plaisir qu'on éprouve en faisant le bien ; et je serais tenté de croire que ce que nous appelons les gens vertueux n'ont pas tant de mérite qu'on se plaît à nous le dire. Quoi qu'il en soit, j'ai trouvé juste de payer à ces pauvres gens le plaisir qu'ils venaient de me faire. J'avais pris dix louis sur moi, je les leur ai donnés. Ici ont recommencé les remerciments, mais ils n'avaient plus ce même degré de pathétique ; le nécessaire avait produit le grand, le véritable effet ; le reste n'était qu'une simple expression de reconnaissance et d'étonnement pour des dons superflus.

Cependant, au milieu des bénédictions bavardes de cette famille, je ressemblais pas mal au héros d'un drame, dans la scène du dénouement. Vous remarquerez que dans cette foule était surtout le fidèle espion. Mon but était rempli : je me dégageai d'eux tous, et regagnai le château. Tout calculé, je me félicite de mon invention. Cette femme vaut bien sans doute que je me donne tant de soins ; ils seront un jour mes titres auprès d'elle, et l'ayant en quelque sorte, ainsi payée d'avance, j'aurai le droit d'en disposer à ma fantaisie, sans avoir de reproche à me faire.

J'oubliais de vous dire que pour mettre tout à profit, j'ai demandé à ces bonnes gens de prier Dieu pour le succès de mes projets. Vous allez voir si déjà leurs prières n'ont pas été en partie exaucées... Mais on m'avertit que le souper est servi, et il serait trop tard pour que cette lettre partît, si je ne la fermais qu'en me retirant. Ainsi *le reste à l'ordinaire prochain*. J'en suis fâché, car le reste est le meilleur. Adieu, ma belle amie. Vous me volez un moment du plaisir de la voir.

De... ce 20 août 17**

XXII

La présidente DE TOURVEL à madame DE VOLANGES

Vous serez sans doute bien aise, Madame, de connaître un trait de M. de Valmont, qui contraste beaucoup, ce me semble, avec tous ceux sous lesquels on vous l'a représenté. Il est si pénible de penser désavantageusement de qui que ce soit, si fâcheux de ne trouver que des vices chez ceux qui auraient toutes les qualités nécessaires pour faire aimer la vertu ! Enfin vous aimez tant à user d'indulgence, que c'est vous obliger que de vous donner des motifs de revenir sur un jugement trop rigoureux. M. de Valmont me paraît fondé à espérer cette faveur, je dirais presque cette justice ; et voici sur quoi je le pense.

Il a fait ce matin une de ces courses qui pouvaient faire supposer quelque projet de sa part dans les environs, comme l'idée vous en était venue ; idée que je m'accuse d'avoir saisie peut-être avec trop de vivacité. Heureusement pour lui, et surtout heureusement pour nous, puisque cela nous sauve d'être injustes, un de mes gens devait aller du même côté que lui[1] ; et c'est par-là que ma curiosité répréhensible, mais heureuse a été satisfaite. Il nous a rapporté que M. de Valmont, ayant trouvé au village de... une malheureuse famille dont on vendait les meubles, faute d'avoir pu payer les impositions,

---

[1] Mme de Tourvel n'ose donc pas dire que c'était par son ordre.

non-seulement s'était empressé d'acquitter la dette de ces pauvres gens, mais même leur avait donné une somme d'argent assez considérable. Mon domestique a été témoin de cette vertueuse action ; et il m'a rapporté de plus que les paysans, causant entre eux et avec lui, avaient dit qu'un domestique, qu'ils ont désigné, et que le mien croit être celui de M. de Valmont, avait pris hier des informations sur ceux des habitants du village qui pouvaient avoir besoin de secours. Si cela est ainsi, ce n'est même plus seulement une compassion passagère, et que l'occasion détermine : c'est le projet formé de faire du bien ; c'est la sollicitude de la bienfaisance ; c'est la plus belle vertu des plus belles âmes : mais, soit hasard ou projet, c'est toujours une action honnête et louable, et dont le seul récit m'a attendrie jusqu'aux larmes ; j'ajouterai de plus, et toujours par justice, que quand je lui ai parlé de cette action, de laquelle il ne disait mot, il a commencé par s'en défendre, et a eu l'air d'y mettre si peu de valeur lorsqu'il en est convenu, que sa modestie en doublait le mérite.

A présent, dites-moi, ma respectable amie, si M. de Valmont est en effet un libertin sans retour ? S'il n'est que cela, et se conduit ainsi que restera-t-il aux gens honnêtes ? Quoi ! les méchants partageraient-ils avec les bons le plaisir sacré de la bienfaisance ? Dieu permettrait-il qu'une famille vertueuse reçût, de la main d'un scélérat, des secours dont elle rendrait grâce à sa divine providence ? et pourrait-il se plaire à entendre des bouches pures répandre leurs bénédictions sur un réprouvé ? Non. J'aime mieux croire que ces erreurs, pour être longues, ne sont pas éternelles ; et je ne puis penser que celui qui fait du bien soit l'ennemi de la vertu. M. de Valmont n'est peut-être qu'un exemple de plus du danger des liaisons. Je m'arrête à cette idée qui me plaît. Si, d'une part, elle peut servir à le justifier dans votre esprit, de l'autre, elle me rend de plus en plus précieuse l'amitié tendre qui m'unit à vous pour la vie.

J'ai l'honneur d'être, etc.

P. S. Mme de Rosemonde et moi nous allons, dans l'instant, voir aussi l'honnête et malheureuse famille, et joindre nos secours tardifs à ceux de M. de Valmont. Nous le mènerons avec nous. Nous donnerons au moins à ces bonnes gens le plaisir de revoir leur bienfaiteur ; c'est, je crois, tout ce qu'il nous a laissé à faire.

De... ce 20 août 17**.

XXIII

Le vicomte DE VALMONT à la marquise DE MERTEUIL

Nous en sommes restés à mon retour au château ; je reprends mon récit.

Je n'eus que le temps de faire une courte toilette, et je me rendis au salon, où ma belle faisait de la tapisserie, tandis que le curé du lieu lisait la gazette à ma vieille tante. J'allai m'asseoir auprès du métier. Des regards, plus doux encore que de coutume, et presque caressants, me firent bientôt deviner que le domestique avait déjà rendu compte de sa mission. En effet, mon aimable curieuse ne put garder plus longtemps le secret qu'elle m'avait dérobé ; et, sans crainte d'interrompre un vénérable pasteur dont le débit ressemblait pourtant à celui d'un prône : « J'ai bien aussi ma nouvelle à débiter, » dit-elle ; et tout de suite elle raconta mon aventure, avec une exactitude qui faisait honneur à l'intelligence de son historien. Vous jugez comme je déployai toute ma modestie : mais qui pourrait arrêter une femme qui fait, sans s'en douter, l'éloge de ce qu'elle aime ! Je pris donc le parti de la laisser aller. On eût dit qu'elle prêchait le panégyrique d'un saint. Pendant ce temps, j'observais, non sans espoir, tout ce que promettaient à l'amour son regard animé, son geste devenu plus libre ; et surtout ce son de voix qui, par son altération déjà sensible, trahissait l'émotion de son âme. A peine elle finissait de parler : « Venez, mon neveu, m edit Mme de Rosemonde ; venez que je vous embrasse. » Je sentis aussitôt que la jolie prêcheuse ne pourrait se défendre d'être embrassée à son tour. Cependant elle voulut fuir ; mais elle fut bientôt dans mes bras, et, loin d'avoir la force de résister, à peine lui restait-il celle de se soutenir. Plus j'observe cette femme, et plus elle me paraît désirable. Elle s'empressa de retourner à son métier, et eut l'air, pour tout le monde, de recommencer sa tapisserie ; mais moi, je m'aperçus bien que sa main tremblante ne lui permettait pas de continuer son ouvrage.

Après le dîner, les dames voulurent aller voir les infortunés que j'avais si pieusement secourus ; je les accompagnai. Je vous sauve l'ennui de cette seconde scène de reconnaissance et d'éloges. Mon cœur, pressé d'un souvenir délicieux, hâte le moment du retour au château. Pendant la route, ma belle présidente plus rêveuse qu'à l'ordinaire, ne disait pas un mot. Tout occupé de trouver les moyens de profiter de l'effet qu'avait produit l'événement du jour, je gardais le même silence. Mme de Rosemonde seule parlait, et n'obtenait de nous que des réponses courtes et rares. Nous dûmes l'ennuyer, j'en avais le projet, et il réussit. Aussi, en descendant de voiture, elle passa dans son appartement, et nous laissa tête-à-tête ma belle et moi, dans un salon mal éclairé ; obscurité douce, qui enhardit l'amour timide.

Je n'eus pas la peine de diriger la conversation où je voulais la conduire. La ferveur de l'aimable prêcheuse me servit mieux que n'aurait pu faire mon adresse. — Quand on est si digne de faire le bien, me dit-elle, en arrêtant sur moi son doux regard, comment passe-t-on sa vie à mal faire ? — Je ne mérite, lui répondis-je, ni cet éloge, ni cette censure ; et je ne conçois pas qu'avec autant d'esprit que vous en avez, vous ne m'ayez pas encore deviné. Dût ma confiance me nuire auprès de vous, vous en êtes trop digne, pour qu'il me soit possible de vous la refuser. Vous trouverez la clef de ma conduite dans un caractère malheureusement trop facile. Entouré de gens sans mœurs, j'ai imité leurs vices ; j'ai peut-être mis de l'amour-propre à les surpasser. Séduit de même ici par l'exemple des vertus, sans espérer de vous atteindre, j'ai au moins essayé de vous suivre. Eh ! peut-être l'action dont vous me louez aujourd'hui, perdrait-elle tout son prix à vos yeux, si vous en connaissiez le véritable motif ? (vous voyez, ma belle amie, combien j'étais près de la vérité.) Ce n'est pas à moi, continuai-je, que ces malheureux ont dû mes secours. Où vous croyez voir une action louable, je ne cherchais qu'un moyen de plaire. Je n'étais, puisqu'il faut le dire que le faible agent de la divinité que j'adore (ici elle voulut m'interrompre ; mais je ne lui en donnai pas le temps). Dans ce moment même, ajoutai-je, mon secret ne m'échappe que par faiblesse. Je m'étais promis de vous le taire ; je me

faisais un bonheur de rendre à vos vertus comme à vos appas un hommage que vous ignoreriez toujours : mais incapable de tromper, quand j'ai sous les yeux l'exemple de la candeur, je n'aurai point à me reprocher avec vous une dissimulation coupable. Ne croyez pas que je vous outrage par une criminelle espérance. Je serai malheureux, je le sais ; mais mes souffrances me seront chères ; elles me prouveront l'excès de mon amour ; c'est à vos pieds, c'est dans votre sein que je déposerai mes peines. J'y puiserai des forces pour souffrir de nouveau ; j'y trouverai la bonté compatissante, et je me croirai consolé, parce que vous m'aurez plaint. O vous que j'adore ! écoutez-moi ; plaignez-moi, secourez-moi. »
Cependant j'étais à ses genoux, et je serrais ses mains dans les miennes : mais elle, les dégageant tout à coup, et les croisant sur ses yeux avec l'expression du désespoir : « Ah ! malheureuse ! » s'écria-t-elle ; puis elle fondit en larmes. Par bonheur je m'étais livré à tel point, que je pleurais aussi, et, reprenant ses mains, je les baignai de pleurs. Cette précaution était bien nécessaire ; car elle était si occupée de sa douleur, qu'elle ne se serait pas aperçue de la mienne, si je n'avais trouvé ce moyen de l'en avertir. J'y gagnai de plus de considérer à loisir cette charmante figure, embellie encore par l'attrait puissant des larmes. Ma tête s'échauffait, et j'étais si peu maître de moi, que je fus tenté de profiter de ce moment.

Quelle est donc notre faiblesse ? quel est l'empire des circonstances, si moi-même, oubliant mes projets, j'ai risqué de perdre, par un triomphe prématuré, le charme des longs combats et les détails d'une pénible défaite ; si, séduit par un désir de jeune homme, j'ai pensé exposer le vainqueur de Mme de Tourvel à ne recueillir, pour fruit de ses travaux, que l'insipide avantage d'avoir eu une femme de plus ! Ah ! qu'elle se rende, mais qu'elle combatte ; que, sans avoir la force de vaincre, elle ait celle de résister ; qu'elle savoure à loisir le sentiment de sa faiblesse, et soit contrainte d'avouer sa défaite. Laissons le braconier obscur tuer à l'affut le cerf qu'il a surpris ; le vrai chasseur doit le forcer. Ce projet est sublime, n'est-ce pas ? mais peut-être serais-je à présent au regret de ne l'avoir pas suivi, si le hasard ne fût venu au secours de ma prudence.

Nous entendîmes du bruit. On venait au salon. Mme de Tourvel, effrayée, se leva précipitamment, se saisit d'un flambeau, et sortit. Il fallut bien la laisser faire. Ce n'était qu'un domestique. Aussitôt que j'en fus assuré, je la suivis. A peine eus-je fait quelques pas, que, soit qu'elle me reconnût, soit par un sentiment vague d'effroi, je l'entendis précipiter sa marche, et se jeter plutôt qu'entrer dans son appartement, dont elle ferma la porte sur elle. J'y allai ; mais la clef était en dedans. Je me gardai bien de frapper ; c'eût été lui fournir l'occasion d'une résistance trop facile. J'eus l'heureuse et simple idée de tenter de voir à travers la serrure, et je vis en effet cette femme adorable à genoux, baignée de larmes, et priant avec ferveur. Quel dieu osait-elle invoquer ! en est-il d'assez puissant contre l'amour ? En vain cherche-t-elle à présent des secours étrangers ; c'est moi qui réglerai son sort.

Croyant en avoir assez fait pour un jour, je me retirai aussi dans mon appartement et me mis à vous écrire. J'espérais la revoir au souper : mais elle fit dire qu'elle s'était trouvée indisposée et s'était mise au lit. Mme de Rosemonde voulut monter chez elle ; mais la malicieuse malade prétexta un mal de tête qui ne lui permettait de voir personne. Vous jugez qu'après le souper la veillée fut courte, et que j'eus aussi mon mal de tête. Retiré chez moi, j'écrivis une longue lettre pour me plaindre de cette rigueur, et je me couchai avec le projet de la remettre ce matin. J'ai mal dormi, comme vous pouvez voir par la date de cette lettre. Je me suis levé, et j'ai relu mon épître. Je me suis aperçu que je ne m'y étais pas assez observé ; que j'y montrais plus d'ardeur que d'amour, et plus d'humeur que de tristesse. Il faudra la refaire, mais il faudrait être plus calme.

J'aperçois le point du jour, j'espère que la fraîcheur qui l'accompagne m'amènera le sommeil. Je vais me remettre au lit ; et quel que soit l'empire de cette femme, je vous promets de ne pas m'occuper tellement d'elle, qu'il ne me reste le temps de songer beaucoup à vous. Adieu, ma belle amie.

De... ce 13 août 17**, quatre heures du matin.

XXIV

Le vicomte DE VALMONT à la présidente DE TOURVEL

Ah ! par pitié, Madame, daignez calmer le trouble de mon âme ; daignez m'apprendre ce que je dois espérer ou craindre. Placé entre l'excès du bonheur et celui de l'infortune, l'incertitude est un tourment cruel. Pourquoi vous ai-je parlé ? que n'ai-je su résister au charme impérieux qui vous livrait mes pensées ! content de vous adorer en silence, je jouissais au moins de mon amour ; et ce sentiment pur, que ne troublait point alors l'image de votre douleur, suffisait à ma félicité ; mais cette source de bonheur en est devenue un désespoir, depuis que j'ai vu couler vos larmes, depuis que j'ai entendu ce cruel : *ah, malheureuse !* Madame, ces deux mots retentiront longtemps dans mon cœur. Par quelle fatalité, le plus doux des sentiments ne peut-il vous inspirer que l'effroi ? quelle est donc cette crainte ? Ah ! ce n'est pas celle de le partager : votre cœur que j'ai mal connu, n'est pas fait pour l'amour ; le mien que vous calomniez sans cesse, est le seul qui soit sensible ; le vôtre est même sans pitié. S'il n'en était pas ainsi, vous n'auriez pas refusé un mot de consolation au malheureux qui vous racontait ses souffrances ; vous ne vous seriez pas soustraite à ses regards, quand il n'a d'autre plaisir que celui de vous voir ; vous ne vous seriez pas fait un jeu cruel de son inquiétude, en lui faisant annoncer que vous étiez malade, sans lui permettre d'aller s'informer de votre état ; vous auriez senti que cette même nuit, qui n'était pour vous que douze heures de repos, allait être pour lui un siècle de douleurs.

Par où, dites-moi, ai-je mérité cette rigueur désolante ? Je ne crains pas de vous prendre pour juge : qu'ai-je donc fait que céder à un sentiment involontaire, inspiré par la beauté et justifié par la vertu ; toujours contenu par le respect, et dont l'innocent aveu fut l'effet de la confiance et non de l'espoir ? La trahirez-vous cette confiance que vous-même avez semblé me permettre, et à laquelle je me suis livré sans réserve ? Non, je ne puis le croire, ce serait vous supposer un tort, et mon cœur se révolte à la seule idée de vous en trouver un : je désavoue mes reproches, j'ai pu les écrire, mais non pas les penser. Ah ! laissez-moi vous croire parfaite, c'est le seul plaisir qui me reste. Prouvez-moi que vous l'êtes en m'accordant vos soins généreux. Quel malheureux, avez-vous secouru, qui en eût autant de besoin que moi ? ne m'abandonnez pas dans le délire où vous m'avez plongé, prêtez-moi votre raison, puisque vous avez ravi la mienne ; après m'avoir corrigé, éclairez-moi pour finir votre ouvrage.

Je ne veux pas vous tromper, vous ne parviendrez point à vaincre mon amour ; mais vous m'apprendrez à le régler : en guidant mes démarches, en dictant mes discours, vous me sauverez au moins du malheur affreux de vous déplaire. Dissipez surtout cette crainte désespérante ; dites-moi que vous me pardonnez, que vous me plaignez ; assurez-moi de votre indulgence. Vous n'aurez jamais toute celle que je vous désirerais ; mais je réclame celle dont j'ai besoin : me la refuserez-vous ?

Adieu, Madame, recevez avec bonté l'hommage de mes sentiments ; il ne nuit point à celui de mon respect.

De..., ce 20 août 17**.

XXV

Le vicomte DE VALMONT à la marquise DE MERTEUIL.

Voici le bulletin d'hier.

A onze heures j'entrai chez Mme de Rosemonde ; et sous ses auspices je fus introduit chez la feinte malade, qui était encore couchée. Elle avait les yeux très battus ; j'espère qu'elle avait aussi mal dormi que moi. Je saisis un moment où Mme de Rosemonde s'était éloignée, pour remettre ma lettre : on refusa de la prendre ; mais je la laissai sur le lit, et allai bien honnêtement approcher le fauteuil de ma vieille tante, qui voulait être auprès *de son cher enfant* : il fallut bien serrer la lettre pour éviter le scandale. La malade dit maladroitement qu'elle croyait avoir un peu de fièvre. Mme de Rosemonde m'engagea à lui tâter le pouls, en vantant beaucoup mes connaissances en médecine. Ma belle eut donc le double chagrin d'être obligée de me livrer son bras, de sentir que son petit mensonge allait être découvert. En effet, je pris sa main que je serrai dans une des miennes, pendant que de l'autre je parcourais son bras frais et potelé ; la malicieuse personne ne répondit à rien, ce qui me fit dire en me retirant : « Il n'y a pas même la plus légère émotion. » Je me doutai que ses regards devaient être sévères, et pour la punir, je ne les cherchai pas ; un moment après, elle dit qu'elle voulait se lever, et nous la laissâmes seule. Elle parut au dîner, qui fut triste ; elle annonça qu'elle n'irait pas se promener, ce qui était me dire que je n'aurais pas occasion de lui parler. Je sentis bien qu'il fallait placer là un soupir et un regard douloureux ; sans doute elle s'y attendait, car ce fut le seul moment de la journée où je parvins à rencontrer ses yeux. Toute sage qu'elle est elle a ses petites ruses comme une autre. Je trouvai le moment de lui demander *si elle avait eu la bonté de m'instruire de mon sort* ; et je fus étonné de l'entendre me répondre : *Oui, Monsieur, je vous ai écrit.* J'étais fort empressé d'avoir cette Lettre ; mais soit ruse encore, ou maladresse, ou timidité, elle ne me la remit que le soir, au moment de se retirer chez elle. Je vous l'envoie, ainsi que le brouillon de la mienne ; lisez, et jugez ; voyez avec quelle insigne fausseté elle affirme qu'elle n'a point d'amour, quand je suis sûr du contraire ; et puis elle se plaindra si je la trompe après, quand elle ne craint pas de me tromper avant ! Ma belle amie, l'homme le plus adroit ne peut encore que se tenir au niveau de la femme la plus vraie. Il faudra pourtant feindre de croire à tout ce radotage, et se fatiguer de désespoir, parce qu'il plaît à Madame de jouer la rigueur ! Le moyen de ne se pas venger de ces noirceurs-là !... Ah ! patience. Mais, adieu. J'ai encore beaucoup à écrire.

A propos, vous me renverrez la Lettre de l'inhumaine ; il se pourrait faire que par la suite elle voulût qu'on mît du prix à ces misères-là, et il faut être en règle.

Je ne vous parle pas de la petite Volanges ; nous en causerons au premier jour.

Du château de.. ce 22 août 17**.

XXVI

La présidente DE TOURVEL au vicomte DE VALMONT

Sûrement, Monsieur, vous n'auriez eu aucune Lettre de moi, si ma sotte conduite d'hier au soir ne me forçait d'entrer aujourd'hui en explication avec vous. Oui, j'ai pleuré, je l'avoue : peut-être aussi les deux mots que vous me citez avec tant de soin, me sont-ils échappés ; larmes et paroles, vous avez tout remarqué ; il faut donc vous expliquer tout.

Accoutumée à n'inspirer que des sentiments honnêtes, à n'entendre que des discours que je puis écouter sans rougir, à jouir par conséquent d'une sécurité que j'ose dire que je mérite, je ne sais ni dissimuler ni combattre les impressions que j'éprouve. L'étonnement et l'embarras où m'a jetée votre procédé, je ne sais qu'elle crainte, inspirée par une situation qui n'eût jamais dû être faite pour moi : peut-être l'idée révoltante de me voir confondue avec les femmes que vous méprisez, et traitée aussi légèrement qu'elles ; toutes ces causes réunies ont provoqué mes larmes, et ont pu me faire dire, avec raison, je crois, que j'étais malheureuse. Cette expression, que vous trouvez si forte, serait sûrement beaucoup trop faible encore, si mes pleurs et mes discours avaient eu un autre motif ; si au lieu de désapprouver des sentiments qui doivent m'offenser, j'avais pu craindre de les partager.

Non, Monsieur, je n'ai pas cette crainte, si je l'avais, je fuirais à cent lieues de vous, j'irais pleurer dans un désert le malheur de vous avoir connu. Peut-être même, malgré la certitude où je suis de ne point vous aimer, de ne vous aimer jamais, peut-être aurais-je mieux fait de suivre les conseils de mes amis ; de ne pas vous laisser approcher de moi.

J'ai cru, et c'est là mon seul tort, j'ai cru que vous respecteriez une femme honnête, qui ne demandait pas mieux que de vous trouver tel et de vous rendre justice ; qui déjà vous défendait, tandis que vous l'outragiez par vos vœux criminels. Vous ne me connaissez pas ; non, Monsieur, vous ne me connaissez pas. Sans cela, vous n'auriez pas cru vous faire un droit de vos torts : parce que vous m'avez tenu des discours que je ne devais pas entendre, vous ne vous seriez pas cru autorisé à m'écrire une Lettre que je ne devais pas lire : et vous me demandez de *guider vos démarches, de dicter vos discours !* Eh bien, Monsieur, le silence et l'oubli, voilà les conseils qu'il me convient de vous donner, comme à vous de les suivre ; alors, vous aurez en effet, des droits à mon indulgence : il ne tiendrait qu'à vous d'en obtenir même à ma reconnaissance... Mais, je ne ferai point une demande à celui qui ne m'a point respectée ; je ne donnerai point une marque de confiance à celui qui a abusé de ma sécurité. Vous me forcez à vous craindre, peut-être à vous haïr : je ne le voulais pas ; je ne voulais voir en vous que le neveu de ma plus respectable amie ; j'opposais la voix de l'amitié à la voix publique qui vous accusait. Vous avez tout détruit, et je le prévois, vous ne voudrez rien réparer.

Je m'en tiens, Monsieur, à vous déclarer que vos sentiments m'offensent, que leur aveu m'outrage et, surtout que, loin d'en venir un jour à les partager, vous me forceriez à ne vous recevoir jamais, si vous ne vous imposiez sur cet objet un silence qu'il me semble avoir droit d'attendre, et même d'exiger de vous. Je joins à cette Lettre celle que vous m'avez écrite, et j'espère que vous voudrez bien de même me remettre celle-ci ; je serais vraiment peinée qu'il restât aucune trace d'un événement qui n'eût jamais dû exister.

J'ai l'honneur d'être, etc.

De... ce 24 août 17**.

XXVII

CÉCILE VOLANGES à la marquise DE MERTEUIL

Mon dieu, que vous êtes bonne, Madame! comme vous avez bien senti qu'il me serait plus facile de vous écrire que de vous parler ! Aussi, c'est que ce que j'ai à vous dire, est bien difficile ; mais vous êtes mon amie, n'est-il pas vrai ? Oh ! oui, ma bien bonne amie ! Je vais tâcher de n'avoir pas peur ; et puis, j'ai tant besoin de vous, de vos conseils ! J'ai bien du chagrin, il me semble que tout le monde devine ce que je pense ; et surtout quand il est là, je rougis dès qu'on me regarde. Hier, quand vous m'avez vue pleurer, c'est que je voulais vous parler, et puis, je ne sais quoi m'en empêchait ; et quand vous m'avez demandé ce que j'avais, mes larmes sont venues malgré moi. Je n'aurais pas pu dire une parole. Sans vous, maman allait s'en apercevoir, et qu'est-ce que je serais devenue ? Voilà pourtant comme je passe ma vie, surtout depuis quatre jours.

C'est ce jour-là, Madame, oui, je vais vous le dire, c'est ce jour-là que M. le chevalier Danceny m'a écrit ; oh ! je vous assure que quand j'ai trouvé sa Lettre, je ne savais pas du tout ce que c'était : mais, pour ne pas mentir, je ne peux pas dire que je n'aie eu bien du plaisir en la lisant ; voyez-vous, j'aimerais mieux avoir du chagrin toute ma vie, que s'il ne me l'eût pas écrite. Mais je savais bien je ne devais pas le lui dire, et je peux bien vous assurer même que je lui ai dit que j'en étais fâchée : mais il dit que c'était plus fort que lui, et je le crois bien ; car j'avais résolu de ne lui pas répondre, et pourtant je n'ai pas pu m'en empêcher. Oh ! je ne lui ai écrit qu'une fois, et même c'était, en partie, pour lui dire de ne plus m'écrire : mais malgré cela il m'écrit toujours ; et comme je ne lui réponds pas, je vois bien qu'il est triste, et ça m'afflige encore davantage : si bien que je ne sais plus que faire, ni que devenir, et que je suis bien à plaindre.

Dites-moi, je vous en prie, Madame, est-ce que ce serait bien mal de lui répondre de temps en temps ? seulement jusqu'à ce qu'il ait pu prendre sur lui de ne plus m'écrire lui-même, et de rester comme nous étions avant : car, pour moi, si cela continue, je ne sais pas ce que je deviendrai. Tenez, en lisant sa dernière Lettre ; j'ai pleuré que ça ne finissait pas ; et je suis bien sûre que si je ne lui réponds pas encore, ça nous fera bien de la peine.

Je vais vous envoyer sa Lettre aussi, ou bien une copie, et vous jugerez ; vous verrez bien que ce n'est rien de mal qu'il demande. Cependant si vous trouvez que ça ne se doit pas, je vous promets de m'en empêcher ; mais je crois que vous penserez comme moi, que ce n'est pas là du mal.

Pendant que j'y suis, Madame, permettez-moi de vous faire encore une question. On m'a bien dit que c'était mal d'aimer quelqu'un ! mais pourquoi cela ? Ce qui me fait vous le demander, c'est que M. le chevalier Danceny prétend que ce n'est pas mal du tout, et que presque tout le monde aime : si cela était, je ne vois pas pourquoi je serais la seule à m'en empêcher ; ou bien est-ce que ce n'est un mal que pour les demoiselles ? car j'ai entendu maman elle-même dire que Mme D*** aimait M. M***, et elle n'en parlait pas comme d'une chose qui serait si mal ; et pourtant je suis sûre qu'elle se fâcherait contre moi, si elle se doutait seulement de mon amitié pour M. Danceny. Elle me traite toujours comme un enfant, maman ; et elle ne me dit rien du tout. Je croyais, quand elle m'a fait sortir du couvent, que c'était pour me marier ; mais à présent, il me semble que non : ce n'est pas que je m'en soucie, je vous assure ; mais vous, qui êtes si amie avec elle, vous savez peut-être ce qu'il en est, et si vous le savez, j'espère que vous me le direz.

Voilà une bien longue Lettre, Madame; mais puisque vous m'avez permis de vous écrire, j'en ai profité pour vous dire tout, et je compte sur votre amitié.

J'ai l'honneur d'être, etc.

Paris, ce 23 août 17**.

XXVIII

Le chevalier DANCENY à CÉCILE VOLANGES

Et quoi, Mademoiselle, vous refusez toujours de me répondre ! rien ne peut vous fléchir ; et chaque jour emporte avec lui l'espoir qu'il avait amené ! Quelle est donc cette amitié que vous consentez qui subsiste entre nous, si elle n'est pas même assez puissante pour vous rendre sensible à ma peine ; si elle vous laisse froide et tranquille, tandis que j'éprouve les tourments d'un feu que je ne puis éteindre ; si loin de vous inspirer de la confiance, elle ne suffit pas même à faire naître votre pitié ? Quoi ! votre ami souffre, et vous ne faites rien pour le secourir ! Il ne vous demande qu'un mot, et vous le lui refusez ! et vous voulez qu'il se contente d'un sentiment si faible, dont vous craignez encore de lui réitérer les assurances !

Vous ne voudriez pas être ingrate, disiez-vous hier ; ah ! croyez-moi, Mademoiselle, vouloir payer de l'amour avec de l'amitié, ce n'est pas craindre l'ingratitude, c'est redouter seulement d'en avoir l'air. Cependant je n'ose plus vous entretenir d'un sentiment qui ne peut que vous être à charge, s'il ne vous intéresse pas, il faut au moins le renfermer en moi-même, en attendant que j'apprenne à le vaincre. Je sens combien ce travail sera pénible ; je ne me dissimule pas que j'aurai besoin de toutes mes forces ; je tenterai tous les moyens ; il en est un qui coûtera le plus à mon cœur, ce sera celui de me répéter souvent que le vôtre est insensible. J'essaierai même de vous voir moins, et déjà je m'occupe d'en trouver un prétexte plausible.

Quoi ! je perdrais la douce habitude de vous voir chaque jour ! Ah ! du moins je ne cesserai jamais de la regretter. Un malheur éternel sera le prix de l'amour le plus tendre ; et vous l'aurez voulu, et ce sera votre ouvrage ! jamais, je le sens, je ne retrouverai le bonheur que je perds aujourd'hui ; vous seule étiez faite pour mon cœur ; avec quel plaisir je ferais le serment de ne vivre que pour vous ! Mais vous ne voulez pas le recevoir ; votre silence m'apprend assez que votre cœur ne vous dit rien pour moi ; il est à la fois la preuve la plus sûre de votre indifférence, et la manière la plus cruelle de me l'annoncer. Adieu, Mademoiselle.

Je n'ose plus me flatter d'une réponse ; l'amour l'eût écrite avec empressement, l'amitié avec plaisir, la pitié même avec complaisance : mais la pitié, l'amitié et l'amour, sont également étrangers à votre cœur.

Paris, ce 23 août 17**.

XXIX

CÉCILE VOLANGES à SOPHIE CARNAY

Je te le disais bien, Sophie, qu'il y avait des cas où l'on pouvait écrire ; et je t'assure que je me reproche bien d'avoir suivi ton avis, qui nous a tant fait de peine, au chevalier Danceny et à moi. La preuve que j'avais raison, c'est que Mme de Merteuil, qui est une femme qui sûrement le sait bien a fini par penser comme moi. Je lui ai tout avoué. Elle m'a bien dit d'abord comme toi : mais quand je lui ai eu tout expliqué, elle est convenue que c'était bien différent ; elle exige seulement que je lui fasse voir toutes mes lettres et toutes celles du chevalier Danceny, afin d'être sûre que je ne dirai que ce qu'il faudra : ainsi, à présent me voilà tranquille. Mon Dieu, que je l'aime, Mme de Merteuil ! elle est si bonne ! et c'est une femme bien respectable. Ainsi il n'y a rien à dire.

Comme je m'en vais écrire à M. Danceny, et comme il va être content ! il le sera encore plus qu'il ne croit : car jusqu'ici je ne lui parlais que de mon amitié, et lui voulait toujours que je dise mon amour. Je crois que c'était bien la même chose ; mais enfin je n'osais pas, et il tenait à cela. Je l'ai dit à Mme de Merteuil :

elle m'a dit que j'avais eu raison, et qu'il ne fallait convenir d'avoir de l'amour, que quand on ne pouvait plus s'en empêcher : or je suis bien sûre que je ne pourrais pas m'en empêcher plus longtemps ; après tout, c'est la même chose, et cela lui plaira davantage.

Mme de Merteuil m'a dit aussi qu'elle me prêterait des livres qui parlaient de tout cela, et qui m'apprendraient bien à me conduire ; et aussi à mieux écrire que je ne fais : car, vois-tu, elle me dit tous mes défauts, ce qui est une preuve qu'elle m'aime bien ; elle m'a recommandé seulement de ne rien dire à maman de ces livres-là, parce que ça aurait l'air de trouver qu'elle a trop négligé mon éducation, et ça pourrait la fâcher. Oh ! je ne lui en dirai rien.

C'est pourtant bien extraordinaire qu'une femme qui ne m'est presque pas parente, prenne plus de soin de moi que ma mère ! c'est bien heureux pour moi de l'avoir connue !

Elle a demandé aussi à maman de me mener après-demain à l'opéra, dans sa loge ; elle m'a dit que nous y serions toutes seules, et nous causerons tout le temps, sans craindre qu'on nous entende ; j'aime bien mieux cela que l'opéra. Nous causerons aussi de mon mariage : car elle m'a dit que c'était bien vrai que j'allais me marier ; mais nous n'avons pas pu en dire davantage. Par exemple, n'est-ce pas encore bien étonnant que maman ne m'en dise rien du tout ?

Adieu, ma Sophie, je m'en vais écrire au chevalier Danceny. Oh ! je suis bien contente.

De... ce 24 août 17**.

XXX

CÉCILE VOLANGES au chevalier DANGENY

Enfin, Monsieur, je consens à vous écrire, à vous assurer de mon *amour*, puisque, sans cela, vous seriez malheureux. Vous dites que je n'ai pas bon cœur, je vous assure bien que vous vous trompez, et j'espère qu'à présent vous n'en doutez plus. Si vous avez eu du chagrin de ce que je ne vous écrivais pas, croyez-vous que ça ne me faisait pas de la peine aussi ? Mais c'est que, pour toute chose au monde, je ne voudrais pas faire quelque chose qui fût mal ; et même je ne serais sûrement pas convenue de mon amour, si j'avais pu m'en empêcher : mais votre tristesse me faisait trop de peine. J'espère qu'à présent vous n'en aurez plus, et que nous allons être bien heureux.

Je compte avoir le plaisir de vous voir ce soir, et que vous viendrez de bonne heure ; ce ne sera jamais aussi tôt que je le désire. Maman soupe chez elle, et je crois qu'elle vous proposera d'y rester : j'espère que vous ne serez pas engagé comme avant-hier. C'était donc bien agréable, le souper où vous alliez ? car vous y aviez été de bien bonne heure. Mais enfin ne parlons pas de ça : à présent que vous savez que je vous aime, j'espère que vous resterez avec moi le plus que vous pourrez, car je ne suis contente que lorsque je suis avec vous, et je voudrais bien que vous fussiez tout de même.

Je suis bien fâchée que vous êtes encore triste à présent, mais ce n'est pas ma faute. Je demanderai à jouer de la harpe aussitôt que vous serez arrivé, afin que vous ayez ma lettre tout de suite. Je ne peux mieux faire.

Adieu, Monsieur. Je vous aime bien de tout mon cœur ; plus je vous le dis, plus je suis contente ; j'espère que vous le serez aussi.

De..., ce 24 août 17**.

XXXI

Le chevalier DANCENY à CÉCILE VOLANGES

Oui, sans doute, nous serons heureux. Mon bonheur est bien sûr, puisque je suis aimé de vous ; le vôtre ne finira jamais, s'il doit durer autant que vous m'avez inspiré. Quoi ! vous m'aimez, vous ne craignez plus de m'assurer de votre *amour ! Plus vous me le dites, et plus vous êtes contente !* Après avoir lu ce charmant *je vous aime*, écrit de votre main, j'ai entendu votre belle bouche m'en répéter l'aveu. J'ai vu se fixer sur moi ces yeux charmants, qu'embellissait encore l'expression de la tendresse. J'ai reçu vos serments de vivre toujours pour moi. Ah ! recevez le mien de consacrer ma vie entière à votre bonheur ; recevez-le, et soyez sûre que je ne le trahirai pas.

Quelle heureuse journée nous avons passée hier ! Ah ! pourquoi Mme de Merteuil n'a-t-elle pas tous les jours des secrets à dire à votre maman ? pourquoi faut-il que l'idée de la contrainte qui nous attend, vienne se mêler au souvenir délicieux qui m'occupe ?

pourquoi ne puis-je sans cesse tenir cette jolie main qui m'a écrit *je vous aime* ! la couvrir de baisers, et me venger ainsi du refus que vous m'avez fait d'une faveur plus grande !

Dites-moi, ma Cécile, quand votre maman a été rentrée ; quand nous avons été forcés, par sa présence, de n'avoir plus l'un pour l'autre que des regards indifférents ; quand vous ne pouviez plus me consoler par l'assurance de votre amour, du refus que vous faisiez de m'en donner les preuves, n'avez-vous donc senti aucun regret ? Ne vous êtes-vous pas dit : Un baiser l'eût rendu plus heureux, et c'est moi qui lui ai ravi ce bonheur ! Promettez-moi, mon aimable amie, qu'à la première occasion vous serez moins sévère. A l'aide de cette promesse, je trouverai du courage pour supporter les contrariétés que les circonstances nous préparent ; et les privations cruelles seront au moins adoucies, par la certitude que vous en partagez le regret.

Adieu, ma charmante Cécile : voici l'heure où je dois me rendre chez vous. Il me serait impossible de vous quitter, si ce n'était pour aller vous revoir. Adieu, vous que j'aime tant ! vous que j'aimerai toujours davantage !

De... ce 25 août 17**.

XXXII

Madame DE VOLANGES à la présidente DE TOURVEL

Vous voulez donc, Madame, que je croie à la vertu de M. de Valmont ! J'avoue que je ne puis m'y résoudre, et que j'aurais autant de peine à le juger honnête, d'après le seul fait que vous me racontez, qu'à croire vicieux un homme de bien reconnu, dont j'apprendrais une faute. L'humanité n'est parfaite dans aucun genre, pas plus dans le mal que dans le bien. Le scélérat a ses vertus, comme l'honnête homme a ses faiblesses. Cette vérité me paraît d'autant plus nécessaire à croire, que c'est d'elle que dérive la nécessité de l'indulgence pour les méchants comme pour les bons ; et qu'elle préserve ceux-ci de l'orgueil, et sauve les autres du découragement. Vous trouverez sans doute que je pratique bien mal dans ce moment, cette indulgence que je prêche ; mais je ne vois plus en elle qu'une faiblesse dangereuse, quand elle nous mène à traiter de même le vicieux et l'homme de bien.

Je ne me permettrai point de scruter les motifs de l'action de M. de Valmont ; je veux croire qu'ils sont louables comme elle : mais en a-t-il moins passé sa vie à porter dans les familles le trouble, le déshonneur et le scandale ? Ecoutez, si vous voulez, la voix du malheureux qu'il a secouru ; mais qu'elle ne vous empêche pas d'entendre les cris de cent victimes qu'il a immolées. Quand il ne serait, comme vous le dites, qu'un exemple du danger des liaisons, en serait-il moins lui-même une liaison dangereuse ? Vous le supposez susceptible d'un retour heureux ? Allons plus loin : supposons ce miracle arrivé : ne resterait-il pas contre lui l'opinion publique, et ne suffit-elle pas pour régler votre conduite ? Dieu seul peut absoudre au moment du repentir ; il lit dans les cœurs : mais les hommes ne peuvent juger les pensées que par les actions ; et nul d'entre eux, après avoir perdu l'estime des autres, n'a droit de se plaindre de la méfiance nécessaire, qui rend cette perte si difficile à réparer. Songez, surtout, ma jeune amie, que quelquefois il suffit, pour perdre cette estime, d'avoir l'air d'y attacher trop peu de prix ; et ne taxez pas cette sévérité d'injustice : car, outre qu'on est fondé à croire qu'on ne renonce pas à ce bien précieux quand on a droit d'y prétendre, celui-là est en effet plus près de mal faire, qui n'est plus contenu par ce frein puissant. Tel serait cependant l'aspect sous lequel vous montrerait une liaison intime avec M. de Valmont, quelqu'innocente qu'elle pût être.

Effrayée de la chaleur avec laquelle vous le défendez, je me hâte de prévenir les objections que je prévois. Vous me citerez Mme de Merteuil, à qui on a pardonné cette liaison ; vous me demanderez pourquoi je le reçois chez moi ; vous me direz que loin d'être rejeté par les gens honnêtes, il est admis, recherché même dans ce qu'on appelle la bonne compagnie. Je peux, je crois, répondre à tout.

D'abord Mme de Merteuil, en effet très estimable, n'a peut-être d'autre défaut que trop de confiance en ses forces ; c'est un guide adroit qui se plaît à conduire un char entre les rochers et les précipices, et que le succès seul justifie : il est juste de la louer, il serait imprudent de la suivre ; elle-même en convient et s'en accuse. A mesure qu'elle a vu davantage, ses principes sont devenus plus sévères : et je ne crains pas de vous assurer qu'elle penserait comme moi.

Quant à ce qui me regarde, je ne me justifierai pas plus que les autres. Sans doute je reçois M. de Valmont, et il est reçu partout ; c'est une inconséquence de plus à ajouter à mille autres qui gouvernent la société. Vous savez comme moi, qu'on passe sa vie à les remarquer, à s'en plaindre et à s'y livrer. M. de Valmont, avec un beau nom, une grande fortune, beaucoup de qualités aimables, a reconnu de bonne heure que pour avoir l'empire dans la société, il suffisait de manier, avec une égale adresse, la louange et le ridicule. Nul ne possède comme lui ce double talent ; il séduit avec l'un, et se fait craindre avec l'autre. On ne l'estime pas, mais on le flatte. Telle est son existence au milieu d'un monde qui, plus prudent que courageux, aime mieux le ménager que le combattre.

Mais ni Mme de Merteuil elle-même, ni aucune autre femme, n'oserait sans doute aller s'enfermer à la campagne, presqu'en tête-à-tête avec un tel homme. Il était réservé à la plus sage, à la plus modeste d'entre elles, de donner l'exemple de cette inconséquence ; pardonnez-moi ce mot, il échappe à l'amitié. Ma belle amie, votre honnêteté même vous trahit, par la sécurité qu'elle vous inspire. Songez donc que vous aurez pour juges d'une part, des gens frivoles, qui ne croiront pas à une vertu dont ils ne trouvent pas le modèle chez eux ; et de l'autre, des méchants qui feindront de n'y pas croire, pour vous punir de l'avoir eue. Considérez que vous faites, dans ce moment, ce que quelques hommes n'oseraient pas risquer. En effet, parmi les jeunes gens, dont M. de Valmont ne s'est que trop rendu l'oracle, je vois les plus sages craindre de paraître liés trop intimement avec lui ; et vous, vous ne le craignez pas ? Ah ! revenez, revenez, je vous en conjure..... Si mes raisons ne suffisent pas pour vous persuader, cédez à mon amitié ; c'est elle qui me fait renouveler mes instances, c'est à elle à les justifier. Vous la trouvez sévère, et je désire qu'elle soit inutile ; mais j'aime mieux que vous ayez à vous plaindre de sa sollicitude que de sa négligence.

De... ce 24 août 17**.

XXXIII

La marquise DE MERTEUIL au vicomte de VALMONT

Dès que vous craignez de réussir, mon cher Vicomte, dès que votre projet est de fournir des armes contre vous, et que vous désirez moins de vaincre que de combattre, je n'ai plus rien à dire. Votre conduite est un chef-d'œuvre de prudence. Elle en serait un de sottise dans la supposition contraire ; et pour vous parler vrai, je crains que vous ne vous fassiez illusion.

Ce que je vous reproche n'est pas de n'avoir point profité du moment. D'une part, je ne vois pas clairement qu'il fût venu : de l'autre, je sais assez, quoi qu'on en dise, qu'une occasion manquée se retrouve, tandis qu'on ne revient jamais d'une démarche précipitée.

Mais la véritable école est de vous être laissé aller à

écrire. Je vous défie a présent de prévoir où ceci peut vous mener. Par hasard, espérez-vous pouvoir prouver à cette femme qu'elle doit se rendre ? Il me semble que ce ne peut être là qu'une vérité de sentiment, et non de démonstration ; et que pour la faire recevoir, il s'agit d'attendrir et non de raisonner ; mais à quoi vous servirait d'attendrir par lettres, puisque vous ne seriez pas là pour en profiter ? Quand vos belles phrases produiraient l'ivresse de l'amour, vous flattez-vous qu'elle soit assez longue pour que la réflexion n'ait pas le temps d'en empêcher l'aveu ? Songez donc à celui qu'il faut pour écrire une lettre ; à celui qui se passe avant qu'on puisse la remettre ; et voyez si, surtout une femme à principes comme votre dévote, peut vouloir si longtemps ce qu'elle tâche de ne vouloir jamais. Cette marche peut réussir avec des enfants, qui, quand ils écrivent *je vous aime*, ne savent pas qu'ils disent *je me rends*. Mais la vertu raisonneuse de Mme de Tourvel me paraît fort bien connaître la valeur des termes. Aussi, malgré l'avantage que vous aviez pris sur elle dans votre conversation, elle vous bat dans sa lettre. Et puis savez-vous ce qui arrive ? par cela seul qu'on dispute, on ne veut pas céder. A force de chercher de bonnes raisons, on en trouve ; on les dit, et après on y tient, non pas tant parce qu'elles sont bonnes que pour ne pas se démentir.

De plus une remarque que je m'étonne que vous n'ayez pas faite, c'est qu'il n'y a rien de si difficile en amour, que d'écrire ce qu'on ne sent pas. Je dis écrire d'une façon vraisemblable : ce n'est pas qu'on ne se serve des même mots ; mais on ne les arrange pas de même, ou plutôt on les arrange, et cela suffit. Relisez votre lettre : il y règne un ordre qui vous décèle à chaque phrase. Je veux croire que votre présidente est assez peu formée pour ne s'en pas apercevoir : mais qu'importe ? l'effet n'en est pas moins manqué. C'est le défaut des romans ; l'auteur se bat les flancs pour s'échauffer, et le lecteur reste froid. *Héloïse* est le seul roman qu'on en puisse excepter ; et malgré le talent de l'auteur, cette observation m'a toujours fait croire que le fonds en était vrai. Il n'en est pas de même en parlant. L'habitude de travailler son organe, y donne de la sensibilité ; la facilité des larmes y ajoute encore ; l'expression du désir se confond dans les yeux avec celle de la tendresse ; enfin le discours moins suivi amène plus aisément cet air de trouble et de désordre, qui est la véritable éloquence de l'amour ; et surtout la présence de l'objet aimé empêche la réflexion et nous fait désirer d'être vaincues.

Croyez-moi, Vicomte : on vous demande de ne plus écrire ; profitez-en pour réparer votre faute, et attendez l'occasion de parler. Savez-vous que cette femme a plus de force que je ne croyais ? sa défense est bonne ; et sans la longueur de sa lettre, et le prétexte qu'elle vous donne pour rentrer en matière dans sa phrase de reconnaissance, elle ne se serait pas du tout trahie.

Ce qui me paraît encore devoir vous rassurer sur le succès, c'est qu'elle use trop de force à la fois ; je prévois qu'elle les épuisera pour la défense du mot, et qu'il ne lui en restera plus pour celle de la chose.

Je vous renvoie vos deux lettres, et si vous êtes prudent, ce seront les dernières jusqu'après l'heureux moment. S'il était moins tard, je vous parlerais de la petite Volanges, qui avance assez vite, et dont je suis fort contente. Je crois que j'aurai fini avant vous, et vous devez en être bien heureux. Adieu pour aujourd'hui.

De... ce 24 août 17**.

XXXIV

Le vicomte de VALMONT à la marquise DE MERTEUIL

Vous parlez à merveille, ma belle amie : mais pourquoi vous tant fatiguer à prouver ce que personne n'ignore ! Pour aller vite en amour, il vaut mieux parler qu'écrire, voilà, je crois, toute votre lettre. Eh mais ? ce sont les plus simples éléments de l'art de séduire. Je remarquerai seulement que vous ne faites qu'une exception à ce principe, et qu'il y en a deux. Aux enfants qui suivent cette marche par timidité et se livrent par ignorance, il faut joindre les femmes beaux-esprits, qui s'y laissent engager par amour-propre, et que la vanité conduit dans le piége. Par exemple, je suis bien sûr que la comtesse de B... qui répondit sans difficulté à ma première lettre, n'avait pas alors plus d'amour pour moi que moi pour elle, et qu'elle ne vit que l'occasion de traiter un sujet qui devait lui faire honneur.

Quoi qu'il en soit, un avocat vous dirait que le principe ne s'applique pas à la question. En effet, vous supposez que j'ai le choix entre écrire et parler, ce qui n'est pas. Depuis l'affaire du 29, mon inhumaine, qui se tient sur la défensive, a mis à éviter les rencontres, une adresse qui a déconcerté la mienne. C'est au point que, si cela continue, elle me forcera à m'occuper sérieusement des moyens de reprendre cet avantage ; car assurément je ne veux être vaincu par elle en aucun genre. Mes lettres même sont le sujet d'une petite guerre : non contente de n'y pas répondre, elle refuse de les recevoir. Il faut pour chacune une ruse nouvelle, et qui ne réussit pas toujours.

Vous vous rappelez par quel moyen simple j'avais remis la première; la seconde n'offrit pas plus de difficulté. Elle m'avait demandé de lui rendre sa lettre ; je lui donnai la mienne en place, sans qu'elle eût le moindre soupçon. Mais soit dépit d'avoir été attrapée, soit caprice, ou enfin soit vertu, car elle me forcera d'y croire, elle refusa obstinément la troisième. J'espère pourtant que l'embarras où a pensé la mettre la suite de ce refus, la corrigera pour l'avenir.

Je ne fus pas très étonné qu'elle ne voulût pas recevoir cette lettre, que je lui offrais tout simplement ; c'eût été déjà accorder quelque chose, et je m'attends à une plus longue défense. Après cette tentative, qui n'était qu'un essai fait en passant, je mis une enveloppe à ma lettre ; et prenant le moment de la toilette, où Mme de Rosemonde et la femme de chambre étaient présentes; je la lui envoyai par mon chasseur, avec ordre de lui dire que c'était le papier qu'elle m'avait demandé. J'avais bien deviné qu'elle craindrait l'explication scandaleuse que nécessiterait un refus : en effet, elle prit la lettre ; et mon ambassadeur, qui avait ordre d'observer sa figure, et qui ne voit pas mal, n'aperçut qu'une légère rougeur et plus d'embarras que de colère.

Je me félicitais donc, bien sûr, ou qu'elle garderait cette lettre, ou que si elle voulait me la rendre, il faudrait qu'elle se trouvât seule avec moi ; ce qui me donnerait une occasion de lui parler. Environ une heure après, un de ses gens entre dans ma chambre, et me remet, de la part de sa maîtresse, un paquet d'une autre forme que le mien, et sur l'enve-

6

loppe duquel je reconnais l'écriture tant désirée. J'ouvre avec précipitation... C'était ma lettre elle-même, non décachetée et pliée seulement en deux. Je soupçonne que la crainte que je ne fusse moins scrupuleux qu'elle sur le scandale, lui a fait employer cette ruse diabolique.

Vous me connaissez ; je n'ai pas besoin de vous peindre ma fureur. Il fallut pourtant reprendre mon sangfroid, et chercher de nouveaux moyens. Voici le seul que je trouvai.

On va d'ici, tous les matins, chercher les lettres à la poste, qui est à environ trois quarts de lieue : on se sert pour cet objet d'une boîte couverte à peu près comme un tronc, dont le maître de la poste a une clef et Mme de Rosemonde l'autre. Chacun y met ses lettres dans la journée, quand bon lui semble : on les porte le soir à la poste, et le matin on va chercher celles qui sont arrivées. Tous les gens, étrangers ou autres, font ce service également. Ce n'était pas le tour de mon domestique ; mais il se chargea d'y aller, sous le prétexte qu'il avait affaire de ce côté.

Cependant j'écrivis ma lettre. Je déguisai mon écriture pour l'adresse, et je contrefis assez bien, sur l'enveloppe, le timbre de *Dijon*. Je choisis cette ville, parce que je trouvai plus gai, puisque je demandais les mêmes droits que le mari, d'écrire aussi du même lieu, et aussi parce que ma belle avait parlé toute la journée du désir qu'elle avait de recevoir des lettres de Dijon. Il me parut juste de lui procurer ce plaisir.

Ces précautions une fois prises, il était facile de faire joindre cette lettre aux autres. Je gagnais encore à cet expédient, d'être témoin de la réception : car l'usage est ici de se rassembler pour déjeûner, et d'attendre l'arrivée des lettres avant de se séparer. Enfin elles arrivèrent.

Madame de Rosemonde ouvrit la boîte. « de Dijon », dit-elle, en donnant la lettre à Mme de Tourvel. « Ce n'est pas l'écriture de mon mari », reprit celle-ci d'une voix inquiète, en rompant le cachet avec vivacité : le premier coup-d'œil l'instruisit ; et il se fit une telle révolution sur sa figure, que Mme de Rosemonde s'en aperçut, et lui dit : « Qu'avez-vous ? Je m'approchai aussi, en disant : Cette lettre est donc bien terrible » ? La timide dévote n'osait lever les yeux, ne disait mot ; et, pour sauver son embarras, feignait de parcourir l'épître, qu'elle n'était guère en état de lire. Je jouissais de son trouble ; et n'étant pas fâché de la pousser un peu : « Votre air plus tranquille, ajoutai-je, fait espérer que cette lettre vous a causé plus d'étonnement que de douleur ». La colère alors l'inspira mieux que n'eût pu faire la prudence. « Elle contient, répondit-elle, des choses qui m'offensent, et que je suis étonnée qu'on ait osé m'écrire. » — « Et qui donc » ? interrompit Mme de Rosemonde. « Elle n'est pas signée, » répondit la belle courroucée : « Mais la lettre et son auteur m'inspirent un égal mépris. On m'obligera de ne m'en plus parler ». En disant ces mots, elle déchira l'audacieuse missive, en mit les morceaux dans sa poche, se leva et sortit.

Malgré cette colère, elle n'en a pas moins eu ma lettre ; et je m'en remets bien à sa curiosité, du soin de l'avoir lue en entier.

Le détail de la journée mènerait trop loin. Je joins à ce récit le brouillon de mes deux lettres, vous serez aussi instruite que moi. Si vous voulez être au courant de cette correspondance, il faut vous accoutumer à déchiffrer mes minutes : car pour rien au monde je ne dévorerais l'ennui de les recopier. Adieu, ma belle amie.

De... ce 25 août 17**.

XXXV

Le vicomte DE VALMONT à la présidente DE TOURVEL

Il faut vous obéir, Madame ; il faut vous prouver qu'au milieu des torts que vous vous plaisez à me croire, il me reste au moins assez de délicatesse pour ne pas me permettre un reproche, et assez de courage pour m'imposer les plus douloureux sacrifices. Vous m'ordonnez le silence et l'oubli ! eh bien ! je forcerai mon amour à se taire ; et j'oublierai, s'il est possible, la façon cruelle dont vous l'avez accueilli. Sans doute le désir de vous plaire n'en donnait pas le droit ; et j'avoue encore que le besoin que j'avais de votre indulgence, n'était pas un titre pour l'obtenir : mais vous regardez mon amour comme un outrage ; vous oubliez que, si ce pouvait être un tort, vous en seriez à la fois et la cause et l'excuse. Vous oubliez aussi, qu'accoutumé à vous ouvrir mon âme, lors même que cette confiance pouvait me nuire, il ne m'était plus possible de vous cacher les sentiments dont je suis pénétré ; et ce qui fut l'ouvrage de ma bonne foi, vous le regardez comme le fruit de l'audace. Pour prix de l'amour le plus tendre, le plus respectueux, le plus vrai, vous me rejetez loin de vous. Vous me parlez enfin de votre haine... Quel autre ne se plaindrait pas d'être traité ainsi? Moi seul, je me soumets, je souffre tout et ne murmure point; vous frappez, et j'adore. L'inconcevable empire que vous avez sur moi, vous rend maîtresse absolue de mes sentiments; et si mon amour seul vous résiste, si vous ne pouvez la détruire, c'est votre ouvrage et non pas le mien.

Je ne demande point un amour dont jamais je ne me suis flatté. Je n'attends pas même cette pitié, que l'intérêt que vous m'aviez témoigné quelquefois pouvait me faire espérer. Mais je crois, je l'avoue, pouvoir réclamer votre justice.

Vous m'apprenez, Madame, qu'on a cherché à me nuire dans votre esprit. Si vous eussiez cru les conseils de vos amis, vous ne m'eussiez pas même laissé approcher de vous: ce sont vos termes. Quels sont donc ces amis officieux? Sans doute ces gens si sévères, et d'une vertu si rigide, consentent à être nommés; sans doute ils ne voudraient pas se couvrir d'une obscurité qui les confondrait avec de vils calomniateurs; et je n'ignorerai ni leur nom, ni leurs reproches. Songez, Madame, que j'ai le droit de savoir l'un et l'autre, puisque vous me jugez d'après eux. On ne condamne point un coupable sans lui dire son crime, sans lui nommer ses accusateurs. Je ne demande point d'autre grâce; et je m'engage d'avance à me justifier, à les forcer de se dédire.

Si j'ai trop méprisé, peut-être, les vaines clameurs d'un public dont je fais peu de cas, il n'en est pas ainsi de votre estime; et quand je consacre ma vie à la mériter, je ne me la laisserai pas ravir impunément. Elle me devient d'autant plus précieuse, que je lui devrai sans doute cette demande que vous craignez de me faire, et qui me donnerait, dites-vous, *des droits à votre reconnaissance.* Ah! loin d'en exiger, je croirai vous en devoir, si vous me procurez l'occasion de vous être agréable. Commencez donc à me rendre plus de justice, en ne me laissant plus ignorer ce que vous désirez de moi. Si je pouvais le deviner, je vous éviterais la peine de le dire. Au plaisir de vous voir, ajoutez le bonheur de vous servir, et je me louerai de votre indulgence. Qui peu donc vous arrêter ? ce n'est pas, je l'espère, la crainte d'un refus: je sens que je ne pourrais vous la pardonner. Ce n'en est pas un que de ne pas vous rendre votre lettre. Je désire, plus que vous, qu'elle ne me soit plus nécessaire : mais accoutumé à vous croire une âme si douce, ce n'est que dans cette lettre que je puis vous trouver telle que vous voulez paraître. Quand je forme le vœu de vous rendre sensible, j'y vois que, plutôt que d'y consentir, vous fuiriez à cent lieues de moi ; quand tout en vous augmente et justifie mon amour, c'est encore elle qui me répète que mon amour vous outrage ; et lorsqu'en vous voyant, cet amour me semble le bien suprême, j'ai besoin de vous lire, pour sentir que c'est qu'un affreux tourment. Vous concevez à présent que mon plus grand bonheur serait de pouvoir vous rendre cette lettre fatale ; me la demander encore, serait m'autoriser à ne plus croire ce qu'elle contient ; vous ne doutez pas, j'espère, de mon empressement à vous la remettre.

De... ce 21 août 17**.

XXXVI

Le vicomte DE VALMONT à la présidente DE TOURVEL

(Timbrée de Dijon.)

Votre sévérité augmente chaque jour, Madame, et si je l'ose dire, vous semblez craindre moins d'être injuste que d'être indulgente. Après m'avoir condamné sans m'entendre, vous avez dû sentir, en effet, qu'il vous serait plus facile de ne pas lire mes raisons que d'y répondre. Vous refusez mes lettres avec obstination ; vous me les renvoyez avec mépris. Vous me forcez enfin de recourir à la ruse, dans le moment même où mon unique but est de vous convaincre de ma bonne foi. La nécessité où vous m'avez mis de me défendre, suffira sans doute pour en excuser les moyens. Convaincu d'ailleurs par la sincérité de mes sentiments, que pour les justifier à vos yeux il me suffit de vous les faire bien connaître ; j'ai cru pouvoir me permettre ce léger détour. J'ose croire aussi que vous me le pardonnerez, et que vous serez peu surprise que l'amour soit plus ingénieux à se produire, que l'indifférence à l'écarter.

Permettez donc, Madame, que mon cœur se dévoile entièrement à vous. Il vous appartient, et il est juste que vous le connaissiez.

J'étais bien éloigné, en arrivant chez Mme de Rosemonde, de prévoir le sort qui m'y attendait. J'ignorais que vous y fussiez ; et j'ajouterai, avec la sincérité qui me caractérise, que quand je l'aurais su, ma sécurité n'en eût point été troublée : non que je ne rendisse à votre beauté la justice qu'on ne peut lui refuser ; mais accoutumé à n'éprouver que des désirs, à ne me livrer qu'à ceux que l'espoir encourageait, je ne connaissais pas les tourments de l'amour.

Vous fûtes témoin des instances que me fit Mme de Rosemonde pour m'arrêter quelque temps. J'avais déjà passé une journée avec vous ; cependant je ne me rendis, ou au moins je ne crus me rendre qu'au plaisir, si naturel et si légitime, de témoigner des égards à une parente respectable. Le genre de vie qu'on menait ici, différait beaucoup sans doute de celui auquel j'étais accoutumé ; il ne m'en coûta rien de m'y conformer, et, sans chercher à pénétrer la cause du changement qui s'opérait en moi, je l'attribuais uniquement encore à cette facilité de caractère, dont je crois vous avoir déjà parlé.

Malheureusement (et pourquoi faut-il que ce soit un malheur !) en vous connaissant mieux, je reconnus bientôt que cette figure enchanteresse, qui seule m'avait frappé, était le moindre de vos avantages ; votre âme céleste étonna, séduisit la mienne. J'admirais la beauté, j'adorai la vertu. Sans prétendre à vous obtenir, je m'occupai de vous mériter. En réclamant votre indulgence pour le passé, j'ambitionnai votre suffrage pour l'avenir. Je le cherchais dans vos discours, je l'épiais dans vos regards, dans ces regards d'où partait un poison d'autant plus dangereux, qu'il était répandu sans dessein, et reçu sans méfiance.

Alors je connus l'amour. Mais que j'étais loin de m'en plaindre ! résolu de l'ensevelir dans un éternel silence, je me livrais sans crainte comme sans réserve, à ce sentiment délicieux. Chaque jour augmentait son empire. Bientôt le plaisir de vous voir se changea en besoin. Vous absentiez-vous un moment? mon cœur se serrait de tristesse; au bruit qui m'annonçait votre retour, il palpitait de joie. Je n'existais plus que par vous, et pour vous. Cependant, c'est vous-même que j'adjure, jamais dans la gaieté des folâtres jeux, ou dans l'intérêt d'une conversation sérieuse, m'échappa-t-il un mot qui pût trahir le secret de mon cœur?

Enfin un jour arriva où devait commencer mon infortune; et par une inconcevable fatalité, une action honnête en devint le signal. Oui, Madame, c'est au milieu des malheureux que j'avais secourus, que, vous livrant à cette sensibilité précieuse qui embellit la beauté même et ajoute du prix à la vertu, vous achevâtes d'égarer un cœur que déjà trop d'amour enivrait. Vous vous rappelez peut-être quelle préoccupation s'empara de moi au retour! Hélas! je cherchais à combattre un penchant que je sentais devenir plus fort que moi.

C'est après avoir épuisé mes forces dans ce combat inégal, qu'un hasard, que je n'avais pu prévoir, me fit trouver seul avec vous. Là, je succombai, je l'avoue. Mon cœur trop plein ne put retenir ses discours ni ses larmes. Mais est-ce donc un crime? et si c'en est un, n'est-il pas assez puni par les tourments affreux auxquels je suis livré!

Dévoré par un amour sans espoir, j'implore votre pitié, et ne trouve que votre haine : sans autre bonheur que celui de vous voir, mes yeux vous cherchent malgré moi, et je tremble de rencontrer vos regards. Dans l'état cruel où vous m'avez réduit, je passe les jours à déguiser mes peines, et les nuits à m'y livrer; tandis que vous, tranquille et paisible, vous ne connaissez ces tourments que pour les causer et vous en applaudir. Cependant, c'est vous qui vous plaignez, et c'est moi qui m'excuse.

Voilà pourtant, Madame, voilà le récit fidèle de ce que vous nommez mes torts, et que peut-être il serait plus juste d'appeler mes malheurs. Un amour pur et sincère, un respect qui ne s'est jamais démenti, une soumission parfaite ; tels sont les sentiments que vous m'avez inspirés. Je n'eusse pas craint d'en présenter l'hommage à la Divinité même. O vous, qui êtes son plus bel ouvrage, imitez-la dans son indulgence ! songez à mes peines cruelles ; songez surtout que, placé par vous entre le désespoir et la félicité suprême, le premier mot que vous prononcerez décidera pour jamais de mon sort.

De... ce 23 août 17**.

XXXVII

La présidente DE TOURVEL à madame DE VOLANGES

Je me soumets, Madame, aux conseils que votre amitié me donne. Accoutumée à déférer en tout à vos avis, je le suis à croire qu'ils sont toujours fondés en raison. Je dirai même que M. de Valmont doit être en effet infiniment dangereux, s'il peut à la fois feindre d'être ce qu'il paraît ici, et rester tel que vous le dépeignez. Quoi qu'il en soit, puisque vous l'exigez, je l'éloignerai de moi ; au moins j'y ferai mon possible : car souvent les choses qui dans le fond devraient être les plus simples, deviennent embarrassantes par la forme.

Il me paraît toujours impraticable de faire cette demande à sa tante ; elle deviendrait également désobligeante, et pour elle et pour lui. Je ne prendrais pas non plus, sans quelque répugnance, le parti de m'éloigner moi-même : car outre les raisons que je vous ai déjà mandées relatives à M. de Tourvel, si mon départ contrariait M. de Valmont, comme il est possible, n'aurait-il pas la facilité de me suivre à Paris ? et son retour, dont je serais, dont au moins je paraîtrais être l'objet, ne semblerait-il pas plus étrange qu'une rencontre à la campagne, chez une personne qu'on sait être sa parente et mon amie ?

Il ne me reste donc d'autre ressource que d'obtenir de lui-même qu'il veuille bien s'éloigner. Je sens que cette proposition est difficile à faire ; cependant, comme il me paraît avoir à cœur de me prouver qu'il a en effet plus d'honnêteté qu'on ne lui en suppose, je ne désespère pas de réussir. Je ne serai pas même fâchée de le tenter, et d'avoir une occasion de juger si, comme il le dit souvent, les femmes vraiment honnêtes n'ont jamais eues, n'auront jamais à se plaindre de ses procédés. S'il part, comme je le désire, ce sera en effet par égard pour moi ; car je ne peux pas douter qu'il n'ait le projet de passer ici une grande partie de l'automne. S'il refuse ma demande et s'obstine à rester, je serai toujours à temps de partir moi-même, et je vous le promets.

Voilà, je crois, Madame, tout ce que votre amitié exigeait de moi : je m'empresse d'y satisfaire, et de vous prouver que malgré la *chaleur* que j'ai pu mettre à défendre M. de Valmont, je n'en suis pas moins disposée, non-seulement à écouter, mais même à suivre les conseils de mes amis.

J'ai l'honneur d'être etc.

De... ce 25 août 17**.

XXXVIII

La marquise DE MERTEUIL au vicomte DE VALMONT

Votre énorme paquet m'arrive à l'instant, mon cher Vicomte. Si la date en est exacte, j'aurais dû le recevoir vingt-quatre heures plutôt; quoiqu'il en soit, si je prenais le temps de le lire, je n'aurais plus celui d'y répondre. Je préfère donc de vous en accuser seulement la réception, et nous causerons d'autre chose. Ce n'est pas que j'aie rien à vous dire pour mon compte; l'automne ne laisse à Paris presque point d'hommes qui aient la figure humaine : aussi je suis, depuis un mois, d'une sagesse à périr ; et tout autre que mon chevalier serait fatigué des preuves de ma constance. Ne pouvant m'occuper, je me distrais avec la petite Volanges ; et c'est d'elle que je veux vous parler.

Savez-vous que vous avez perdu plus que vous ne croyez, à ne pas vous charger de cette enfant ? elle est vraiment délicieuse ! cela n'a ni caractère ni principes : jugez combien sa société sera douce et facile. Je ne crois pas qu'elle brille jamais par le sentiment ; mais tout annonce en elle les sensations les plus vives. Sans esprit et sans finesse, elle a pourtant une certaine fausseté naturelle, si l'on peut parler ainsi, qui quelquefois m'étonne moi-même, et qui réussira d'autant mieux, que sa figure offre l'image de la candeur et de l'ingénuité. Elle est naturellement très caressante, et je m'en amuse quelquefois : sa petite tête se monte avec une facilité incroyable ; elle est alors d'autant plus plaisante, qu'elle ne sait rien, absolument rien, de ce qu'elle désire tant de savoir. Il lui en prend des impatiences tout à fait drôles ; elle rit, elle se dépite, elle pleure, et puis elle me prie de l'instruire, avec une bonne foi réellement séduisante. En vérité, je suis presque jalouse de celui à qui ce plaisir est réservé.

Je ne sais si je vous ai mandé que depuis quatre ou cinq jours j'ai l'honneur d'être sa confidente. Vous devinez bien que d'abord j'ai fait la sévère : mais aussitôt que je me suis aperçue qu'elle croyait m'avoir convaincue par ses mauvaises raisons, j'ai eu l'air de les prendre pour bonnes ; et elle est intimement persuadée qu'elle doit ce succès à son éloquence : il fallait cette précaution pour ne pas me compromettre. Je lui ai permis d'écrire et de dire *j'aime* ; et le même jour, sans qu'elle s'en doutât, je lui ai ménagé un tête-à-tête avec son Danceny. Mais figurez-vous qu'il est si sot encore, qu'il n'en a seulement pas obtenu un baiser. Ce garçon-là fait pourtant de jolis vers ! Mon Dieu ! que ces gens d'esprit sont bêtes ! celui-ci l'est au point qu'il m'en embarasse, car enfin, pour lui, je ne peux pas le conduire.

C'est à présent que vous me seriez bien utile. Vous êtes assez lié avec Danceny pour avoir sa confidence, et s'il vous la donnait une fois, nous irions grand train. Dépêchez donc votre présidente ; car enfin, je ne veux pas que Gercourt s'en sauve ; au reste, j'ai parlé de lui hier à la petite personne, et je le lui ai si bien peint, que quand elle serait sa femme depuis dix ans, elle ne le haïrait pas davantage. Je l'ai pourtant beaucoup prêchée sur la fidélité conjugale ; rien n'égale ma sévérité sur ce point. Par-là, d'une part, je rétablis auprès d'elle ma réputation de vertu, que trop de condescendance pourrait détruire ; de l'autre, j'augmente en elle la haine dont je veux gratifier son mari. Et enfin, j'espère qu'en lui faisant accroire qu'il ne lui est permis de se livrer à l'amour que pendant le peu de temps qu'elle a à rester fille, elle se décidera plus vite à n'en rien perdre.

Adieu, Vicomte, je vais me mettre à ma toilette, où je lirai votre volume.

De ce 27 août 17**.

XXXIX

CÉCILE VOLANGES à SOPHIE CARNAY

Je suis triste et inquiète, ma chère Sophie. J'ai pleuré presque toute la nuit. Ce n'est pas que, pour le moment, je ne sois bien heureuse, mais je prévois que cela ne durera pas.

J'ai été hier à l'Opéra avec Mme de Merteuil ; nous y avons beaucoup parlé de mon mariage, et je n'en ai rien appris de bon. C'est M. le comte de Gercourt que je dois épouser, et ce doit être au mois d'octobre. Il est riche, il est homme de qualité, il est colonel du régiment de... Jusques-là tout va fort bien. Mais d'abord il est vieux : figure-toi qu'il a au moins trente-six ans ! et puis, Mme de Merteuil dit qu'il est triste et sévère, et qu'elle craint que je ne sois pas heureuse avec lui. J'ai même bien vu qu'elle en était sûre, et qu'elle ne voulait pas me le dire, pour ne pas m'affliger. Elle ne m'a presque entretenue toute la soirée que des devoirs des femmes envers leurs maris : elle convient que M. de Gercourt n'est pas aimable du tout, et elle dit pourtant qu'il faudra que je l'aime. Ne m'a-t-elle pas dit aussi qu'une fois mariée, je ne devais plus aimer le chevalier Danceny? comme si c'était possible ! Oh ! je t'assure bien que je l'aimerai toujours. Vois-tu, j'aimerais mieux plutôt ne pas me marier. Que ce M. de Gercourt s'arrange, je ne l'ai pas été chercher. Il est en Corse à présent, bien loin d'ici ; je voudrais qu'il y restât dix ans. Si je n'avais pas peur de rentrer au couvent, je dirais bien à maman que je ne veux pas de ce mari-là ; mais ce serait encore pis. Je suis bien embarrassée. Je sens que je n'ai jamais tant aimé M. Danceny qu'à présent ; et quand je songe qu'il ne me reste plus qu'un mois à être comme je suis, les larmes me viennent aux yeux tout de suite ; je n'ai de consolation que dans l'amitié de Mme de Merteuil ; elle a si bon cœur ! elle partage tous mes chagrins comme moi-même ; et puis elle est si aimable, que quand je suis avec elle, je n'y songe presque plus. D'ailleurs elle m'est bien utile, car le peu que je sais, c'est elle qui me l'a appris, et elle est si bonne, que je lui dis tout ce que je pense, sans être honteuse du tout. Quand elle trouve que ce n'est pas bien, elle me gronde quelquefois ; mais c'est tout doucement, et puis je l'embrasse de tout mon cœur, jusqu'à ce qu'elle ne soit plus fâchée. Au moins celle-là, je peux bien l'aimer tant que je voudrai, sans qu'il y ait du mal, et ça me fait bien du plaisir. Nous sommes pourtant convenues que je n'aurais pas l'air de l'aimer tant devant le monde, et surtout devant maman ; afin qu'elle ne se méfie de rien au sujet du chevalier Danceny. Je t'assure que si je pouvais toujours vivre comme je fais à présent, je crois que je serais bien heureuse. Il n'y a que ce vilain M. de Gercourt... Mais je ne veux pas t'en parler davantage, car je redeviendrais triste. Au lieu de cela, je vais écrire au chevalier Danceny, je ne lui parlerai que de mon amour, et non de mes chagrins, car je ne veux pas l'affliger.

Adieu, ma bonne amie. Tu vois bien que tu aurais tort de te plaindre, et que j'ai beau être *occupée*, comme tu dis, il ne m'en reste pas moins le temps de t'aimer et de t'écrire.

XL

Le vicomte DE VALMONT à la marquise DE MERTEUIL

C'est peu pour mon inhumaine de ne pas répondre à mes lettres, de refuser de les recevoir ; elle veut me priver de sa vue, elle exige que je m'éloigne. Ce qui vous surprendra davantage, c'est que je me soumette à tant de rigueur. Vous allez me blâmer. Cependant je n'ai pas cru devoir perdre l'occasion de me laisser donner un ordre : persuadée, d'une part que qui commande s'engage ; et de l'autre, que l'autorité illusoire que nous avons l'air de laisser prendre aux femmes, est un des piéges qu'elles évitent le plus difficilement. De plus, l'adresse que celle-ci a su mettre à éviter de se trouver seule avec moi, me plaçait dans une situation dangereuse, dont j'ai cru devoir sortir à quelque prix que ce fût : car étant sans cesse avec elle sans pouvoir l'occuper de mon amour, il y avait lieu de craindre qu'elle ne s'accoutumât enfin à me voir sans trouble : disposition dont vous savez assez combien il est difficile de revenir.

Au reste, vous devinez que je ne me suis pas soumis sans condition. J'ai même eu le soin d'en mettre une impossible à accorder, tant pour rester toujours maître de tenir ma parole, ou d'y manquer, que pour engager une discussion, soit de bouche ou par écrit, dans un moment où ma belle est plus contente de moi, où elle a besoin que je le sois d'elle : sans compter que je serais bien maladroit, si je ne trouvais moyen d'obtenir quelque dédommagement de mon désistement à cette prétention, tout insoutenable qu'elle est.

Après vous avoir exposé mes raisons dans ce long préambule, je commence l'historique de ces deux derniers jours. J'y joindrai comme pièce justificative, la lettre de ma belle et ma réponse. Vous conviendrez qu'il y a peu d'historiens aussi exacts que moi.

Vous vous rappelez l'effet que fit avant-hier matin ma lettre de Dijon ; le reste de la journée fut très orageux. La jolie prude arriva seulement au moment du dîner, et annonça une forte migraine : prétexte dont elle voulut couvrir un des violents accès d'humeur que femme puisse avoir. Sa figure en était vraiment altérée ; l'expression de douceur que vous lui connaissez, s'était changée en un air mutin qui en faisait une beauté nouvelle. Je me promets bien de faire usage de cette découverte par la suite, et de remplacer quelquefois la maîtresse tendre par la maîtresse mutine.

Je prévis que l'après-dînée serait triste ; et pour m'en sauver l'ennui, je prétextai des lettres à écrire, et me retirai chez moi. Je revins au salon sur les six heures ; Mme de Rosemonde proposa la promenade, qui fut acceptée. Mais au moment de monter en voiture, la prétendue malade, par une malice infernale, prétexta à son tour, et peut-être pour se venger de mon absence, un redoublement de douleurs, et me fit subir sans pitié le tête-à-tête de ma vieille tante. Je ne sais si les imprécations que je fis contre ce démon femelle, furent exaucées ; mais nous la trouvâmes couchée au retour.

Le lendemain au déjeûner, ce n'était plus la même femme. La douceur naturelle était revenue, et j'eus lieu de me croire pardonné. Le déjeûner était à peine fini, que la douce personne se leva d'un air indolent et entra dans le parc ; je la suivis, comme vous pouvez croire. « D'où peut naître ce désir de promenade ? » lui dis-je en l'abordant. « J'ai beaucoup écrit ce matin, me répondit-elle, et ma tête est un peu fatiguée. » — « Je ne suis pas assez heureux, repris-je, pour avoir à me reprocher cette fatigue-là. » — « Je vous ai bien écrit, » répondit-elle encore, « mais j'hésite à vous donner ma lettre. Elle contient une demande, et vous ne m'avez pas accoutumée à en espérer le succès. » — « Ah ; je jure que s'il m'est possible. » — « Rien n'est plus facile, interrompit-elle ; et quoique vous dussiez peut-être l'accorder comme justice, je consens à l'obtenir comme grâce. » En disant ces mots, elle me présenta sa lettre ; en la prenant, je pris aussi sa main, qu'elle retira, mais sans colère, et avec plus d'embarras que de vivacité. « La chaleur est plus vive que je ne croyais, » dit-elle ; « il faut rentrer. » Et elle reprit la route du château. Je fis de vains efforts pour lui persuader de continuer sa promenade, et j'eus besoin de me rappeler que nous pouvions être vus, pour n'y employer que de l'éloquence. Elle rentra sans proférer une parole, et je vis clairement que cette feinte promenade n'avait eu d'autre but que de me remettre sa lettre. Elle monta chez elle en rentrant, et je me retirai chez moi pour lire l'épître, que vous ferez bien de lire aussi, ainsi que ma réponse, avant d'aller plus loin.....

XLI

La présidente DE TOURVEL au vicomte DE VALMONT

Il semble, Monsieur, par votre conduite avec moi, que vous ne cherchiez qu'à augmenter chaque jour les sujets de plainte que j'avais contre vous. Votre obstination à vouloir m'entretenir sans cesse, d'un sentiment que je ne veux ni ne dois écouter ; l'abus que vous n'avez pas craint de faire de ma bonne foi ou de ma timidité, pour me remettre vos lettres ; le moyen surtout, j'ose dire peu délicat, dont vous vous êtes servi pour me faire parvenir la dernière, sans craindre au moins l'effet d'une surprise qui pouvait me compromettre ; tout devrait donner lieu de ma part à des reproches aussi vifs que justement mérités. Cependant, au lieu de revenir sur ses griefs, je m'en tiens à vous faire une demande aussi simple que juste ; et si je l'obtiens de vous, je consens que tout soit oublié.

Vous-même m'avez dit, Monsieur, que je ne devais pas craindre un refus ; et quoique, par une inconséquence qui vous est particulière, cette phrase même soit suivie du seul refus que vous pouviez me faire, [1]

---

[1] Voyez Lettre XXXV.

je veux croire que vous n'en tiendrez pas moins aujourd'hui cette parole formellement donnée il y a si peu de jours.

Je désire donc que vous ayez la complaisance de vous éloigner de moi ; de quitter ce château, où un plus long séjour de votre part ne pourrait que m'exposer davantage au jugement d'un public toujours prompt à mal penser d'autrui, et que vous n'avez que trop accoutumé à fixer les yeux sur les femmes qui vous admettent dans leur société.

Avertie déjà, depuis longtemps, de ce danger par mes amies, j'ai négligé, j'ai même combattu leur avis tant que votre conduite à mon égard avait pu me faire croire que vous aviez bien voulu ne pas me confondre avec cette foule de femmes qui toutes ont eu à se plaindre de vous. Aujourd'hui que vous me traitez comme elles, que je ne peux plus l'ignorer, je dois au public, à mes amis, à moi-même, de suivre ce parti nécessaire. Je pourrais ajouter ici que vous ne gagneriez rien à refuser ma demande, décidée que je suis à partir moi-même, si vous vous obstiniez à rester : mais je ne cherche point à diminuer l'obligation que je vous aurai de cette complaisance, et je veux bien que vous sachiez qu'en nécessitant mon départ d'ici, vous contrarieriez mes arrangements. Prouvez-moi donc, Monsieur, que comme vous me l'avez dit tant de fois, les femmes honnêtes n'auront jamais à se plaindre de vous ; prouvez-moi au moins, que quand vous avez des torts avec elles, vous savez les réparer.

Si je croyais avoir besoin de justifier ma demande vis-à-vis de vous il me suffirait de vous dire que vous avez passé votre vie à la rendre nécessaire, et que pourtant il n'a pas tenu à moi de ne la jamais former. Mais ne rappelons pas des événements que je veux oublier, et qui m'obligeraient à vous juger avec rigueur, dans ce moment où je vous offre l'occasion de mériter toute ma reconnaissance. Adieu, Monsieur ; votre conduite va m'apprendre avec quels sentiments je dois être, pour la vie, votre très humble, etc.

De... ce 25 août 17**.

XLII

Le vicomte DE VALMONT à la présidente DE TOURVEL

Quelque dures que soient, Madame, les conditions que vous m'imposez, je ne refuse pas de les remplir. Je sens qu'il me serait impossible de contrarier aucun de vos désirs. Une fois d'accord sur ce point, j'ose me flatter qu'à mon tour, vous me permettrez de vous faire quelques demandes, bien plus faciles à accorder que les vôtres, et que pourtant je ne veux obtenir que de ma soumission parfaite à votre volonté.

L'une, que j'espère qui sera sollicitée par votre justice, est de vouloir bien me nommer mes accusateurs auprès de vous ; ils me font, ce me semble, assez de mal pour que j'aie le droit de les connaître ; l'autre, que j'attends de votre indulgence, est de vouloir bien me permettre de vous renouveler quelquefois l'hommage d'un amour qui va plus que jamais mériter votre pitié.

Songez, Madame, que je m'empresse de vous obéir, lors même que je ne peux le faire qu'aux dépens de mon bonheur; je dirai plus, malgré la persuasion où je suis, que vous ne désirez mon départ, que pour vous sauver le spectacle, toujours pénible, de l'objet de votre justice.

Convenez-en, Madame, vous craignez moins un public trop accoutumé à vous respecter pour oser porter de vous un jugement désavantageux, que vous n'êtes gênée par la présence d'un homme qu'il vous est plus facile de punir que de blâmer. Vous m'éloignez de vous comme on détourne ses regards d'un malheureux qu'on ne veut pas secourir.

Mais tandis que l'absence va redoubler mes tourments, à quelle autre qu'à vous puis-je adresser mes plaintes? de quelle autre puis-je attendre des consolations qui vont me devenir si nécessaires? Me les refuserez-vous quand vous seule causez mes peines?

Sans doute vous ne serez pas étonnée non plus, qu'avant de partir j'aie à cœur et de justifier auprès de vous, les sentiments que vous m'avez inspirés; comme aussi que je ne trouve le courage de m'éloigner qu'en recevant l'ordre de votre bouche.

Cette double raison me fait vous demander un moment d'entretien. Inutilement voudrions-nous y suppléer par lettres : on écrit des volumes, et l'on explique mal ce qu'un quart-d'heure de conversation suffit pour faire bien entendre. Vous trouverez facilement le temps de me l'accorder; car, quelqu'empressé que je sois de vous obéir, vous savez que Mme de Rosemonde est instruite de mon projet, de passer chez elle une partie de l'automne, et il faudra au moins que j'attende une lettre pour pouvoir prétexter une affaire qui me force à partir.

Adieu, Madame; jamais ce mot ne m'a tant coûté

à écrire que dans ce moment où il me ramène à l'idée de notre séparation. Si vous pouviez imaginer ce qu'elle me fait souffrir, j'ose croire que vous me sauriez quelque gré de ma docilité. Recevez au moins avec plus d'hommage l'amour le plus tendre et le plus respectueux.

De... ce 26 août 17**.

XLIII

Le vicomte DE VALMONT à la marquise DE MERTEUIL

A présent raisonnons, ma belle amie. Vous sentez comme moi, que la scrupuleuse, l'honnête Mme de Tourvel, ne peut pas m'accorder la première de mes demandes, et trahir la confiance de ses amies, en me nommant mes accusateurs ; ainsi en promettant tout à cette condition, je ne m'engage à rien. Mais vous sentez aussi que ce refus qu'elle me fera, deviendra un titre pour obtenir tout le reste ; et qu'alors je gagne, en m'éloignant, d'entrer avec elle, et de son aveu, en correspondance réglée : car je compte pour peu le rendez-vous que je lui demande, et qui n'a presque d'autre objet que de l'accoutumer d'avance à n'en pas refuser d'autres quand ils me seront vraiment nécessaires.

La seule chose qui me reste à faire avant mon départ, est de savoir quels sont les gens qui s'occupent à me nuire auprès d'elle. Je présume que c'est son pédant de mari : je le voudrais : outre qu'une défense conjugale est un aiguillon au désir, je serais sûr que du moment que ma belle aura consenti à m'écrire, je n'aurais plus rien à craindre de son mari, puisqu'elle se trouverait déjà dans la nécessité de le tromper.

Mais si elle a une amie assez intime pour avoir sa confidence, et que cette amie là soit contre moi, il me paraît nécessaire de les brouiller, et je compte y réussir : mais avant tout il faut être instruit.

J'ai bien cru que j'allais l'être hier : mais cette femme ne fait rien comme une autre. Nous étions chez elle, au moment où l'on vint avertir que le dîner était servi. Sa toilette se finissait seulement, et tout en se pressant, et en faisant des excuses, je m'aperçus qu'elle laissait la clef à son secrétaire ; et je connais son usage de ne pas ôter celle de son appartement. J'y rêvais pendant le dîner, lorsque j'entendis descendre sa femme de chambre : je pris mon parti aussitôt : je feignis un saignement de nez, et sortis. Je volai au secrétaire ; mais je trouvai tous les tiroirs ouverts, et pas un papier écrit. Cependant on n'a pas d'occasion de les brûler dans cette saison. Que fait-elle des lettres quelle reçoit ? et elle en reçoit souvent. Je n'ai rien négligé ; tout était ouvert, et j'ai cherché partout: mais je n'y ai rien gagné, que de me convaincre que ce dépôt précieux reste dans ces poches.

Comment l'en tirer ? depuis hier je m'occupe inutilement d'en trouver les moyens : cependant je ne peux en vaincre le désir. Je regrette de n'avoir pas le talent des filous. Ne devrait-il pas, en effet, entrer, dans l'éducation d'un homme qui se mêle d'intrigue ? ne serait-il pas plaisant de dérober la lettre ou le portrait d'un rival, ou de tirer des poches d'une prude de quoi la démasquer ? Mais nos parents ne songent à rien ; et moi j'ai beau songer à tout, je ne fais que m'apercevoir que je suis gauche, sans pouvoir y remédier.

Quoiqu'il en soit, je revins me mettre à table, fort mécontent. Ma belle calma pourtant un peu mon humeur, par l'air d'intérêt que lui donna ma feinte indisposition : et je ne manquai pas de l'assurer que j'avais, depuis quelque temps, de violentes agitations qui altéraient ma santé. Persuadée comme elle est que c'est elle qui les cause, ne devait-elle pas en conscience travailler à les calmer ? Mais, quoique dévote, elle est peu charitable ; elle refuse toute aumône amoureuse, et ce refus suffit bien, ce me semble, pour en autoriser le vol. Mais adieu, car tout en causant avec vous, je ne songe qu'à ces maudites lettres.

De... ce 27 août 17**.

XLIV

La présidente DE TOURVEL au vicomte DE VALMONT

Pourquoi chercher, Monsieur, à diminuer ma reconnaissance ? pourquoi ne vouloir m'obéir qu'à demi, et marchander en quelque sorte un procédé honnête ? Il ne vous suffit donc pas que j'en sente le prix ? Non seulement vous demandez beaucoup ; mais vous demandez des choses impossibles. Si en effet mes amis m'ont parlé de vous, ils ne l'ont pu faire que par intérêt pour moi : quand même ils se seraient trompés, leur intention n'en était pas moins bonne ; et vous me proposez de reconnaître cette marque d'attachement de leur part, en vous livrant leur secret ! J'ai déjà eu tort de vous en parler, et vous me le faites assez sentir en ce moment. Ce qui n'eût été que de la candeur avec tout autre, devient une étourderie avec vous, et me mènerait à une noirceur, si je cédais à votre demande. J'en appelle à vous-même, à votre honnêteté, m'avez-vous cru capable de ce procédé ? avez-vous dû me le proposer ? non, sans doute ; et je suis sûre qu'en y réfléchissant mieux, vous ne reviendrez plus sur cette demande.

Celle que vous me faites de m'écrire, n'est guère plus facile à accorder ; et si vous voulez être juste, ce n'est pas à moi que vous vous en prendrez. Je ne veux point vous offenser ; mais avec la réputation que vous vous êtes acquise, et que, de votre aveu même, vous méritez du moins en partie, quelle femme pourrait avouer être en correspondance avec vous ? et qu'elle femme honnête peut se déterminer à faire ce qu'elle sent qu'elle serait obligée de cacher ?

Encore, si j'étais assurée que vos lettres fussent telles que je n'eusse jamais à m'en plaindre, que je pusse toujours me justifier à mes yeux de les avoir reçues ; peut-être alors le désir de vous prouver que c'est la raison et non la haine qui me guide, me ferait passer par-dessus ces considérations puissantes, et faire beaucoup plus que je ne devrais, en vous permettant de m'écrire quelquefois. Si en effet vous le désirez autant que vous me le dites, vous vous soumettrez volontiers à la seule condition qui puisse m'y faire consentir ; et si vous avez quelque reconnaissance de ce que je fais pour vous en ce moment, vous ne différerez plus de partir.

Permettez-moi de vous observer à ce sujet, que

vous avez reçu une lettre ce matin, et que vous n'en avez pas profité pour annoncer votre départ à M^ule de Rosemonde, comme vous me l'aviez promis. J'espère qu'à présent rien ne pourra vous empêcher de tenir votre parole. Je compte surtout que vous n'attendrez pas, pour cela, l'entretien que vous me demandez, auquel je ne veux absolument pas me prêter ; et qu'au lieu de l'ordre que vous prétendez vous être nécessaire, vous vous contenterez de la prière que je vous renouvelle. Adieu, Monsieur.

De… ce 27 août 17**.

XLV

Le vicomte DE VALMONT à la marquise DE MERTEUIL

Partagez ma joie, ma belle amie ; je suis aimé ; j'ai triomphé de ce cœur rebelle. C'est en vain qu'il dissimule encore, mon heureuse adresse a surpris son secret. Grâce à mes soins actifs, je sais tout ce qui m'intéresse : depuis la nuit, l'heureuse nuit d'hier, je me retrouve dans mon élément ; j'ai repris toute mon existence ; j'ai dévoilé un double mystère d'amour et d'iniquité : je jouirai de l'un, je me vengerai de l'autre ; je volerai de plaisirs en plaisirs. La seule idée que je m'en fais, me transporte au point que j'ai quelque peine à rappeler ma prudence ; que j'en aurai peut-être à mettre de l'ordre dans le récit que j'ai à vous faire. Essayons cependant.

Hier même, après vous avoir écrit ma lettre, j'en

reçus une de la céleste dévote. Je vous l'envoie ; vous y verrez qu'elle me donne, le moins maladroitement qu'elle peut, la permission de lui écrire : mais elle y presse mon départ, et je sentais bien que je ne pouvais le différer trop longtemps sans me nuire.

Tourmenté cependant du désir de savoir qui pouvait avoir écrit contre moi, j'étais encore incertain du parti que je prendrais. Je tentai de gagner la femme de chambre, et je voulus obtenir d'elle de me livrer les poches de sa maîtresse, dont elle pouvait s'emparer aisément le soir, et qu'il lui était facile de replacer le matin, sans donner le moindre soupçon. J'offris dix louis pour ce léger service : mais je ne trouvai qu'une bégueule, scrupuleuse ou timide, que mon éloquence ni mon argent ne purent vaincre. Je la prêchais encore, quand le souper sonna. Il fallut la laisser ; trop heureux qu'elle voulût bien me promettre le secret, sur lequel même vous jugez que je ne comptais guère.

Jamais je n'eus plus d'humeur. Je me sentais compromis ; et je me reprochais, toute la soirée, ma démarche imprudente.

Retiré chez moi, non sans inquiétude, je parlai à mon chasseur, qui, en sa qualité d'amant heureux, devait avoir quelque crédit. Je voulais, ou qu'il obtînt de cette fille de faire ce que je lui avais demandé, ou au moins qu'il s'assurât de sa discrétion : mais lui, qui d'ordinaire ne doute de rien, parut douter du succès de cette négociation, et me fit à ce sujet une réflexion qui m'étonna par sa profondeur.

« Monsieur sait sûrement mieux que moi, » me dit-il, « que coucher avec une fille, ce n'est que lui faire faire ce qu'il lui plaît ; de là à lui faire faire ce que nous voulons, il y a souvent bien loin. »

Le bon sens du maraud quelquefois m'épouvante.

PIRON, MÉTROMANIE.

« Je réponds d'autant moins de celle-ci, ajouta-t-il, que j'ai lieu de croire qu'elle a un amant et que je ne la dois qu'au désœuvrement de la campagne. Ainsi, sans mon zèle pour le service de Monsieur, je n'aurais eu cela qu'une fois. » (C'est un vrai trésor que ce garçon.) « Quant au secret, ajouta-t-il encore, à quoi servira-t-il de le lui faire promettre, puisqu'elle ne risquera rien à nous tromper ! lui en parler, ne ferait que lui mieux apprendre qu'il est important, et par là lui donner plus d'envie d'en faire sa cour à sa maîtresse. »

Plus ces réflexions étaient justes, plus mon embarras augmentait. Heureusement le drôle était en train de jaser ; et comme j'avais besoin de lui, je le laissais faire. Tout en me racontant son histoire avec cette fille, il m'apprit que comme la chambre qu'elle occupe n'est séparée de celle de sa maîtresse que par une simple cloison, qui pouvait laisser entendre un bruit suspect, c'était dans la sienne qu'ils se rassemblaient chaque nuit. Aussitôt je formai mon plan, je le lui communiquai, et nous l'exécutâmes avec succès.

J'attendis deux heures du matin, et alors je me rendis, comme nous en étions convenus, à la chambre du rendez-vous, portant de la lumière avec moi, et sous prétexte d'avoir sonné plusieurs fois inutilement. Mon confident, qui joue ses rôles à merveille, donna une petite scène de surprise, de désespoir et d'excuse, que je terminai en l'envoyant me faire chauffer de l'eau, dont je feignis avoir besoin ; tandis que la scrupuleuse chambrière était d'autant plus honteuse, que le drôle qui avait voulu renchérir sur mes projets, l'avait déterminée à une toilette que la saison comportait, mais qu'elle n'excusait pas.

Comme je sentais que plus cette fille serait humiliée, plus j'en disposerais facilement, je ne lui permis de changer de situation ni de parure ; et après avoir ordonné à mon valet de m'attendre chez moi, je m'assis à côté d'elle sur le lit qui était fait en désordre, et je commençai ma conversation. J'avais besoin de garder l'empire que la circonstance me donnait sur elle : aussi conservai-je un sang-froid qui eût fait honneur à la continence de Scipion ; et sans prendre la plus petite liberté avec elle, ce que pourtant sa fraîcheur et l'occasion semblaient lui donner le droit d'espérer, je lui parlai d'affaire aussi tranquillement que j'aurais pu faire avec un procureur.

Mes conditions furent que je garderais fidèlement le secret, pourvu que le lendemain, à pareille heure à peu près, elle me livrât les poches de sa maîtresse. « Au reste, » ajoutai-je, « je vous avais offert dix louis hier ; je vous les promets encore aujourd'hui. Je ne veux pas abuser de votre situation. » Tout fut accordé, comme vous pouvez croire ; alors je me retirai, et permis à l'heureux couple de réparer le temps perdu.

J'employai le mien à dormir ; et à mon réveil, voulant avoir un prétexte pour ne pas répondre à la lettre de ma belle avant d'avoir visité ses papiers, ce que je ne pouvais faire que la nuit suivante, je me décidai à aller à la chasse, où je restai presque tout le jour.

A mon retour, je fus reçu assez froidement. J'ai lieu de croire qu'on fut un peu piqué du peu d'empressement que je mettais à profiter du temps qui me restait, surtout après la lettre plus douce que l'on m'avait écrite. J'en juge ainsi, sur ce que Mme de Rosemonde m'ayant fait quelques reproches sur cette longue absence, ma belle reprit avec un peu d'aigreur : « Ah ! ne reprochons pas à M. de Valmont de se livrer au seul plaisir qu'il peut trouver ici. » Je me plaignis de cette injustice, et j'en profitai pour assurer que je me plaisais tant avec ces dames, que j'y sacrifiais une lettre très intéressante que j'avais à écrire. J'ajoutai que, ne pouvant trouver le sommeil depuis plusieurs nuits, j'avais voulu essayer si la fatigue me le rendrait ; et mes regards expliquaient assez et le sujet de ma lettre, et la cause de mon insomnie. J'eus soin d'avoir toute la soirée une douceur mélancolique, qui me parut réussir assez bien, et sous laquelle je masquai l'impatience où j'étais de voir arriver l'heure qui devait me livrer le secret qu'on s'obstinait à me cacher. Enfin nous nous séparâmes, et quelque temps après, la fidèle femme de chambre vint m'apporter le prix convenu de ma discrétion.

Une fois maître de ce trésor, je procédai à l'inventaire avec la prudence que vous me connaissez : car il était important de remettre tout en place. Je tombai d'abord sur deux lettres du mari, mélange indigeste de détails de procès et de tirades d'amour conjugal, que j'eus la patience de lire en entier, et où je ne trouvai pas un mot qui eût rapport à moi. Je les replaçai avec humeur : mais elle s'adoucit, en trouvant sous ma main les morceaux de ma fameuse lettre de Dijon, soigneusement rassemblés. Heureusement il me prit fantaisie de la parcourir. Juger de ma joie, en y apercevant les traces bien distinctes des larmes de mon adorable dévote. Je l'avoue, je cédai à un mouvement de jeune homme, et baisai cette lettre avec un transport dont je ne me croyais plus susceptible. Je continuai l'heureux examen ; je retrouvai toutes mes lettres de suite, et par ordre de dates ; et ce qui me surprit plus agréablement encore, fut de retrouver la première de toutes, celle que je croyais m'avoir été rendue par une ingrate, fidèlement copiée de sa main, et d'une écriture altérée et tremblante, qui témoignait assez la douce agitation de son cœur pendant cette occupation.

Jusque-là j'étais tout entier à l'amour ; bientôt il fit place à la fureur. Qui croyez-vous qui veuille me perdre auprès de cette femme que j'adore ? quelle furie supposez-vous assez méchante, pour tramer une pareille noirceur ? Vous la connaissez : c'est votre amie, votre parente ; c'est Mme de Volanges. Vous n'imaginez pas quel tissu d'horreurs l'infernale Mégère lui a écrit sur mon compte. C'est elle, elle seule, qui a troublé la sécurité de cette femme angélique ; c'est par ses conseils, par ses avis pernicieux, que je me vois forcé de m'éloigner ; c'est à elle enfin que l'on me sacrifie. Ah ! sans doute il faut séduire sa fille : mais ce n'est pas assez, il faut la perdre, et puisque l'âge de cette maudite femme la met à l'abri de mes coups, il faut la frapper dans l'objet de ses affections

Elle veut donc que je revienne à Paris ! elle m'y force ! soit, j'y retournerai, mais elle gémira de mon retour. Je suis fâché que Danceny soit le héros de cette aventure, il a un fonds d'honneur qui nous gênera : cependant il est amoureux, et je le vois souvent ; on pourra peut-être en tirer parti. Je m'oublie dans ma colère, et je ne songe pas que je vous dois le récit de ce qui s'est passé aujourd'hui. Revenons.

Ce matin j'ai revu ma sensible prude. Jamais je ne l'avais trouvée si belle. Cela devait être ainsi le plus beau moment d'une femme, le seul où elle puisse produire cette ivresse de l'âme, dont on parle toujours, et qu'on éprouve si rarement, est celui où, assurés de son amour nous ne le sommes pas de ses faveurs ; et c'est précisément le cas où je me trouvais. Peut-être aussi l'idée que j'allais être privée du plaisir de la voir, servait-il à l'embellir. Enfin, à l'arrivée du courrier, on m'a remis votre lettre du 27 ; et pendant que je la lisais, j'hésitais encore pour savoir si je tiendrais ma parole : mais j'ai rencontré les yeux de ma belle, et il m'aurait été impossible de lui rien refuser.

J'ai donc annoncé mon départ. Un moment après, Mme de Rosemonde nous a laissés seuls : mais j'étais encore à quatre pas de la farouche personne, que se levant avec l'air de l'effroi : « Laissez-moi, laissez-moi, Monsieur, » m'a-t-elle dit, « au nom de Dieu, laissez-moi ». Cette prière fervente, que décelait son émotion, ne pouvait que m'animer davantage. Déjà j'étais auprès d'elle, et je tenais ses mains qu'elle avait jointes avec une expression tout à fait touchante ; là je commençais de tendres plaintes, quand un démon ennemi ramène Mme de Rosemonde. La timide dévote, qui a en effet quelques raisons de craindre, en a profité pour se retirer.

Je lui ai pourtant offert la main qu'elle a acceptée ; et augurant bien de cette douceur, qu'elle n'avait pas eue depuis longtemps, tout en recommençant mes plaintes j'ai essayé de serrer la sienne. Elle a d'abord voulu la retirer ; mais sur une instance plus vive, elle s'est livrée d'assez bonne grâce, quoique sans répondre ni à ce geste, ni à mes discours. Arrivé à la porte de son appartement, j'ai voulu baiser cette main, avant de la quitter. La défense a commencé par être franche : mais un *songez donc que je pars*, prononcé bien tendrement, l'a rendue gauche et insuffisante. A peine le baiser a-t-il été donné, que la main a retrouvé sa force pour échapper, et que la belle est entrée dans son appartement, où était sa femme de chambre. Ici finit mon histoire.

Comme je présume que vous serez demain, chez la maréchale de..... où sûrement je n'irai pas vous trouver; comme je me doute bien aussi qu'à notre première entrevue nous aurons plus d'une affaire à traiter, et notamment celle de la petite Volanges, que je ne perds pas de vue, j'ai pris le parti de me faire précéder par cette lettre, et toute longue qu'elle est, je ne la fermerai qu'au moment de l'envoyer à la poste ; car au terme où j'en suis, tout peut dépendre d'une occasion, et je vous quitte pour aller l'épier.

P. S. à huit heures du soir.

Rien de nouveau ; pas le plus petit moment de liberté ; du soin même pour l'éviter. Cependant, autant de tristesse que la décence en permettait, pour le moins. Un autre événement qui peut ne pas être indifférent, c'est que je suis chargé d'une invitation de Mme de Rosemonde à Mme de Volanges, pour venir passer quelque temps chez elle à la campagne.

Adieu, ma belle amie ; à demain ou après-demain au plus tard.

*De... ce 28 août 17**.*

XLVI

La présidente DE TOURVELLE à madame DE VOLANGES

M. de Valmont est parti ce matin, Madame ; vous m'avez paru tant désirer ce départ, que j'ai cru devoir vous en instruire. Mme de Rosemonde regrette beaucoup son neveu, dont il faut convenir qu'on effet la société est agréable : elle a passé toute la matinée à m'en parler avec la sensibilité que vous lui connaissez ; elle ne tarissait pas sur son éloge. J'ai cru lui devoir la complaisance de l'écouter sans la contredire, d'autant qu'il faut avouer qu'elle avait raison sur beaucoup de points. Je sentais de plus que j'avais à me reprocher d'être la cause de cette séparation, et je n'espère pas pouvoir la dédommager du plaisir dont je l'ai privée. Vous savez que j'ai naturellement peu de gaîté, et le genre de vie que nous allons mener ici n'est pas fait pour l'augmenter.

Si je ne m'étais pas conduite d'après vos avis, je craindrais d'avoir agi un peu légèrement ; car j'ai été vraiment peinée de la douleur de ma respectable amie ; elle m'a touchée au point que j'aurais volontiers mêlé mes larmes aux siennes.

Nous vivons à présent dans l'espoir que vous accepterez l'invitation que M. de Valmont doit vous faire, de la part de Mme de Rosemonde, de venir passer quelque temps chez elle. J'espère que vous ne doutez pas du plaisir que j'aurais à vous y voir ; et en vérité vous nous devez ce dédommagement. Je serai fort aise de trouver cette occasion de faire une connaissance plus prompte avec M¹¹ᵉ de Volanges, et d'être à portée de vous convaincre de plus en plus des sentiments respectueux, etc.

De... ce 29 août 17**.

XLVII

Le chevalier DANCENY à CÉCILE VOLANGES

Que vous est-il donc arrivé, mon adorable Cécile, qui a pu causer en vous un changement si prompt et si cruel ? que sont devenus vos serments de ne jamais changer ? Hier encore, vous les réitériez avec tant de plaisir ! qui peut aujourd'hui vous les faire oublier ? J'ai beau m'examiner, je ne puis en trouver la cause en moi, et il m'est affreux d'avoir à la chercher en vous. Ah ! sans doute vous n'êtes ni légère ni trompeuse ; et même dans ce moment de désespoir, un soupçon outrageant ne flétrira point mon âme. Cependant, par quelle fatalité n'êtes-vous plus la même ? Non, cruelle, vous ne l'êtes plus ! La tendre Cécile, la Cécile que j'adore, et dont j'ai reçu les serments, n'aurait point évité mes regards, n'aurait point contrarié le hasard heureux qui me plaçait auprès d'elle ; ou si quelque raison que je ne peux concevoir, l'avait forcée à me traiter avec tant de rigueur, elle n'eût pas au moins dédaigné de m'en instruire.

Ah ! vous ne savez pas, vous ne saurez jamais, ma Cécile, ce que vous m'avez fait souffrir aujourd'hui, ce que je souffre encore en ce moment. Croyez-vous donc que je puisse vivre et ne plus être aimé de vous ? Cependant, quand je vous ai demandé un mot, un seul mot, pour dissiper mes craintes, au lieu de me répondre, vous avez feint de craindre d'être entendue ; et cet obstacle qui n'existait pas alors, vous l'avez fait naître aussitôt, par la place que vous avez choisie dans le cercle. Quand, forcé de vous quitter, je vous ai demandé l'heure à laquelle je pourrais vous revoir demain, vous avez feint de l'ignorer, et il a fallu que ce fût M*me* de Volanges qui m'en instruisît. Ainsi ce moment toujours si désiré qui doit me rapprocher de vous demain, ne fera naître en moi que de l'inquiétude ; et le plaisir de vous voir, jusqu'alors si cher à mon cœur, sera remplacé par la crainte de vous être importun.

Déjà, je le sens, cette crainte m'arrête, et je n'ose vous parler de mon amour. Ce *je vous aime*, que j'aimais tant à répéter quand je pouvais l'entendre à mon tour ; ce mot si doux qui suffisait à ma félicité, ne m'offre plus, si vous êtes changée, que l'image d'un désespoir éternel. Je ne puis croire pourtant que ce talisman de l'amour ait perdu toute sa puissance, et j'essaie de m'en servir encore. Oui, ma Cécile, *je vous aime*. Répétez donc avec moi cette expression de mon bonheur. Songez que vous m'avez accoutumé à l'entendre, et que m'en priver, c'est me condamner à un tourment qui, de même que mon amour, ne finira qu'avec ma vie.

De ce 20 août 17**.

XLVIII

Le vicomte DE VALMONT à la marquise DE MERTEUIL.

Je ne vous verrai pas encore aujourd'hui, ma belle amie ; et voici mes raisons, que je vous prie de recevoir avec indulgence.

Au lieu de revenir hier directement, je me suis arrêté chez la comtesse de***, dont le château se trouvait presque sur ma route, et à qui j'ai demandé à dîner. Je ne suis arrivé à Paris que vers sept heures, et je suis descendu à l'Opéra, où j'espérais que vous pouviez être.

L'Opéra fini, j'ai été revoir mes amies du foyer ; j'y ai retrouvé mon ancienne Emilie, entourée d'une cour nombreuse, tant en femmes qu'en hommes, à qui elle donnait à souper le soir même à P... Je ne fus pas plutôt entré dans ce cercle, que je fus prié du souper, par acclamation. Je le fus aussi par une petite figure grosse et courte, qui baragouina une invitation en français de Hollande, et que je reconnus pour le véritable héros de la fête. J'acceptai.

J'appris, dans ma route, que la maison où nous allions était le prix convenu des bontés d'Emilie pour cette figure grotesque, et que ce souper était un véritable festin de noce. Le petit homme ne se possédait pas de joie ; dans l'attente du bonheur dont il allait jouir ; il m'en parut si satisfait, qu'il me donna envie de le troubler ; ce que je fis en effet.

La seule difficulté que j'éprouvai fut de décider Emilie, que la richesse du bourgmestre rendait un peu scrupuleuse. Elle se prêta pourtant, après quelque façon, au projet que je donnai de remplir de vin ce petit tonneau à bière, et de le mettre ainsi hors de combat pour toute la nuit.

L'idée sublime que nous nous étions formée d'un buveur hollandais, nous fit employer tous les moyens connus. Nous réussîmes si bien, qu'au dessert il n'avait déjà plus la force de tenir son verre ; mais la secourable Émilie et moi l'entonnions à qui mieux mieux. Enfin il tomba sous la table, dans une ivresse telle, qu'elle doit au moins durer huit jours. Nous nous décidâmes alors à le renvoyer à Paris ; et comme il n'avait pas gardé sa voiture, je le fis charger dans la mienne, et je restai à sa place. Je reçus ensuite les compliments de l'assemblée, qui se retira bientôt après, et me laissa maître du champ de bataille. Cette gaieté, et peut-être ma longue retraite, m'ont fait trouver Émilie si désirable, que je lui ai promis de rester avec elle jusqu'à la résurrection du Hollandais.

Cette complaisance de ma part est le prix de celle qu'elle vient d'avoir, de me servir de pupitre pour écrire à ma belle dévote, à qui j'ai trouvé plaisant d'envoyer une lettre écrite du lit et presque d'entre les bras d'une fille, interrompue même pour une infidélité complète, et dans laquelle je lui rends un compte exact de ma situation et de ma conduite. Émilie, qui a lu l'épître, en a ri comme une folle, et j'espère que vous en rirez aussi.

Comme il faut que ma lettre soit timbrée de Paris, je vous l'envoie ; je la laisse ouverte. Vous voudrez bien la lire, la cacheter, et la faire mettre à la poste. Surtout n'allez pas vous servir de votre cachet, ni même d'aucun emblème amoureux ; une tête seulement. Adieu, ma belle amie.

P. S. Je rouvre ma lettre ; j'ai décidé Émilie à aller

aux Italiens... Je profiterai de ce temps pour aller vous voir. Je serai chez vous à six heures au plus tard ; et, si cela vous convient, nous irons ensemble sur sept heures chez Mme de Volanges. Il sera décent que je ne diffère pas l'invitation que j'ai à lui faire de la part de Mme de Rosemonde ; de plus, je serai bien aise de voir la petite Volanges.

Adieu, la très belle dame. Je veux avoir tant de plaisir à vous embrasser, que le chevalier puisse en être jaloux.

De P.... ce 30 août 17**.

XLIX

Le vicomte DE VALMONT à la présidente DE TOURVEL

Timbrée de Paris.

C'est après une nuit orageuse, et pendant laquelle je n'ai pas fermé l'œil ; c'est après avoir été sans cesse ou dans l'agitation d'une ardeur dévorante, ou dans l'entier anéantissement de toutes les facultés de mon âme, que je viens chercher auprès de vous, Madame, un calme dont j'ai besoin, et dont pourtant je n'espère pas jouir encore. En effet, la situation où je suis en vous écrivant, me fait connaître, plus que jamais, la puissance irrésistible de l'amour ; j'ai peine à conserver assez d'empire sur moi pour mettre quelque ordre dans mes idées ; et déjà je prévois que je ne finirai pas cette lettre, sans être obligé de l'interrompre. Quoi ! ne puis-je donc espérer que vous partagerez quelque jour le trouble que j'éprouve en ce moment ? J'ose croire cependant que, si vous le connaissiez bien, vous n'y seriez pas entièrement insensible. Croyez-moi, Madame, la froide tranquillité, le sommeil de l'âme, image de la mort, ne mènent point au bonheur ; les passions actives peuvent seules y conduire, et malgré les tourments que vous me faites éprouver, je crois pouvoir assurer sans crainte, que, dans ce moment, je suis plus heureux que vous.

En vain m'accablez-vous de vos rigueurs désolantes ; elle ne m'empêchent point de m'abandonner entièrement à l'amour, et d'oublier dans le délire qu'il me cause, le désespoir auquel vous me condamnez. Jamais je n'eus tant de plaisir en vous écrivant ; jamais je ne ressentis, dans cette occupation, une émotion si douce, et cependant si vive. Tout semble augmenter mes transports : l'air que je respire est plein de volupté ; la table même sur laquelle je vous écris, consacrée pour la première fois à cet usage, devient pour moi l'autel sacré de l'amour ; combien elle va s'embellir à mes yeux ! J'aurai tracé sur elle le serment de vous aimer toujours ! Pardonnez, je vous en supplie, au désordre de mes sens. Je devrais peut-être m'abandonner moins à des transports que vous ne partagez pas : il faut vous quitter un moment pour dissiper une ivresse qui s'augmente à chaque instant, et qui devient plus forte que moi.

Je reviens à vous, Madame, et sans doute j'y reviens toujours avec le même empressement. Cependant le sentiment du bonheur a fui loin de moi ; il a fait place à celui des privations cruelles. A quoi me sert-il de vous parler de mes sentiments, si je cherche en vain les moyens de vous convaincre ? Après tant d'efforts réitérés, la confiance et la force m'abandonnent à la fois. Si je me retrace encore les plaisirs de l'amour, c'est pour sentir plus vivement le regret d'en être privé. Je ne vois de ressource que dans votre indulgence, et je sens trop dans ce moment; combien j'en ai besoin, pour espérer de l'obtenir. Cependant, jamais mon amour ne fut plus respectueux, jamais il ne dut moins vous offenser ; il est tel, j'ose le dire, que la vertu la plus sévère ne devrait pas le craindre ; mais je crains moi-même de vous entretenir plus longtemps de la peine que j'éprouve. Assuré que l'objet qui la cause ne la partage pas, il ne faut pas au moins abuser de ses bontés ; et ce serait le faire que d'employer plus de temps à vous retracer cette douloureuse image. Je ne prends plus que celui de vous supplier de me répondre, et de ne jamais douter de la vérité de mes sentiments. Écrit de P.., datée de Paris.

Ce 30 août 17**.

L

CÉCILE VOLANGES au chevalier DANCENY

Sans être ni légère ni trompeuse, il me suffit, Monsieur, d'être éclairée sur ma conduite, pour sentir la nécessité d'en changer ; j'en ai promis le sacrifice à Dieu, jusqu'à ce que je puisse lui offrir aussi celui de mes sentiments pour vous, que l'état religieux dans lequel vous êtes, rend plus criminels encore. Je sens bien que cela me fera de la peine, et je ne vous cacherai même pas que depuis avant-hier j'ai pleuré toutes les fois que j'ai songé à vous. Mais j'espère que Dieu me fera la grâce de me donner la force nécessaire pour vous oublier, comme je la lui demande soir et matin. J'attends même de votre amitié, et de votre honnêteté, que vous ne chercherez pas à me troubler dans la bonne résolution qu'on m'a inspirée, et dans laquelle je tâche de me maintenir. En conséquence, je vous demande d'avoir la complaisance de ne me plus écrire, d'autant que je vous préviens que je ne vous répondrais plus, et que vous me forceriez d'avertir maman de tout ce qui se passe ; ce qui me priverait tout à fait du plaisir de vous voir.

Je n'en conserverai pas moins pour vous, tout l'attachement qu'on puisse avoir, sans qu'il y ait du mal ; c'est bien de toute mon âme que je vous souhaite toute sorte de bonheur. Je sens bien que vous allez ne plus m'aimer autant, et que peut-être vous en aimerez une autre mieux que moi. Mais ce sera une pénitence de plus, de la faute que j'ai commise en vous donnant mon cœur que je ne devais donner qu'à Dieu, et à mon mari quand j'en aurai un. J'espère que la miséricorde divine aura pitié de ma faiblesse, et qu'elle ne me donnera de peine que ce que j'en pourrai supporter.

Adieu, Monsieur ; je peux bien vous assurer que s'il m'était permis d'aimer quelqu'un, ce ne serait jamais que vous que j'aimerais. Mais voilà tout ce que je peux vous dire, et c'est peut-être même plus que je ne devrais.

De... ce 31 août 17**.

LI

La présidente DE TOURVEL au vicomte DE VALMONT

Est-ce donc ainsi, Monsieur, que vous remplissez les conditions auxquelles j'ai consenti à recevoir quelquefois de vos lettres ? Et puis-je *ne pas avoir à m'en plaindre*, quand vous ne m'y parlez que d'un sentiment auquel je craindrais encore de me livrer, quand même je le pourrais sans blesser tous mes devoirs ?

Au reste, si j'avais besoin de nouvelles raisons pour conserver cette crainte salutaire, il me semble que je pourrais les trouver dans votre dernière lettre. En effet, dans le moment même où vous croyez faire l'apologie de l'amour, que faites-vous, au contraire, que m'en montrer les orages redoutables ? qui peut vouloir d'un bonheur acheté au prix de la raison, et dont les plaisirs peu durables sont au moins suivis des regrets, quand ils ne le sont pas des remords ?

Vous-même, chez qui l'habitude de ce délire dangereux doit en diminuer l'effet, n'êtes-vous pas cependant obligé de convenir qu'il devient souvent plus fort que vous, et n'êtes-vous pas le premier à vous plaindre du trouble involontaire qu'il vous cause ? Quel ravage effrayant ne ferait-il donc pas sur un cœur neuf et sensible, qui ajouterait encore à son empire par la grandeur des sacrifices qu'il serait obligé de lui faire ?

Vous croyez, Monsieur, ou vous feignez de croire que l'amour mène au bonheur ; et moi, je suis si persuadée qu'il me rendrait malheureuse, que je voudrais n'entendre jamais prononcer son nom. Il me semble que d'en parler seulement altère la tranquillité ; et c'est autant par goût que par devoir, que je vous prie de vouloir bien garder le silence sur ce point.

Après tout, cette demande doit vous être bien facile à m'accorder à présent. De retour à Paris, vous y trouverez assez d'occasions d'oublier un sentiment qui peut-être n'a dû sa naissance qu'à l'habitude où vous êtes de vous occuper de semblables objets et sa force qu'au désœuvrement de la campagne. N'êtes-vous donc pas dans ce même lieu, où vous m'aviez vue avec tant d'indifférence ? Y pouvez-vous faire un pas, sans y rencontrer un exemple de votre facilité à changer ? et n'y êtes-vous pas entouré de femmes, qui, toutes plus aimables que moi, ont plus de droits à vos hommages ? Je n'ai pas la vanité qu'on reproche à mon sexe ; j'ai encore moins cette fausse modestie qui n'est qu'un raffinement d'orgueil ; et c'est de bien bonne foi que je vous dis ici, que je me connais bien peu de moyens de plaire : je les aurais tous, que je ne les croirais pas suffisants pour vous fixer. Vous demander de ne plus vous occuper de moi, ce n'est donc que vous prier de faire aujourd'hui ce que déjà vous aviez fait, et ce qu'à coup sûr vous feriez encore dans peu de temps, quand même je vous demanderais le contraire.

Cette vérité, que je ne perds pas de vue, serait, à elle seule, une raison assez forte pour ne pas vouloir vous entendre. J'en ai mille autres encore : mais sans entrer dans une plus longue discussion, je m'en tiens à vous prier, comme je l'ai déjà fait, de ne plus m'entretenir d'un sentiment que je ne dois pas écouter, et auquel je dois encore moins répondre.

De... ce 1ᵉʳ septembre 17**.

LII

La marquise DE MERTEUIL au vicomte DE VALMONT

En vérité, Vicomte, vous êtes insupportable. Vous me traitez avec autant de légèreté que si j'étais votre maîtresse. Savez-vous que je me fâcherai, et que j'ai dans ce moment une humeur effroyable? Comment! vous devez voir Danceny demain matin; vous savez combien il est important que je vous parle avant cette entrevue; et sans vous inquiéter davantage, vous me laissez vous attendre toute la journée, pour aller courir je ne sais où? Vous êtes cause que je suis arrivée *indécemment* tard chez Mme de Volanges, et que toutes les vieilles femmes m'ont trouvée *merveilleuse*. Il m'a fallu leur faire des cajoleries toute la soirée pour les apaiser: car il ne faut pas fâcher les vieilles femmes, ce sont elles qui font la réputation des jeunes.

A présent il est une heure du matin, et au lieu de me coucher, comme j'en meurs d'envie, il faut que je vous écrive une longue lettre, qui va redoubler mon sommeil par l'ennui qu'elle me causera. Vous êtes bien heureux que je n'aie pas le temps de vous gronder davantage. N'allez pas croire pour cela que je vous pardonne; c'est seulement que je suis pressée. Ecoutez-moi donc, je me dépêche.

Pour peu que vous soyez adroit, vous devez avoir demain la confidence de Danceny. Le moment est favorable pour la confiance: c'est celui du malheur. La petite fille a été à confesse; elle a tout dit, comme un enfant ; et depuis, elle est tourmentée à tel point de la peur du diable, qu'elle veut rompre absolument. Elle m'a raconté tous ses petits scrupules, avec une vivacité qui m'apprenait assez combien sa tête était montée. Elle m'a montré sa lettre de rupture, qui est une vraie capucinade. Elle a babillé une heure avec moi, sans me dire un mot qui ait le sens commun. Mais elle ne m'en a pas moins embarrassée ; car vous jugez que je ne pouvais risquer de m'ouvrir vis-à-vis d'une aussi mauvaise tête.

J'ai vu pourtant, au milieu de tout ce bavardage, qu'elle n'en aime pas moins son Danceny ; j'ai remarqué même une de ces ressources qui ne manquent jamais à l'amour, et dont la petite fille est assez plaisamment la dupe. Tourmentée par le désir de s'occuper de son amant, et par la crainte de se damner en s'en occupant, elle a imaginé de prier Dieu de le lui faire oublier ; et comme elle renouvelle cette prière à chaque instant du jour, elle trouve le moyen d'y penser sans cesse.

Avec quelqu'un de plus *usagé* que Danceny, ce petit événement serait peut-être plus favorable que contraire : mais le jeune homme est si Céladon, que, si nous ne l'aidons pas, il lui faudra tant de temps pour vaincre les plus légers obstacles, qu'il ne nous laissera pas celui d'effectuer notre projet.

Vous avez bien raison ; c'est dommage, et je suis aussi fâchée que vous qu'il soit le héros de cette aventure ; mais que voulez-vous ? ce qui est fait est fait ; et c'est votre faute. J'ai demandé à voir sa réponse[1] ; elle m'a fait pitié. Il lui fait des raisonnements à perte d'haleine, pour lui prouver qu'un sen-

[1] Cette lettre ne s'est pas retrouvée.

timent involontaire ne peut pas être un crime :
comme s'il ne cessait pas d'être involontaire, du moment qu'on cesse de le combattre ! Cette idée est si simple, qu'elle est venue même à la petite fille. Il se plaint de son malheur d'une manière assez touchante : mais sa douleur est si douce et paraît si forte et si sincère, qu'il me semble impossible qu'une femme qui trouve l'occasion de désespérer un homme à ce point, et avec aussi peu de danger, ne soit pas tentée de s'en passer la fantaisie. Il lui explique enfin qu'il n'est pas moine comme la petite le croyait ; et c'est, sans contredit, ce qu'il fait de mieux : car pour faire tant que de se livrer à l'amour monastique, assurément MM. les chevaliers de Malte ne mériteraient pas la préférence.

Quoi qu'il en soit, au lieu de perdre mon temps en raisonnements qui m'auraient compromise, et peut-être sans persuader, j'ai approuvé le projet de rupture : mais j'ai dit qu'il était plus honnête, en pareil cas, de dire ses raisons que de les écrire ; qu'il était d'usage aussi de rendre les lettres, et les autres bagatelles qu'on pouvait avoir reçues ; et paraissant entrer ainsi dans les vues de la petite personne, je l'ai décidée à donner un rendez-vous à Danceny. Nous en avons sur-le-champ concerté les moyens, et je me suis chargée de décider la mère à sortir sans sa fille ; c'est demain après midi que sera cet instant décisif. Danceny en est déjà instruit ; mais, pour Dieu, si vous en trouvez l'occasion, décidez donc ce beau berger à être moins langoureux ; et apprenez-lui, puisqu'il faut lui tout dire, que la vraie façon de vaincre les scrupules, est de ne laisser rien à perdre à ceux qui en ont.

Au reste, pour que cette ridicule scène ne se renouvelât pas, je n'ai pas manqué d'élever quelques doutes dans l'esprit de la petite-fille sur la discrétion des confesseurs ; et je vous assure qu'elle paie à présent la peur qu'elle m'a faite, par celle qu'elle a que le sien n'aille tout dire à sa mère. J'espère qu'après que j'en aurai causé encore une fois ou deux avec elle, elle n'ira plus raconter ainsi ses sottises au premier venu.

Adieu, Vicomte, emparez-vous de Danceny, et conduisez-le. Il serait honteux que nous ne fissions pas ce que nous voulons, de deux enfants. Si nous y trouvons plus de peine que nous ne l'avions cru d'abord, songeons, pour animer notre zèle, vous, qu'il s'agit de la fille de Mme de Volanges, et moi, qu'elle doit devenir la femme de Gercourt. Adieu.

De... ce 2 septembre 17*.

LIII

Le vicomte DE VALMONT à la présidente DE TOURVEL

Vous me défendez, Madame, de vous parler de mon amour ; mais où trouver le courage nécessaire pour vous obéir ? Uniquement occupé d'un sentiment qui devrait être si doux et que vous rendez si cruel ; languissant dans l'exil où vous m'avez condamné ; ne vivant que de privations et de regrets ; en proie à des tourments d'autant plus douloureux, qu'ils me rappellent sans cesse votre indifférence ; me faudra-t-il encore perdre la seule consolation qui me reste ? et puis-je en avoir d'autre, que de vous ouvrir quelquefois une âme, que vous remplissez de trouble et d'amertume ? Détournerez-vous vos regards, pour ne pas voir les pleurs que vous faites répandre ? Refuserez-vous jusqu'à l'hommage des sacrifices que vous exigez ! Ne serait-il donc pas plus digne de vous, de votre âme honnête et douce, de plaindre un malheureux, qui ne l'est que par vous, que de vouloir encore aggraver ses peines par une défense à la fois injuste et rigoureuse ?

Vous feignez de craindre l'amour, et vous ne voulez pas voir que vous seule causez les maux que vous lui reprochez. Ah ! sans doute, ce sentiment est pénible, quand l'objet qui l'inspire ne le partage point; mais où trouver le bonheur, si un amour réciproque ne le procure pas ? L'amitié tendre, la douce confiance et la seule qui soit sans réserve, les peines adoucies, les plaisirs augmentés, l'espoir enchanteur, les souvenirs délicieux, où les trouver ailleurs que dans l'amour ? Vous le calomniez, vous qui, pour jouir de tous les biens qu'il vous offre, n'avez qu'à ne plus vous y refuser, et moi j'oublie les peines que j'éprouve pour m'occuper à le défendre.

Vous me forcez aussi à me défendre moi-même ; car tandis que je consacre ma vie à vous adorer, vous passez la vôtre à me chercher des torts : déjà vous me supposez léger et trompeur ; et abusant, contre moi, de quelques erreurs, dont moi-même je vous ai fait l'aveu, vous vous plaisez à confondre ce que j'étais alors, avec ce que je suis à présent. Non contente de m'avoir livré au tourment de vivre loin de vous, vous y joignez un persifflage cruel, sur des plaisirs auxquels vous savez assez combien vous m'avez rendu insensible. Vous ne croyez ni à mes promesses, ni à mes serments : eh bien ! il me reste un garant à vous offrir, qu'au moins vous ne suspecterez pas ; c'est vous-même. Je ne vous demande que de vous interroger de bonne foi : si vous ne croyez pas à mon amour, si vous doutez un moment de régner seule sur mon âme, si vous n'êtes pas assurée d'avoir fixé ce cœur, en effet jusqu'ici trop volage, je consens à porter la peine de cette erreur ; j'en gémirai, mais n'en appellerai point : mais si, au contraire, nous rendant justice à tous deux, vous êtes forcée de convenir avec vous-même que vous n'avez, que vous n'aurez jamais de rivale, ne m'obligez plus, je vous supplie, à combattre des chimères, et laissez-moi au moins cette consolation, de pouvoir ne plus douter d'un sentiment qui en effet ne finira, ne peut finir qu'avec ma vie. Permettez-moi, Madame, de vous prier de répondre positivement à cet article de ma lettre.

Si j'abandonne cependant cette époque de ma vie, qui paraît me nuire si cruellement auprès de vous, ce n'est pas qu'au besoin les raisons me manquassent pour la défendre.

Qu'ai-je fait, après tout, que ne pas résister au tourbillon dans lequel j'avais été jeté ? Entré dans le monde, jeune et sans expérience ; passé, pour ainsi dire, de mains en mains, par une foule de femmes, qui toutes se hâtent de prévenir par leur facilité une réflexion qu'elles sentent devoir leur être défavorable ; était-ce donc à moi de donner l'exemple d'une résistance qu'on ne m'opposait point ? ou devais-je me punir d'un moment d'erreur, et que souvent on avait provoqué, par une constance à coup sûr inutile, et dans laquelle on n'aurait vu qu'un ridicule ? Eh ! quel autre moyen, qu'une prompte rupture, peut justifier d'un choix honteux !

Mais, je puis le dire, cette ivresse des sens, peut-être même ce délire de la vanité, n'a point passé jusqu'à mon cœur. Né pour l'amour, l'intrigue pouvait le distraire, et ne suffisait pas pour l'occuper ; entouré d'objets séduisants, mais méprisables, aucun n'allait jusqu'à mon âme : on m'offrait des plaisirs, je cherchais des vertus ; et moi-même enfin je me crus inconstant, parce que j'étais délicat et sensible.

C'est en vous voyant que je me suis éclairé : bientôt j'ai reconnu que le charme de l'amour tenait aux qualités de l'âme ; qu'elles seules pouvaient en causer l'excès, et le justifier. Je sentis enfin qu'il m'était également impossible et de ne pas vous aimer, et d'en aimer un autre que vous.

Voilà, Madame, quel est ce cœur auquel vous craignez de vous livrer, et sur le sort de qui vous avez à prononcer : mais quel que soit le destin que vous lui réservez, vous ne changerez rien aux sentiments qui l'attachent à vous ; ils sont inaltérables comme les vertus qui les ont fait naître.

De... ce 3 septembre 17**.

LIV

Le vicomte DE VALMONT à la marquise DE MERTEUIL

J'ai vu Danceny, mais je n'en ai obtenu qu'une demi-confidence ; il s'est obstiné surtout à me taire le nom de la petite Volanges, dont il ne m'a parlé que comme d'une femme très sage, et même un peu dévote ; à cela près, il m'a raconté avec assez de vérité son aventure, et surtout le dernier événement. Je l'ai échauffé autant que j'ai pu, et l'ai beaucoup plaisanté sur sa délicatesse et ses scrupules ; mais il paraît qu'il y tient, et je ne puis pas répondre de lui : au reste, je pourrai vous en dire davantage après-demain. Je le mène demain à Versailles, et je m'occuperai à le scruter pendant la route.

Le rendez-vous, qui doit avoir lieu aujourd'hui, me donne aussi quelque espérance : il se pourrait que tout s'y fût passé à notre satisfaction ; et peut-être ne nous reste-t-il à présent qu'à en arracher l'aveu, et à en recueillir les preuves. Cette besogne vous sera plus facile qu'à moi : car la petite personne est plus confiante, ou, ce qui revient au même, plus bavarde que son discret amoureux. Cependant j'y ferai mon possible.

Adieu, ma belle amie ; je suis pressé ; je ne vous verrai ni ce soir, ni demain : si de votre côté vous avez su quelque chose, écrivez-moi un mot pour mon retour. Je reviendrai sûrement coucher à Paris.

De... ce 3 septembre 17**, au soir.

LV

La marquise DE MERTEUIL au vicomte DE VALMONT

Oh oui, c'est bien avec Danceny qu'il y a quelque chose à savoir ! S'il vous l'a dit, il s'est vanté. Je ne connais personne de si bête en amour, et je me reproche de plus en plus les bontés que nous avons pour lui. Savez-vous que j'ai pensé être compromise par rapport à lui ! et que ce soit en pure perte ! Oh ! je me vengerai, je le promets.

Quand j'arrivai hier pour prendre Mme de Volanges, elle ne voulait plus sortir ; elle se sentait incommodée ; il me fallut toute mon éloquence pour la décider, et je vis le moment que Danceny serait arrivé avant notre départ ; ce qui eût ôté d'autant plus gauche, que Mme de Volanges lui avait dit la veille qu'elle ne serait pas chez elle. Sa fille et moi, nous étions sur les épines. Nous sortîmes enfin ; et là petite me serra la main si affectueusement, en me disant adieu, que malgré son projet de rupture, dont elle croyait de bonne foi s'occuper encore, j'augurai des merveilles de la soirée.

Je n'étais pas au bout de mes inquiétudes. Il y avait à peine une demi-heure que nous étions chez madame de.... que Mme de Volanges se trouva mal en effet, mais sérieusement mal ; et, comme de raison, elle voulait rentrer chez elle : moi, je le voulais d'autant moins, que j'avais peur, si nous surprenions les jeunes gens, comme il y avait tout à parier, que mes instances auprès de la mère, pour la faire sortir, ne lui devinssent suspectes. Je pris le parti de l'effrayer sur sa santé, ce qui heureusement n'est pas difficile ; et je la tins une heure et demie, sans consentir à la ramener chez elle, dans la crainte que je feignis d'avoir, du mouvement dangereux de la voiture. Nous ne rentrâmes enfin qu'à l'heure convenue. A l'air honteux que je remarquai en arrivant, j'avoue que j'espérai, qu'au moins mes peines n'auraient pas été perdues.

Le désir que j'avais d'être instruite, me fit rester auprès de Mme de Volanges, qui se coucha aussitôt ; et après avoir soupé auprès de son lit, nous la laissâmes de très bonne heure, sous le prétexte qu'elle avait besoin de repos ; et nous passâmes dans l'appartement de sa fille. Celle-ci a fait, de son côté, tout ce que j'attendais d'elle ; scrupules évanouis, nouveaux serments d'aimer toujours, etc. etc. elle s'es enfin exécutée de bonne grâce : mais le sot Danceny n'a pas passé d'une ligne le point où il était auparavant. Oh ! l'on peut se brouiller avec celui-là ; les raccommodements ne sont pas dangereux.

La petite assure pourtant qu'il voulait davantage, mais qu'elle a su se défendre. Je parierais bien qu'elle se vante, ou qu'elle l'excuse ; je m'en suis même presque assurée. En effet, il m'a pris fantaisie de savoir à quoi m'en tenir sur la défense dont elle était capable ; et moi, simple femme, de propos en propos, j'ai monté sa tête au point... Enfin, vous pouvez m'en croire, jamais personne ne fut plus susceptible d'une surprise des sens. Elle est vraiment aimable, cette chère petite. Elle méritait un autre amant ; elle aura au moins une bonne amie, car je m'attache sincèrement à elle. Je lui ai promis de la former, et je crois que je lui tiendrai parole. Je me suis souvent aperçue du besoin d'avoir une femme dans ma confidence, et j'aimerais mieux celle-là qu'une autre ; mais je ne puis en rien faire, tant qu'elle ne sera pas... ce qu'il faut qu'elle soit ; c'est une raison de plus d'en vouloir à Danceny.

Adieu, Vicomte ; ne venez pas chez moi demain, à moins que ce ne soit le matin. J'ai cédé aux instances du chevalier, pour une soirée de petite maison.

De... ce 4 septembre 17**.

LVI

CÉCILE VOLANGES à SOPHIE CARNAY

Tu avais raison, ma chère Sophie; tes prophéties réussissent mieux que tes conseils. Danceny, comme tu l'avais prédit, a été plus fort que le confesseur, que toi, que moi-même; nous voilà revenus exactement où nous en étions. Ah! je ne m'en repens pas; et toi, si tu m'en grondes, ce sera faute de savoir le plaisir qu'il y a à aimer Danceny. Il t'est bien aisé de dire comme il faut faire, rien ne t'en empêche; mais si tu avais éprouvé combien le chagrin de quelqu'un qu'on aime nous fait mal, comment sa joie devient la nôtre, et comme il est difficile de dire non, quand c'est oui que l'on veut dire, tu ne t'étonnerais plus de rien: moi-même qui l'ai senti, bien vivement senti, je ne le comprends pas encore. Crois-tu, par exemple, que je puisse voir pleurer Danceny sans pleurer moi-même? Je t'assure bien que cela m'est impossible; et quand il est content, je suis heureuse comme lui. Tu auras beau dire, ce qu'on dit ne change pas ce qui est, et je suis bien sûre que c'est comme ça.

Je voudrais te voir à ma place... Non, ce n'est pas là ce que je veux dire, car sûrement je ne voudrais pas céder ma place à personne: mais je voudrais que tu aimasses aussi quelqu'un; ce ne serait pas seulement pour que tu m'entendisses mieux, et que tu me grondasses moins; mais c'est qu'aussi tu serais plus heureuse, ou, pour mieux dire, tu commencerais seulement alors à le devenir.

Nos amusements, nos rires, tout cela, vois-tu, ce ne sont que des jeux d'enfants ; il n'en reste rien après qu'ils sont passés. Mais l'amour, ah ! l'amour ! un mot, un regard, seulement de le savoir là, eh bien ! c'est le bonheur. Quand je vois Danceny, je ne désire plus rien ; quand je ne le vois pas, je ne désire que lui. Je ne sais comment cela se fait ; mais on dirait que tout ce qui me plaît lui ressemble. Quand il n'est pas avec moi, j'y songe ; et quand je peux y songer tout-à-fait, sans distraction quand je suis toute seule, par exemple, je suis encore heureuse ; je ferme les yeux, et tout de suite je crois le voir ; je me rappelle ses discours, et je crois l'entendre ; cela me fait soupirer ; et puis je sens un feu, une agitation..... Je ne saurais tenir en place. C'est comme un tourment, et ce tourment-là fait un plaisir inexprimable.

Je crois même que quand une fois on a de l'amour, cela se répand jusque sur l'amitié. Celle que j'ai pour toi n'a pourtant pas changé ; c'est toujours comme au couvent : mais ce que je te dis, je l'éprouve avec Mme de Merteuil. Il me semble que je l'aime plus comme Danceny, que comme toi, et que quelquefois je voudrais qu'elle fût lui. Cela vient peut-être de ce que ce n'est pas une amitié d'enfant comme la nôtre ; ou bien de ce que je les vois si souvent ensemble, ce qui fait que je me trompe. Enfin, ce qu'il y a de vrai, c'est qu'à eux deux ils me rendent bien heureuse ; et après tout, je ne crois pas qu'il y ait grand mal à ce que je fais. Aussi je ne demanderais qu'à rester comme je suis ; et il n'y a que l'idée de mon mariage qui me fasse de la peine ; car si M. de Gercourt est comme on me l'a dit, et je n'en doute pas, je ne sais pas ce que je deviendrai. Adieu, ma Sophie ; je t'aime toujours bien tendrement.

De... ce 4 septembre 17**.

LVII

La présidente DE TOURVEL au vicomte DE VALMONT

A quoi vous servirait, Monsieur, la réponse que vous me demandez ? Croire à vos sentiments, ne serait-ce pas une raison de plus pour les craindre ? et sans attaquer ni défendre leur sincérité, ne suffit-il pas, ne doit-il pas vous suffire à vous-même, de savoir que je ne veux ni ne dois y répondre !

Supposé que vous m'aimiez véritablement (et c'est seulement pour ne plus revenir sur cet objet, que je consens à cette supposition), les obstacles qui nous séparent en seraient-ils moins insurmontables ? et aurais-je autre chose à faire, qu'à souhaiter que vous puissiez bientôt vaincre cet amour, et surtout à vous aider de tout mon pouvoir, en me hâtant de vous ôter toute espérance. Vous convenez vous-même que *ce sentiment est pénible, quand l'objet qui l'inspire ne le partage point.* Or, vous savez assez, qu'il m'est impossible de le partager ; et quand même ce malheur m'arriverait, j'en serais plus à plaindre, sans que vous en fussiez plus heureux. J'espère que vous m'estimez assez pour n'en pas douter un instant. Cessez donc, je vous en conjure, cessez de vouloir troubler un cœur à qui la tranquillité est si nécessaire : ne me forcez pas à regretter de vous avoir connu.

Chérie et estimée d'un mari que j'aime et respecte, mes devoirs et mes plaisirs se rassemblent dans le même objet. Je suis heureuse, et je dois l'être. S'il existe des plaisirs plus vifs, je ne les désire pas ; je ne veux point les connaître. En est-il de plus doux que d'être en paix avec soi-même, de n'avoir que des jours sereins, de s'endormir sans trouble, et de s'éveiller sans remords ? Ce que vous appelez le bonheur, n'est qu'un tumulte des sens, un orage des passions dont le spectacle est effrayant, même à le regarder du rivage. Eh ! comment affronter ces tempêtes ? comment oser s'embarquer sur une mer couverte des débris de mille et mille naufrages ? Et avec qui ? Non, Monsieur, je reste à terre, je chéris les liens qui m'y attachent. Je pourrais les rompre, que je ne le voudrais pas ; si je ne les avais, je me hâterais de les prendre.

Pourquoi vous attacher à mes pas ? pourquoi vous obstiner à me suivre ? Vos lettres, qui doivent être rares, se succèdent avec rapidité. Elles devaient être sages, et vous ne m'y parlez que de votre fol amour. Vous m'entourez de votre idée, plus que vous ne le faisiez de votre personne. Ecarté sous une forme, vous vous reproduisez sous une autre. Les choses qu'on vous demande de ne plus dire, vous les redites seulement d'une autre manière. Vous vous plaisez à m'embarrasser par des raisonnements captieux ; vous échappez aux miens. Je ne veux plus vous répondre, je ne vous répondrai plus... Comme vous traitez les femmes que vous avez séduites ! avec quel mépris vous en parlez ! Je veux croire que quelques-unes le méritent : mais toutes sont-elles donc si méprisables ? Ah ! sans doute, puisqu'elles ont trahi leurs devoirs pour se livrer à un amour criminel. De ce moment, elles ont tout perdu, jusqu'à l'estime de celui à qui elles ont tout sacrifié. Ce supplice est juste, mais l'idée seule en fait frémir. Que m'importe, après tout : pourquoi m'occuperais-je d'elles ou de vous ? de quel droit venez-vous troubler ma tranquillité ? Laissez-moi, ne me voyez plus ; ne m'écrivez plus, je vous en prie ; je l'exige. Cette lettre est la dernière que vous recevrez de moi.

De... ce 5 septembre 17**.

LVIII

Le vicomte DE VALMONT à la marquise DE MERTEUIL

J'ai trouvé votre lettre hier à mon arrivée. Votre colère m'a tout à fait réjoui. Vous ne sentiriez pas plus vivement les torts de Danceny, quand il les aurait eus vis-à-vis de vous. C'est sans doute par vengeance, que vous accoutumez sa maîtresse à lui faire de petites infidélités ; vous êtes un bien mauvais sujet ! Oui, vous êtes charmante, et je ne m'étonne pas qu'on vous résiste moins qu'à Danceny.

Enfin je le sais par cœur, ce beau héros de roman ! il n'a plus de secrets pour moi. Je lui ai tant dit que l'amour honnête était le bien suprême, qu'un sentiment valait mieux que dix intrigues ; que j'étais moi-même, dans ce moment, amoureux et timide ; il m'a trouvé enfin une façon de penser si conforme à la sienne, que dans l'enchantement où il était de ma candeur, il m'a tout dit, et m'a juré une amitié sans réserve. Nous n'en sommes guère plus avancés pour notre projet.

D'abord, il m'a paru que son système était qu'une demoiselle mérite beaucoup plus de ménagements qu'une femme, comme ayant plus à perdre. Il trouve, surtout, que rien ne peut justifier un homme de mettre une fille dans la nécessité de l'épouser ou de vivre déshonorée, quand la fille est infiniment plus riche que l'homme, comme dans le cas où il se trouve. La sécurité de la mère, la candeur de la fille, tout l'intimide et l'arrête. L'embarras ne serait point de combattre ses raisonnements, quelque vrais qu'ils soient. Avec un peu d'adresse et aidé par la passion, on les aurait bientôt détruits ; d'autant qu'ils prêtent au ridicule, et qu'on aurait pour soi l'autorité de l'usage. Mais ce qui empêche qu'il n'y ait de prise sur lui, c'est qu'il se trouve heureux comme il est. En effet, si les premières amours paraissent, en général, plus honnêtes, et, comme on dit, plus pures ; si elles sont au moins plus lentes dans leur marche, ce n'est pas, comme on le pense, délicatesse ou timidité ; c'est que le cœur étonné par un sentiment inconnu, s'arrête pour ainsi dire, à chaque pas, pour jouir du charme qu'il éprouve, et que ce charme est si puissant sur un cœur neuf, qu'il l'occupe au point de lui faire oublier tout autre plaisir. Cela est si vrai, qu'un libertin amoureux, si un libertin peut l'être, devient de ce moment même moins pressé de jouir ; et qu'enfin, entre la conduite de Danceny avec la petite Volanges, et la mienne avec la prude Mme de Tourvel, il n'y a que la différence du plus au moins.

Il aurait fallu, pour échauffer notre jeune homme, plus d'obstacles qu'il n'en a rencontré ; surtout qu'il eût eu besoin de plus de mystère, car le mystère mène à l'audace. Je ne suis pas éloigné de croire que vous nous avez nui en le servant si bien ; votre conduite eût été excellente avec un homme usagé, qui n'eût eu que des désirs : mais vous auriez du prévoir que pour un homme, jeune, honnête et amoureux, le plus grand prix des faveurs est d'être la preuve de l'amour ; et que par conséquent, plus il serait sûr d'être aimé, moins il serait entreprenant. Que faire à présent ? Je n'en sais rien ; mais je n'espère pas que la petite soit prise avant le mariage, et nous en serons pour nos frais : j'en suis fâché, mais je n'y vois pas de remède.

Pendant que je disserte ici, vous faites mieux avec votre chevalier. Cela me fait songer que vous m'avez promis une infidélité en ma faveur ; j'en ai votre promesse par écrit, et je ne veux pas en faire un *billet de la Châtre*. Je conviens que l'échéance n'est pas encore arrivée : mais il serait généreux à vous de ne pas l'attendre ; de mon côté, je vous tiendrais compte des intérêts. Qu'en dites-vous, ma belle amie ? est-ce que vous n'êtes pas fatiguée de votre constance ? Ce chevalier est donc bien merveilleux ? Oh ! laissez-moi faire ; je veux vous forcer de convenir que si vous lui avez trouvé quelque mérite, c'est que vous m'aviez oublié.

Adieu, ma belle amie ; je vous embrasse comme je vous désire ; je défie tous les baisers du chevalier d'avoir autant d'ardeur.

DE..., ce 5 septembre 17**.

LIX

Le vicomte DE VALMONT à la présidente DE TOURVEL.

Par où ai-je donc mérité, Madame, et les reproches que vous me faites, et la colère que vous me témoignez ! L'attachement le plus vif, et pourtant le plus respectueux, la soumission la plus entière à vos moindres volontés ; voilà, en deux mots, l'histoire de mes sentiments et de ma conduite. Accablé par les peines d'un amour malheureux, je n'avais d'autre consolation que celle de vous voir ; vous m'avez ordonné de m'en priver ; j'ai obéi sans me permettre un murmure. Pour prix de ce sacrifice, vous m'avez permis de vous écrire, et aujourd'hui vous voulez m'ôter cet unique plaisir. Me le laisserai-je ravir, sans essayer de le défendre ! Non, sans doute : eh ! comment ne serait-il pas cher à mon cœur ? C'est le seul qui me reste, et je le tiens de vous.

Mes lettres, dites-vous, sont trop fréquentes ! Songez donc, je vous prie, que depuis dix jours que dure mon exil, je n'ai passé aucun moment sans m'occuper de vous, et que cependant vous n'avez reçu que deux lettres de moi. *Je ne vous y parle que de mon amour !* Eh ! que puis-je dire, que ce que je pense ? Tout ce que j'ai pu faire a été d'en affaiblir l'expression, et vous pouvez m'en croire, je ne vous en ai laissé voir que ce qu'il m'a été impossible d'en cacher. Vous me menacez enfin de ne plus me répondre. Ainsi l'homme qui vous préfère à tout, et qui vous respecte encore plus qu'il ne vous aime, non contente de le traiter avec rigueur vous voulez y joindre le mépris ! Et pourquoi ces menaces et ce courroux ? qu'en avez-vous besoin ? n'êtes-vous pas sûre d'être obéie, même dans vos ordres injustes ? m'est-il donc possible de contrarier aucun de vos désirs, et ne l'ai-je pas déjà prouvé ? Mais abuserez-vous de cet empire que vous avez sur moi ? Après m'avoir rendu malheureux, après être devenue injuste, vous sera-t-il donc bien facile de jouir de cette tranquillité que vous assurez vous être si nécessaire ? ne vous direz-vous jamais : Il m'a laissée maîtresse de son sort, et j'ai fait son malheur ? il implorait mes secours, et je l'ai regardé sans pitié ? Savez-vous jusqu'où peut aller mon désespoir ? non.

Pour calmer mes maux, il faudrait savoir à quel point je vous aime, et vous ne connaissez pas mon cœur.

A quoi me sacrifiez-vous ? A des craintes chimériques. Et qui vous les inspire ? un homme qui vous adore ; un homme sur qui vous ne cesserez jamais d'avoir un empire absolu. Que craignez-vous, que pouvez-vous craindre d'un sentiment que vous serez toujours maîtresse de diriger à votre gré ? Mais votre imagination se crée des monstres, et l'effroi qu'ils vous causent, vous l'attribuez à l'amour. Un peu de confiance, et ces fantômes disparaîtront.

Un sage a dit que pour dissiper ses craintes, il suffisait presque toujours d'en approfondir la cause. C'est surtout en amour que cette vérité trouve son application. Aimez, et vos craintes s'évanouiront. A la place des objets qui vous effraient, vous trouverez un sentiment délicieux, un amant tendre et soumis ; et tous vos jours, marqués par le bonheur, ne vous laisseront d'autre regret que d'en avoir perdu quelques-uns dans l'indifférence. Moi-même, depuis que, revenu de mes erreurs, je n'existe plus que pour l'amour, je regrette un temps que je croyais avoir passé dans les plaisirs : et je sens que c'est à vous seule qu'il appartient de me rendre heureux. Mais je vous en supplie, que le plaisir que je trouve à vous écrire, ne soit plus troublé par la crainte de vous déplaire. Je ne veux pas vous désobéir : mais je suis à vos genoux, j'y réclame le bonheur que vous voulez me ravir, le seul que vous m'avez laissé ; je vous crie, écoutez mes prières, et voyez mes larmes : ah, Madame ! me refuserez-vous ?

De... ce 7 septembre 17**.

LX

Le vicomte DE VALMONT à la marquise de MERTEUIL

Apprenez-moi, si vous le savez, ce que signifie ce radotage de Danceny. Qu'est-il donc arrivé, et qu'est-ce qu'il a perdu ? sa belle s'est peut-être fâchée de son respect éternel ? Il faut être juste, on se fâcherait à moins. Que lui dirai-je ce soir au rendez-vous qu'il me demande, et que je lui ai donné à tout hasard ? Assurément je ne perdrai pas mon temps à écouter ses doléances, si cela ne doit nous mener à rien. Les complaintes amoureuses ne sont bonnes à entendre qu'en récitatif obligé ou en grandes ariettes. Instruisez-moi donc de ce qui est et de ce que je dois faire ; ou bien je déserte, pour éviter l'ennui que je prévois. Pourrai-je causer avec vous ce matin ? Si vous êtes *occupée*, au moins écrivez-moi un mot, et donnez-moi les réclames de mon rôle.

Où étiez-vous donc hier? Je ne parviens plus à vous voir. En vérité, ce n'était pas la peine de me retenir à Paris au mois de septembre. Décidez-vous pourtant, car je viens de recevoir une invitation fort pressante de la comtesse de..... pour aller la voir à la campagne ; et, comme elle me le mande assez plaisamment, « son mari a le plus beau bois du monde, qu'il conserve soigneusement pour les plaisirs de ses amis. » Or, vous savez que j'ai bien quelques droits sur ce bois-là ; et j'irai le revoir si je ne vous suis pas utile. Adieu ; songez que Danceny sera chez moi sur les quatre heures.

De... ce 8 septembre 17**.

LXI

Le chevalier DANCENY au vicomte DE VALMONT.

(Incluse dans la précédente.)

Ah! Monsieur, je suis désespéré, j'ai tout perdu. Je n'ose confier au papier le secret de mes peines : mais j'ai besoin de les répandre dans le sein d'un ami fidèle et sûr. A quelle heure pourrai-je vous voir, et aller chercher auprès de vous des consolations et des conseils? J'étais si heureux le jour où je vous ouvris mon âme ! A présent, quelle différence ! tout est changé pour moi. Ce que je souffre pour mon compte n'est encore que la moindre partie de mes tourments, mon inquiétude sur un objet bien plus cher, voilà ce que je ne puis supporter. Plus heureux que moi, vous pourrez la voir, et j'attends de votre amitié que vous ne me refuserez pas cette démarche : mais il faut que je vous parle, que je vous instruise. Vous me plaindrez, vous me secourrez ; je n'ai d'espoir qu'en vous. Vous êtes sensible, vous connaissez l'amour, et vous êtes le seul à qui je puisse me confier ; ne me refusez pas vos secours.

Adieu, Monsieur ; le seul soulagement que j'éprouve dans ma douleur, est de songer qu'il me reste un ami tel que vous. Faites-moi savoir, je vous prie, à quelle heure je pourrai vous trouver. Si ce n'est pas ce matin, je désirerais que ce fût de bonne heure dans l'après-midi.

De... ce 8 septembre 17**.

LXII

CÉCILE VOLANGES à SOPHIE CARNAY

Ma chère Sophie, plains ta Cécile, ta pauvre Cécile ; elle est bien malheureuse ! Maman sait tout. Je ne conçois pas comment elle a pu se douter de quelque chose, et pourtant elle a tout découvert. Hier au soir, maman me parut bien avoir un peu d'humeur ; mais je n'y fis pas grande attention ; et même en attendant que sa partie fût finie, je causai très gaiement avec Mme de Merteuil qui avait soupé ici, et nous parlâmes beaucoup de Danceny. Je ne crois pourtant pas qu'on ait pu nous entendre. Elle s'en alla, et je me retirai dans mon appartement.

Je me déshabillais quand maman entra et fit sortir ma femme de chambre ; elle me demanda la clef de mon secrétaire. Le ton dont elle me fit cette demande me causa un tremblement si fort, que je pouvais à peine me soutenir. Je faisais semblant de ne la pas trouver : mais enfin il fallut obéir. Le premier tiroir qu'elle ouvrit fut justement celui où étaient les lettres du chevalier Danceny. J'étais si troublée, que quand elle me demanda ce que c'était, je ne sus lui répondre autre chose, sinon que ce n'était rien : mais quand je la vis commencer à lire celle qui se présentait la première, je n'eus que le temps de gagner un fauteuil, et je me trouvai mal au point que je perdis connaissance. Aussitôt que je revins à moi, ma mère, qui avait appelé ma femme de chambre, se retira, en me disant de me coucher. Elle a emporté toutes les lettres de Danceny. Je frémis toutes les fois que je songe qu'il me faudra reparaître devant elle. Je n'ai fait que pleurer toute la nuit.

Je t'écris au point du jour, dans l'espoir que Joséphine viendra. Si je peux lui parler seule, je la prierai de remettre chez Mme de Merteuil un petit billet que je vais lui écrire ; sinon, je le mettrai dans ta lettre, et tu voudras bien l'envoyer comme de toi. Ce n'est que d'elle que je puis recevoir quelque consolation. Au moins, nous parlerons de lui, car je n'espère plus le voir. Je suis bien malheureuse ! Elle aura peut-être la bonté de se charger d'une lettre pour Danceny. Je n'ose pas me confier à Joséphine pour cet objet, et encore moins à ma femme de chambre ; car c'est peut-être elle qui aura dit à ma mère que j'avais des lettres dans mon secrétaire.

Je ne t'écrirai pas plus longuement, parce que je

veux avoir le temps d'écrire à Mme de Merteuil, et aussi à Danceny, pour avoir ma lettre toute prête, si elle veut bien s'en charger. Après cela, je me coucherai, pour qu'on me trouve au lit quand on entrera dans ma chambre. Je dirai que je suis malade, pour me dispenser de passer chez maman. Je ne mentirai pas beaucoup ; sûrement je souffre plus que si j'avais la fièvre. Les yeux me brûlent à force d'avoir pleuré ; et j'ai un poids sur l'estomac, qui m'empêche de respirer. Quand je songe que je ne verrai plus Danceny, je voudrais être morte. Adieu, ma chère Sophie. Je ne peux pas t'en dire davantage ; les larmes me suffoquent.

De... ce 7 septembre 17**.

Nota. On a supprimé la lettre de Cécile Volanges à la Marquise, parce qu'elle ne contenait que les mêmes faits de la lettre précédente, et avec moins de détails. Celle au chevalier Danceny ne s'est point retrouvée : on en verra la raison dans la lettre LXIII de Mme de Merteuil au Vicomte.

LXIII

Madame DE VOLANGES au chevalier DANCENY

Après avoir abusé, Monsieur, de la confiance d'une mère et de l'innocence d'un enfant, vous ne serez pas surpris, sans doute, de ne plus être reçu dans une maison où vous n'avez répondu aux preuves de l'amitié la plus sincère, que par l'oubli de tous les procédés. Je préfère vous prier de ne plus venir chez moi, à donner des ordres à ma porte, qui nous compromettraient tous également, par les remarques que les valets ne manqueraient pas de faire. J'ai droit d'espérer que vous ne me forcerez pas de recourir à ce moyen. Je vous préviens aussi que si vous faites à l'avenir la moindre tentative pour entretenir ma fille dans l'égarement où vous l'avez plongée, une retraite austère et éternelle la soustraira à vos poursuites. C'est à vous de voir, Monsieur, si vous craindrez aussi peu de causer son infortune, que vous avez peu craint de tenter son déshonneur. Quant à moi, mon choix est fait, et je l'en ai instruite.

Vous trouverez ci-joint le paquet de vos lettres. Je compte que vous me renverrez en échange toutes celles de ma fille ; et que vous vous prêterez à ne laissez aucune trace d'un événement dont nous ne pourrions garder le souvenir, moi sans indignation, elle sans honte, et vous sans remords. J'ai l'honneur d'être, etc.

De... 7 septembre 17*.

LXIV

La marquise de MERTEUIL au vicomte DE VALMONT

Vraiment oui, je vous expliquerai le billet de Danceny. L'événement qui le lui a fait écrire est mon ouvrage, et c'est, je crois, mon chef-d'œuvre. Je n'ai pas perdu mon temps depuis votre dernière lettre, et j'ai dit comme l'architecte Athénien : « Ce qu'il a dit, je le ferai. »

Il lui faut donc des obstacles à ce beau héros de roman, et il s'endort dans la félicité ! oh ! qu'il s'en rapporte à moi, je lui donnerai de la besogne ; et je me trompe, ou son sommeil ne sera plus tranquille. Il fallait bien lui apprendre le prix du temps, et je me flatte qu'à présent il regrette celui qu'il a perdu. Il fallait, dites-vous aussi, qu'il eût besoin de plus de mystère ; eh bien ! ce besoin-là ne lui manquera plus. J'ai cela de bon, moi, c'est qu'il ne faut que me faire apercevoir de mes fautes ; je ne prends point de repos que je n'aie tout réparé. Apprenez donc ce que j'ai fait.

En rentrant chez moi avant-hier matin, je lus votre lettre ; je la trouvai lumineuse. Persuadée que vous aviez très bien indiqué la cause du mal, je ne m'occupai plus qu'à trouver le moyen de le guérir. Je commençai pourtant par me coucher ; car l'infatigable Chevalier ne m'avait pas laissé dormir un moment, et je croyais avoir sommeil : mais point du tout, toute entière à Danceny, le désir de le tirer de son indolence, ou de l'en punir, ne me permit pas de fermer l'œil, et ce ne fut qu'après avoir bien concerté mon plan, que je pus trouver deux heures de repos.

J'allai le soir même chez Mme de Volanges, et, suivant mon projet, je lui fis confidence que je me croyais sûre qu'il existait entre sa fille et Danceny une liaison dangereuse. Cette femme, si clairvoyante contre vous, était aveuglée au point qu'elle me répondit d'abord qu'à coup sûr je me trompais, que sa fille était un enfant, etc. etc. Je ne pouvais pas lui dire tout ce que j'en savais, mais je citai des regards, des propos, *dont ma vertu et mon amitié s'alarmaient.* Je parlai enfin presque aussi bien qu'aurait pu faire une dévote ; et, pour frapper le coup decisif, j'allai jusqu'à dire que je croyais avoir vu donner et recevoir une lettre. Cela me rappelle, ajoutai-je, qu'un jour elle ouvrit devant moi un tiroir de son secrétaire, dans lequel je vis beaucoup de papiers que sans doute elle conserve. Lui connaissez-vous quelque correspondance fréquente ? Ici la figure de Mme de Volanges changea, et je vis quelques larmes rouler dans ses yeux. Je vous remercie, ma digne amie, me dit-elle, en me serrant la main ; je m'en éclaircirai.

Après cette conversation, trop courte pour être suspecte, je me rapprochai de la jeune personne. Je la quittai bientôt après, pour demander à la mère de ne pas me compromettre vis-à-vis de sa fille ; ce qu'elle me promit d'autant plus volontiers que je lui fis observer combien il serait heureux que cet enfant prît assez de confiance en moi pour m'ouvrir son cœur, et me mettre à portée de lui donner *mes sages conseils*. Ce qui m'assure qu'elle me tiendra sa promesse, c'est que je ne doute pas qu'elle ne veuille se faire honneur de sa pénétration auprès de sa fille. Je me trouvais, par-là, autorisée à garder mon ton d'amitié avec la petite, sans paraître fausse aux yeux de Mme de Volanges ; ce que je voulais éviter. J'y gagnais encore d'être, par la suite, aussi longtemps et aussi secrètement que je voudrais, avec la jeune personne, sans que la mère en prît jamais d'ombrage.

J'en profitai dès le soir même, et après ma partie finie, je chambrai la petite dans un coin, et la mis sur le chapitre de Danceny, sur lequel elle ne tarit jamais. Je m'amusais à lui monter la tête sur le plaisir qu'elle aurait à le voir le lendemain ; il n'est sorte de folies que je ne lui aie fait dire. Il fallait bien lui rendre en espérance ce que je lui ôtais en réalité ; et puis, tout cela devait lui rendre le coup plus sensible; et je suis persuadée que plus elle aura souffert, plus

elle sera pressée de s'en dédommager à la première
occasion. Il est bon, d'ailleurs, d'accoutumer aux
grands événements, quelqu'un qu'on destine aux grandes aventures.

Après tout, ne peut-elle pas payer de quelques larmes le plaisir d'avoir vu son Danceny? Elle en
raffole! eh bien, je lui promets qu'elle l'aura, et
plutôt même qu'elle ne l'aurait eu sans cet orage.
C'est un mauvais rêve dont le réveil sera délicieux ; et,
à tout prendre, il me semble qu'elle me doit de la reconnaissance : au fait, quand j'y aurais mis un peu
de malice, il faut bien s'amuser :

Les sots sont ici bas pour leurs menus plaisirs [1].

Je me retirai, enfin, fort contente de moi. Ou Danceny, me disais-je, animé par les obstacles, va redoubler d'amour, et alors je le servirai de tout mon pouvoir ; ou si ce n'est qu'un sot, comme je suis tentée
quelquefois de le croire, il sera désespéré, et se tiendra pour battu : or, dans ce cas, au moins me serai-je
vengée de lui, autant qu'il était en moi ; chemin faisant, j'aurai augmenté pour moi l'estime de la mère,
l'amitié de la fille, et la confiance de toutes deux.
Quant à Gercourt, premier objet de mes soins, je serais bien malheureuse ou bien maladroite, si, maîtresse de l'esprit de sa femme, comme je le suis et
vais l'être plus encore, je ne trouvais pas mille
moyens d'en faire ce que je veux qu'il soit. Je me
couchai dans ces douces idées : aussi je dormis bien,
et me réveillai fort tard.

A mon réveil je trouvai deux billets, un de la
mère et un de la fille ; et je ne pus m'empêcher

[1] Gresset, *Le Méchant*, comédie.

de rire en trouvant dans tous deux littéralement cette même phrase : *C'est de vous seule que j'attends quelque consolation.* N'est-il pas plaisant, en effet, de consoler pour et contre, et d'être le seul agent de deux intérêts directement contraires ? Me voilà comme la Divinité, recevant les vœux opposés des aveugles mortels, et ne changeant rien à mes décrets immuables. J'ai quitté pourtant ce rôle auguste, pour prendre celui d'ange consolateur ; et j'ai été, suivant le précepte, visiter mes amis dans leur affliction.

J'ai commencé par la mère, je l'ai trouvée d'une tristesse, qui déjà vous venge en partie des contrariétés qu'elle vous a fait éprouver de la part de votre belle prude. Tout a réussi à merveille : ma seule inquiétude était que Mme de Volanges ne profitât de ce moment pour gagner la confiance de sa fille ; ce qui eût été bien facile, en n'employant, avec elle, que le langage de la douceur et de l'amitié, et en donnant aux conseils de la raison, l'air et le ton de la tendresse indulgente. Par bonheur, elle s'est armée de sévérité, elle s'est enfin si mal conduite, que je n'ai eu qu'à applaudir. Il est vrai qu'elle a pensé rompre tous nos projets, par le parti qu'elle avait pris de faire rentrer sa fille au couvent : mais j'ai paré ce coup, et je l'ai engagée à en faire seulement la menace dans le cas où Danceny continuerait ses poursuites ; afin de les forcer tous deux à une circonspection que je crois nécessaire pour le succès.

Ensuite j'ai été chez la fille. Vous ne sauriez croire combien la douleur l'embellit ! Pour peu qu'elle prenne de coquetterie, je vous garantis qu'elle pleurera souvent... Frappé de ce nouvel agrément que je ne lui connaissais pas, et que j'étais bien aise d'observer, je ne lui donnai d'abord que de ces consolations gauches qui augmentent plus les peines qu'elles ne les soulagent ; et par ce moyen, je l'amenai au point d'être véritablement suffoquée. Elle ne pleurait plus, et je craignis un moment les convulsions. Je lui conseillai de se coucher, ce qu'elle accepta ; je lui servis de femme de chambre : elle n'avait point fait de toilette, et bientôt ses cheveux épars tombèrent sur ses épaules et sur sa gorge entièrement découvertes ; je l'embrassai ; elle se laissa aller dans mes bras, et ses larmes recommencèrent à couler sans effort. Dieu ! qu'elle était belle ! Ah ! si Madeleine était ainsi, elle dut être bien plus dangereuse pénitente que pécheresse.

Quand la belle désolée fut au lit, je me mis à la consoler de bonne foi. Je la rassurai d'abord sur la crainte du couvent. Je fis naître en elle l'espoir de voir Danceny en secret ; et m'asseyant sur le lit : « S'il était là, lui dis-je, » puis brodant sur ce thème, je la conduisis, de distraction en distraction, à ne plus se souvenir du tout qu'elle était affligée. Nous nous serions séparées parfaitement contentes l'une de l'autre, si elle n'avait voulu me charger d'une lettre pour Danceny ; ce que j'ai constamment refusé. En voici les raisons, que vous approuverez sans doute.

D'abord, celle que c'était me compromettre vis-à-vis de Danceny ; et si c'était la seule dont je pus me servir avec la petite, il y en avait beaucoup d'autres de vous à moi. Ne serait-ce pas risquer le fruit de mes travaux, que de donner sitôt à nos jeunes gens un moyen si facile d'adoucir leurs peines ! Et puis je ne serais pas fâchée de les obliger à mêler quelques domestiques dans cette aventure : car enfin, si elle se conduit à bien, comme je l'espère, il faudra qu'elle se cache immédiatement après le mariage ; et il y a peu de moyens plus sûrs pour la répandre, ou, si par miracle ils ne parlaient pas, nous parlerions, nous, et il sera plus commode de mettre l'indiscrétion sur leur compte.

Il faudra donc que vous donniez aujourd'hui cette idée à Danceny ; et comme je ne suis pas sûre de la femme de chambre de la petite Volanges, dont elle-même paraît se défier, indiquez-lui la mienne, ma fidèle Victoire. J'aurai soin que la démarche réussisse. Cette idée me plaît d'autant plus, que la confiance ne sera utile qu'à nous, et point à eux : car je ne suis pas à la fin de mon récit.

Pendant que je me défendais de me charger de la lettre de la petite, je craignais à tout moment qu'elle ne me proposât de la mettre à la petite poste : ce que je n'aurais guère pu refuser. Heureusement, soit trouble, soit ignorance de sa part, ou encore qu'elle tînt moins à la lettre qu'à la réponse, qu'elle n'aurait pas pu avoir par ce moyen, elle ne m'en a point parlé : mais, pour éviter que cette idée ne lui vînt, ou au moins qu'elle ne pût s'en servir, j'ai pris mon parti sur le champ ; et en rentrant chez la mère, je l'ai décidée à éloigner sa fille pour quelque temps, à la mener à la campagne... Et où ? Le cœur ne vous bat pas de joie... Chez votre tante, chez la vieille Rosemonde. Elle doit l'en prévenir aujourd'hui : ainsi vous voilà autorisé à aller retrouver votre dévote, qui n'aura plus à vous objecter le scandale du tête-à-tête ; et, grâce à mes soins, Mme de Volanges réparera elle-même le tort qu'elle vous a fait.

Mais écoutez-moi, et ne vous occupez pas si souvent de vos affaires, que vous perdiez celle-ci de vue ; songez qu'elle m'intéresse. Je veux que vous vous rendiez le correspondant et le conseil des deux jeunes gens. Apprenez donc ce voyage à Danceny, et offrez-lui vos services. Ne trouvez de difficulté qu'à faire parvenir entre les mains de la belle, votre lettre de créance ; et levez cet obstacle sur-le-champ, en lui indiquant la voie de ma femme de chambre. Il n'y a point de doute qu'il n'accepte ; et vous aurez pour prix de vos peines la confidence d'un cœur neuf, qui est toujours intéressante. La pauvre petite ! comme elle rougira en vous remettant sa première lettre ! Au vrai, ce rôle de confident, contre lequel il s'est établi des préjugés, me paraît un très joli délassement, quand on est occupé d'ailleurs ; et c'est le cas où vous serez.

C'est de vos soins que va dépendre le dénouement de cette intrigue. Jugez du moment où il faudra réunir les acteurs. La campagne offre mille moyens, et Danceny, à coup sûr, sera prêt à s'y rendre à votre premier signal. Une nuit, un déguisement une fenêtre... que sais-je, moi ? Mais enfin si la petite fille en revient telle qu'elle y aura été, je m'en prendrai à vous. Si vous jugez qu'elle ait besoin de quelque encouragement de ma part, mandez-le-moi. Je crois lui avoir donné une assez bonne leçon sur le danger de garder des lettres pour oser lui écrire à présent ; et je suis toujours dans le dessein d'en faire mon élève.

Je crois avoir oublié de vous dire que ses soupçons, au sujet de sa correspondance trahie, s'étaient portés d'abord sur sa femme de chambre, et que je les ai détournés sur le confesseur. C'est faire d'une pierre deux coups.

Adieu, Vicomte, voilà bien longtemp que je suis à vous écrire, et mon dîner en a été retardé : mais l'amour propre et l'amitié dictaient ma lettre, et tous deux sont bavards. Au reste, elle sera chez vous à trois heures, et c'est tout ce qu'il vous faut.

Plaignez-vous de moi à présent, si vous l'osez, et allez revoir si vous en êtes tenté, le bois du comte de B... Vous dites qu'il le garde pour les plaisirs de ses amis ! Cet homme est donc l'ami de tout le monde ? Mais adieu, j'ai faim.

De... ce 9 septembre 17**.

LXV

Le chevalier DANCENY à madame DE VOLANGES

(Minute jointe à la lettre LXV du Vicomte à la Marquise).

Sans chercher, Madame, à justifier ma conduite, et sans me plaindre de la vôtre, je ne puis que m'affliger d'un événement qui fait le malheur de trois personnes, toutes trois dignes d'un sort plus heureux. Plus sensible encore au chagrin d'en être la cause, qu'à celui d'en être la victime, j'ai souvent essayé, depuis hier, d'avoir l'honneur de vous répondre, sans pouvoir en trouver la force. J'ai cependant tant de choses à vous dire qu'il faut bien faire un effort sur soi-même ; et si cette lettre a peu d'ordre et de suite, vous devez sentir assez combien ma situation est douloureuse, pour m'accorder quelque indulgence.

Permettez-moi d'abord de réclamer contre la première phrase de votre lettre. Je n'ai abusé, j'ose le dire, ni de votre confiance, ni de l'innocence de Mlle de Volanges ; j'ai respecté l'une et l'autre dans mes actions. Elles seules dépendaient de moi ; et quand vous me rendriez responsable d'un sentiment involontaire, je ne crains pas d'ajouter, que celui que m'a inspiré Mademoiselle votre fille, est tel qu'il peut vous déplaire, mais non vous offenser. Sur cet objet, qui me touche plus que je ne puis vous dire, je ne veux que vous pour juge, et mes lettres pour témoins.

Vous me défendez de me presenter chez vous à l'avenir, et sans doute je me soumettrai à tout ce qu'il vous plaira d'ordonner à ce sujet : mais cette absence subite et totale ne donnera-t-elle donc pas autant de prise aux remarques que vous voulez éviter que l'ordre que, par cette raison même, vous n'avez point voulu donner à votre porte ? J'insisterai d'autant plus sur ce point, qu'il est bien plus important pour Mlle de Volanges que pour moi. Je vous supplie donc, de peser attentivement toutes choses, et de ne pas permettre que votre sévérite altère votre prudence. Persuadé que l'intérêt seul de Mademoiselle votre fille dictera vos résolutions, j'attendrai de nouveaux ordres de votre part.

Cependant, dans le cas où vous me permettriez de vous faire ma cour quelquefois, je m'engage, Madame, (et vous pouvez compter sur ma promesse) à ne point abuser de ces occasions pour tenter de parler en particulier à Mlle de Volanges, ou de lui faire tenir aucune lettre. La crainte de ce qui pourrait compromettre sa réputation, m'engage à ce sacrifice ; et le bonheur de la voir quelquefois, m'en dédommagera.

Cet article de ma lettre est aussi la seule réponse que je puisse faire à ce que vous me dites, sur le sort que vous destinez à Mlle de Volanges, et que vous voulez rendre dépendant de ma conduite. Ce serait vous tromper, que de vous promettre davantage. Un vil séducteur peut plier ses projets aux circonstances, et calculer avec les événements : mais l'amour qui m'anime, ne me permet que deux sentiments, le courage et la constance.

Qui, moi ! consentir à être oublié de Mlle de Volanges, à l'oublier moi-même ? non, non, jamais. Je lui serai fidèle, elle en a reçu le serment, et je le renouvelle en ce jour. Pardon, Madame ; je m'égare, il faut revenir.

Il me reste un autre objet à traiter avec vous, celui des lettres que vous me demandez. Je suis vraiment peiné, d'ajouter un refus aux torts que vous me trouvez déjà : mais, je vous en supplie, écoutez mes raisons, et daignez vous souvenir, pour les apprécier, que la seule consolation au malheur d'avoir perdu votre amitié, est l'espoir de conserver votre estime.

Les lettres de Mlle de Volanges, toujours si précieuses pour moi, me le deviennent bien plus dans ce moment. Elles sont l'unique bien qui me reste ; elles seules me retracent encore un sentiment qui fait tout le charme de ma vie. Cependant, vous pouvez m'en croire, je ne balancerais pas un instant à vous en faire le sacrifice, et le regret d'en être privé céderait au désir de vous prouver ma déférence respectueuse ; mais des considérations puissantes me tiennent, et je m'assure que vous-même ne pourrez les blâmer.

Vous avez, il est vrai, le secret de Mlle de Volanges ; mais permettez-moi de le dire, je suis autorisé à croire que c'est l'effet de la surprise, et non de la confiance. Je ne prétends pas blâmer une démarche qu'autorise, peut-être, la sollicitude maternelle. Je respecte vos droits, mais ils ne vont pas jusqu'à me dispenser de mes devoirs. Le plus sacré de tous est de ne jamais trahir la confiance qu'on nous accorde. Ce serait y manquer, que d'exposer aux yeux d'un autre les secrets d'un cœur qui n'a voulu les dévoiler qu'aux miens. Si Mademoiselle votre fille consent à vous les confier, qu'elle parle ; ses lettres vous sont inutiles. Si elle veut, au contraire, renfermer son secret en elle-même, vous n'attendez pas, sans doute, que ce soit moi qui vous en instruise.

Quant au mystère dans lequel vous désirez que cet événement reste enseveli, soyez tranquille, Madame; sur tout ce qui intéresse Mlle de Volanges, je peux défier le cœur même d'une mère. Pour achever de vous ôter toute inquiétude, j'ai tout prévu. Ce dépôt précieux, qui portait jusqu'ici pour suscription, *Papiers à brûler*, porte à présent: *Papiers appartenant à Mme de Volanges.* Ce parti que je prends, doit vous prouver aussi que mes refus ne portent pas sur la crainte que vous trouviez, dans ces lettres, un seul sentiment dont vous ayez personnellement à vous plaindre.

Voilà, Madame, une bien longue lettre. Elle ne le serait pas encore assez, si elles vous laissait le moindre doute de l'honnêteté de mes sentiments, du regret bien sincère de vous avoir déplu, et du profond respect avec lequel j'ai l'honneur d'être, etc.

De... ce 7 septembre 17**.

LXV

Le chevalier DANCENY à CÉCILE VOLANGES

Envoyée ouverte à la marquise de Merteuil dans la Lettre LXVI du vicomte.)

O ma Cécile, qu'allons-nous devenir? quel Dieu nous sauvera des malheurs qui nous menacent? Que l'amour nous donne au moins le courage de les supporter ! Comment vous peindre mon étonnement, mon désespoir à la vue de mes lettres, à la lecture du billet de Mme de Volanges ? Qui a pu nous trahir ? sur qui tombent vos soupçons ? auriez-vous commis quelque imprudence ? que faites-vous à présent ? que vous a-t-on dit ? Je voudrais tout savoir, et j'ignore tout. Peut-être vous-même, n'êtes-vous pas plus instruite que moi.

Je vous envoie le billet de votre maman, et la copie de ma réponse. J'espère que vous approuverez ce que je lui dis. J'ai bien besoin que vous approuviez aussi les démarches que j'ai faites depuis ce fatal événement ; elles ont toutes pour but d'avoir de vos nouvelles, de vous donner des miennes ; et, que sait-on ? peut-être de vous recevoir encore, et plus librement que jamais.

Concevez-vous, ma Cécile, quel plaisir de nous retrouver ensemble, de pouvoir nous jurer de nouveau un amour éternel, et de voir dans nos yeux, de sentir dans nos âmes que ce serment ne sera pas trompeur ? Quelles peines un moment si doux ne ferait-il pas oublier ! Eh bien ! j'ai l'espoir de la voir naître, et je le dois à ces mêmes démarches que je vous supplie d'approuver. Que dis-je ? je le dois aux soins consolateurs de l'ami le plus tendre ; et mon unique demande est que vous permettiez que cet ami soit aussi le vôtre.

Peut-être ne devais-je pas donner votre confiance sans votre aveu ; mais j'ai pour excuse le malheur et la nécessité. C'est l'amour qui m'a conduit ; c'est lui qui réclame votre indulgence, qui vous demande de pardonner une confidence nécessaire, et sans laquelle nous restions peut-être à jamais séparés[1]. Vous con-

[1] M. Danceny n'accuse pas vrai. Il avait déjà fait une confidence à M. de Valmont avant cet événement. Voyez la Lettre LVII.

naissez l'ami dont je vous parle ; il est celui de la femme que vous aimez le mieux. C'est le vicomte de Valmont.

Mon projet, en m'adressant à lui, était d'abord de le prier d'engager Mme de Merteuil à se charger d'une lettre pour vous. Il n'a pas cru que ce moyen pût réussir ; mais au défaut de la maîtresse, il répond de la femme de chambre, qui lui a des obligations. Ce sera elle qui vous remettra cettre lettre, et vous pourrez lui donner votre réponse.

Ce secours ne vous sera guère utile, si, comme le croit M. de Valmont, vous partez incessamment pour la campagne. Mais alors c'est lui-même qui veut nous servir. La femme chez qui vous allez est sa parente. Il profitera de ce prétexte pour s'y rendre dans le même temps que vous ; et ce sera par lui que passera notre correspondance mutuelle. Il assure même que, si vous voulez vous vous laisser conduire, il nous procurera les moyens de nous y voir sans risquer de vous compromettre en rien.

A présent, ma Cécile, si vous m'aimez, si vous plaignez mon malheur, si, comme je l'espère, vous partagez mes regrets, refuserez-vous votre confiance à un homme qui sera notre ange tutélaire ? Sans lui, je serais réduit au désespoir de ne pouvoir même adoucir les chagrins que je vous cause. Ils finiront, je l'espère ; mais ma tendre amie, promettez-moi de ne pas trop vous y livrer, de ne point vous en laisser abattre. L'idée de votre douleur m'est un tourment insupportable. Je donnerais ma vie pour vous rendre heureuse ! Vous le savez bien. Puisse la certitude d'être adorée porter quelque consolation dans votre âme ! La mienne a besoin que vous m'assuriez que vous pardonnez à l'amour les maux qu'il vous fait souffrir.

Adieu, ma Cécile, adieu, ma tendre amie.

De... 9 septembre, 17**.

LXVII

Le vicomte DE VALMONT à la marquise DE MERTEUIL

Vous verrez, ma belle amie, en lisant les deux lettres ci-jointes, si j'ai bien rempli votre objet. Quoique toutes deux soient datées d'aujourd'hui, elles ont été écrites hier, chez moi, et sous mes yeux : celle à la petite fille dit tout ce que nous voulions. On ne peut que s'humilier devant la profondeur de vos vues, si l'on en juge par le succès de vos démarches. Danceny est tout de feu, et sûrement à la première occasion, vous n'aurez plus de reproches à lui faire. Si sa belle ingénue veut être docile, tout sera terminé peu de temps après son arrivée à la campagne ; j'ai cent moyens tout prêts. Grâce à vos soins, me voilà bien décidement *l'ami de Danceny* ; il ne lui manque plus que d'être *Prunce* [1].

Il est encore bien jeune, ce Danceny ! croiriez-vous que je n'ai jamais pu obtenir de lui qu'il promît à la mère de renoncer à son amour ; comme s'il était bien gênant de promettre, quand on est décidé à ne pas tenir ! Ce serait tromper, ne répétait-il sans cesse : ce scrupule n'est-il pas édifiant, surtout en voulant séduire la fille ? Voilà bien les hommes ! tous égale-

---

[1] Expression relative à un passage d'un poème de M. de Voltaire.

ment scélérats dans leurs projets, ce qu'ils mettent de faiblesse dans l'exécution, ils l'appellent probité.

C'est votre affaire, d'empêcher que Mme de Volanges ne s'effarouche des petites échappées que notre jeune homme s'est permises dans sa lettre ; préservez-nous du couvent ; tâchez aussi de faire abandonner la demande des lettres de la petite. D'abord il ne les rendra point, il ne le veut pas, et je suis de son avis, ici l'amour et la raison sont d'accord. Je les ai lues ces lettres, j'en ai dévoré l'ennui. Elles peuvent devenir utiles. Je m'explique.

Malgré la prudence que nous y mettrons, il peut arriver un éclat ; il ferait manquer le mariage, n'est-il pas vrai? et échouer tous nos projets, Gercourt. Mais comme, pour mon compte, j'ai aussi à me venger de la mère, je me réserve en ce cas de déshonorer la fille. En choisissant bien dans cette correspondance, et n'en produisant qu'une partie, la petite Volanges paraîtrait avoir fait toutes les premières démarches, et s'être absolument jetée à la tête. Quelques-unes des lettres pourraient même compromettre la mère, et *l'entacheraient* au moins d'une négligence impardonnable. Je sens bien que le scrupuleux Danceny se révolterait d'abord ; mais comme il serait personnellement attaqué, je crois qu'on en viendra à bout. Il y a mille à parier contre un, que la chance ne tournera pas ainsi ; mais il faut tout prévoir.

Adieu, ma belle amie : vous seriez bien aimable de venir souper demain chez la maréchale de... je n'ai pas pu refuser.

J'imagine que je n'ai pas besoin de vous recommander le secret, vis-à-vis de Mme de Volanges, sur mon projet de campagne : elle aurait bientôt celui de rester à la ville : au lieu qu'une fois arrivée, elle ne repartira pas le lendemain ; et si elle nous donne seulement huit jours, je réponds de tout.

De... ce 9 septembre 17**

LXVIII

La présidente DE TOURVEL au vicomte DE VALMONT

Je ne voulais plus vous répondre, Monsieur, et peut-être l'embarras que j'éprouve en ce moment, est-il lui-même une preuve qu'en effet je ne le devrais pas. Cependant je ne veux vous laisser aucun sujet de plainte contre moi ; je veux vous convaincre que j'ai fait pour vous tout ce que je pouvais faire.

Je vous ai permis de m'écrire, dites-vous ? J'en conviens ; mais quand vous me rappelez cette permission, croyez-vous que j'oublie à quelles conditions elle vous fut donnée ? Si j'y eusse été aussi fidèle que vous l'avez été peu, auriez-vous reçu une seule réponse de moi ? Voilà pourtant la troisième, et quand vous faites tout ce qu'il faut pour m'obliger à rompre cette correspondance, c'est moi qui m'occupe des moyens de l'entretenir. Il en est un, mais c'est le seul ; et si vous refusez de le prendre, se sera, quoique vous puissiez dire, me prouver assez combien peu vous y mettez de prix.

Quittez donc un langage que je ne puis ni ne veux entendre ; renoncez à un sentiment qui m'offense et m'effraie, et auquel peut-être vous devriez être moins attaché en songeant qu'il est l'obstacle qui nous sépare. Ce sentiment est-il donc le seul que vous puissiez connaître, et l'amour aura-t-il ce tort de plus à mes yeux, d'exclure l'amitié ? Vous-même, auriez-vous celui de ne pas vouloir pour votre amie, celle en qui vous avez désiré des sentiments plus tendres ? Je ne veux pas le croire : cette idée humiliante me révolterait, m'éloignerait de vous sans retour.

En vous offrant mon amitié, Monsieur, je vous donne tout ce qui est à moi, tout ce dont je puis disposer. Que pouvez-vous désirer davantage ? pour me livrer à ce sentiment si doux, si bien fait pour mon cœur, je n'attends que votre aveu, et la parole que j'exige de vous, que cette amitié suffira à votre bonheur. J'oublierai tout ce qu'on a pu me dire ; je me reposerai sur vous du soin de justifier mon choix.

Vous voyez ma franchise, elle doit vous prouver ma confiance, il ne tiendra qu'à vous de l'augmenter encore : mais je vous préviens que le premier mot d'amour la détruit à jamais, et me rend toutes mes craintes ; que surtout il deviendra pour moi le signal d'un silence éternel vis-à-vis de vous.

Si, comme vous le dites, vous êtes *revenu de vos erreurs*, n'aimeriez-vous pas mieux être l'objet de l'amitié d'une femme honnête, que celui des remords d'une femme coupable ? Adieu, Monsieur ; vous sentez qu'après avoir parlé ainsi, je ne puis plus rien dire que vous ne m'ayez répondu.

LIX

Le vicomte DE VALMONT à la président DE TOURVEL

Comment répondre, Madame, à votre dernière lettre ! Comment oser être vrai, quand ma sincérité peut me perdre auprès de vous ? N'importe, il le faut ; j'en aurai le courage. Je me dis, je me répète qu'il vaut mieux vous mériter que vous obtenir ; et dussiez-vous me refuser toujours un bonheur que je désirerai sans cesse, il faut vous prouver au moins que mon cœur en est digne.

Quel dommage que, comme vous le dites, je sois *revenu de mes erreurs* ! avec quels transports de joie j'aurais lu cette même lettre à laquelle je tremble de répondre aujourd'hui ! Vous m'y parlez avec *confiance*, vous m'offrez enfin votre *amitié* : que de biens, Madame, et quels regrets de ne pouvoir en profiter ! Pourquoi ne suis-je plus le même ?

Si je l'étais en effet ; si je n'avais pour vous qu'un goût ordinaire, que ce goût léger, enfant de la séduction et du plaisir, qu'aujourd'hui pourtant on nomme amour, je me hâterais de tirer avantage de tout ce que je pourrais obtenir. Peu délicat sur les moyens, pourvu qu'ils me procurassent les succès, j'encouragerais votre franchise par le besoin de vous deviner : je désirerais votre confiance, dans le dessein de la trahir ; j'accepterais votre amitié, dans l'espoir de l'égarer.... Quoi ! Madame, ce tableau vous effraie ?... eh bien ! il serait pourtant tracé d'après moi, si je vous disais que je consens à n'être que votre ami.

Qui, moi ! je consentirais à partager avec quelqu'un un sentiment émané de votre âme ! Si jamais je vous le dis, ne me croyez plus. De ce moment je chercherai à vous tromper ; je pourrai vous désirer encore, mais à coup sûr je ne vous aimerai plus.

Ce n'est pas que l'aimable franchise, la douce confiance, la sensible amitié, soient sans prix à mes yeux... Mais l'amour ! l'amour véritable, et tel que vous l'inspirez, en réunissant tous ces sentiments, en leur donnant plus d'énergie, ne saurait se prêter, comme eux, à cette tranquillité, à cette froideur de l'âme, qui permet des comparaisons, qui souffre même des préférences. Non, Madame, je ne serai point votre ami, je vous aimerai de l'amour le plus tendre, et même le plus ardent, quoique le plus respectueux. Vous pourrez le désespérer, mais non l'anéantir.

De quel droit prétendez-vous disposer d'un cœur dont vous refusez l'hommage ? Par quel raffinement de cruauté, m'enviez-vous jusqu'au bonheur de vous aimer ? Celui-là est à moi, il est indépendant de vous ; je saurai le défendre. S'il est la source de mes maux, il en est aussi le remède.

Non, encore une fois, non. Persistez dans vos refus cruels ; mais laissez-moi mon amour. Vous vous plaisez à me rendre malheureux ! eh bien ! soit ; essayez de lasser mon courage, je saurai vous forcer au moins à décider de mon sort ; et peut-être, quelque jour, vous me rendrez plus de justice. Ce n'est pas que j'espère vous rendre jamais sensible : mais sans être persuadée, vous serez convaincue ; vous vous direz : Je l'avais mal jugé.

Disons mieux : c'est à vous que vous faites injustice. Vous connaître sans vous aimer vous aimer sans être constant, sont tous deux également impossibles ; et malgré la modestie qui vous pare, il doit vous être plus facile de vous plaindre, que de vous étonner des sentiments que vous faites naître. Pour moi, dont le seul mérite est d'avoir su vous apprécier, je ne veux pas le perdre ; et loin de consentir à vos offres insidieuses, je renouvelle à vos pieds le serment de vous aimer toujours.

De..., ce 10 septembre 17**.

LXX

CÉCILE VOLANGES au chevalier DANCENY

(Billet écrit au crayon, et recopié par Danceny.)

Vous me demandez ce que je fais : je vous aime, et je pleure. Ma mère ne me parle plus ; elle m'a ôté papier, plumes et encore ; je me sers d'un crayon, qui par bonheur m'est resté, et je vous écris sur un morceau de votre lettre. Il faut bien que j'approuve tout ce que vous avez fait ; je vous aime trop pour ne pas prendre tous les moyens d'avoir de vos nouvelles et de vous donner des miennes. Je n'aimais pas M. de Valmont, et je ne le croyais pas tant votre ami ; je tâcherai de m'accoutumer à lui, et je l'aimerai à cause de vous. Je ne sais pas qui est-ce qui nous a trahis : ce ne peut-être que ma femme de chambre ou mon confesseur. Je suis bien malheureuse : nous partons demain pour la campagne ; j'ignore pour combien de temps. Mon Dieu! ne plus vous voir! Je n'ai plus de place. Adieu ; tâchez de me lire. Ces mots tracés au crayon s'effaceront peut-être, mais jamais les sentiments gravés dans mon cœur.

De... ce 10 septembre 17**.

LXXI

Le vicomte DE VALMONT à la marquise DE MERTEUIL

J'ai un avis important à vous donner, ma chère amie. Je soupai hier, comme vous savez, chez la maréchale de*** : on y parla de vous, et j'en dis, non pas tout le bien que j'en pense, mais tout celui que je n'en pense pas. Tout le monde paraissait être de mon avis, et la conversation languissait, comme il arrive toujours quand on ne dit que du bien de son prochain, lorsqu'il s'éleva un contradicteur : c'était Prévan.

« A Dieu ne plaise, dit-il en se levant, que je doute de la sagesse de Mᵐᵉ de Merteuil! mais j'oserais croire qu'elle la doit plus à sa légèreté qu'à ses principes. Il est peut-être plus difficile de la suivre que de lui plaire ; et comme on ne manque guère, en courant après une femme, d'en rencontrer d'autres sur son chemin : comme, à tout prendre, ces autres là peuvent valoir autant et plus qu'elle ; les uns sont distraits par un goût nouveau, les autres s'arrêtent de lassitude ; et c'est peut-être la femme de Paris qui a eu le moins à se défendre. Pour moi, ajouta-t-il, encouragé par le sourire de quelques femmes) je ne croirai à la vertu de Mme de Merteuil qu'après avoir crevé six chevaux à lui faire ma cour.

Cette mauvaise plaisanterie réussit, comme toutes celles qui tiennent à la médisance ; et pendant le rire qu'elle excitait, Prévan reprit sa place, et la conversation générale changea. Mais les deux comtesses de B***, auprès de qui était notre incrédule, en firent avec lui leur conversation particulière, qu'heureusement je me trouvais à portée d'entendre.

Le défi de vous rendre sensible a été accepté ; la parole de tout dire a été donnée ; et de toutes celles qui se donneraient dans cette aventure, ce serait sûrement la plus religieusement gardée. Mais vous voilà bien avertie, et vous savez le proverbe.

Il me reste à vous dire que ce Prévan, que vous ne connaissez pas, est infiniment aimable, et encore plus adroit. Que si quelquefois vous m'avez entendu dire le contraire, c'est seulement que je ne l'aime pas, que je me plais à contrarier ses succès, et que je n'ignore pas de quel poids est mon suffrage auprès d'une trentaine de nos femmes les plus à la mode.

En effet, je l'ai empêché longtemps, par ce moyen, de paraître sur ce que nous appelons le grand théâtre ; et il faisait des prodiges, sans en avoir plus de réputation. Mais l'éclat de sa triple aventure, en fixant les yeux sur lui, lui a donné cette confiance qui lui manquait jusque-là, et l'a rendu vraiment redoutable. C'est enfin aujourd'hui le seul homme, peut-être, que je craindrais de rencontrer sur mon chemin ; et votre intérêt à part, vous me rendriez un vrai service de lui donner quelque ridicule, chemin faisant. Je le laisse en bonnes mains ; et j'ai l'espoir qu'à mon retour, ce sera un homme noyé.

Je vous promets en revanche, de mener à bien

l'aventure de votre pupille et de m'occuper d'elle autant que de ma belle prude.

Celle-ci vient de m'envoyer un projet de capitulation. Toute sa lettre annonce le désir d'être trompée. Il est impossible d'en offrir un moyen plus commode et aussi plus usé. Elle veut que je sois *son ami*. Mais moi, qui aime les méthodes nouvelles et difficiles, je ne prétends pas l'en tenir quitte à si bon marché ; et assurément je n'aurai pas tant pris de peine auprès d'elle, pour terminer une séduction ordinaire.

Mon projet, au contraire, est qu'elle sente, qu'elle sente bien la valeur et l'étendue de chacun des sacrifices qu'elle me fera ; de ne pas la conduire si vite, que le remords ne puisse la suivre ; de faire expirer sa vertu dans une lente agonie ; de la fixer sans cesse sur ce désolant spectacle ; et de ne lui accorder le bonheur de m'avoir dans ses bras, qu'après l'avoir forcée à n'en plus dissimuler le désir. Au fait, je vaux bien peu, si je ne vaux pas la peine d'être demandé. Et puis-je me venger moins d'une femme hautaine, qui semble rougir d'avouer qu'elle adore ?

J'ai donc refusé la précieuse amitié, et m'en suis tenu à mon titre d'amant. Comme je ne me dissimule point que ce titre, qui ne paraît d'abord qu'une dispute de mots, est pourtant d'une importance réelle à obtenir, j'ai mis beaucoup de soin à ma lettre, et j'ai tâché d'y répandre ce désordre, qui peut seul peindre le sentiment. J'ai enfin déraisonné le plus qu'il m'a été possible : car, sans déraisonnement, point de tendresse ; et c'est, je crois, par cette raison, que les femmes nous sont si supérieures dans les lettres d'amour.

J'ai fini la mienne par une cajolerie, et c'est encore une suite de mes profondes observations. Après que le cœur d'une femme a été exercé quelque temps, il a besoin de repos ; et j'ai remarqué qu'une cajolerie était, pour toutes, l'oreiller le plus doux à leur offrir.

Adieu, ma belle amie. Je pars demain. Si vous avez des ordres à me donner pour la comtesse de***, je m'arrêterai chez elle, au moins pour dîner. Je suis fâché de partir sans vous voir. Faites-moi passer vos sublimes instructions, et aidez-moi de vos sages conseils, dans ce moment décisif.

Surtout, défendez-vous de Prévan ; et puissé-je un jour vous dédommager de ce sacrifice ! Adieu.

De... ce 11 septembre 17**.

LXXII

Le vicomte DE VALMONT à la marquise DE MERTEUIL

Mon étourdi de chasseur n'a-t-il pas laissé mon porte feuille à Paris ! Les lettres de ma belle, celles de Danceny pour la petite Volanges : tout est resté, et j'ai besoin de tout. Il va partir pour réparer sa sottise ; et tandis qu'il selle son cheval, je vous raconterai mon histoire de cette nuit : car je vous prie de croire que je ne perds pas mon temps.

L'aventure par elle-même est bien peu de chose ; ce n'est qu'un réchauffé avec la vicomtesse de M... Mais elle m'a intéressé par les détails. Je suis bien aise d'ailleurs de vous faire voir que si j'ai le talent de perdre les femmes, je n'ai pas moins, quand je veux, celui de les sauver. Le parti le plus difficile ou le plus gai, est toujours celui que je prends ; et je ne me reproche pas une bonne action, pourvu qu'elle m'exerce ou m'amuse.

J'ai donc trouvé la Vicomtesse ici, et comme elle joignait ses instances aux persécutions qu'on me faisait pour passer la nuit au château : « Eh bien, j'y consens, lui dis-je, à condition que je la passerai avec vous. — Cela m'est impossible, me répondit-elle. Vressac est ici. » Jusque-là, je n'avais cru que lui dire une honnêteté : mais ce mot d'impossible me révolta comme de coutume. Je me sentis humilié d'être sacrifié à Vressac, et je résolus de ne pas le souffrir : j'insistai donc.

Les circonstances ne m'étaient pas favorables. Ce Vressac a eu la gaucherie de donner de l'ombrage au Vicomte ; en sorte que la Vicomtesse ne peut plus le recevoir chez elle : et ce voyage chez la bonne Comtesse avait été concerté entre eux, pour tâcher d'y dérober quelques nuits. Le Vicomte avait même d'abord montré de l'humeur d'y rencontrer Vressac ; mais comme il est encore plus chasseur que jaloux, il n'en est pas moins resté : et la Comtesse, toujours telle que vous la connaissez, après avoir logé la femme dans le grand corridor, a mis le mari d'un côté et l'amant de l'autre, et les a laissé s'arranger entre eux. Le mauvais destin de tous deux a voulu que je fusse logé vis-à-vis.

Ce jour-là même, c'est-à-dire, hier, Vressac, qui, comme vous pouvez croire, cajole le Vicomte, chassait avec lui, malgré son peu de goût pour la chasse, et comptait bien se consoler la nuit, entre les bras de la femme, de l'ennui que le mari lui causait tout le jour : mais moi, je jugeai qu'il aurait besoin de repos, et je m'occupai des moyens de décider sa maîtresse à lui laisser le temps d'en prendre.

Je réussis, et j'obtins qu'elle lui ferait une querelle de cette même partie de chasse, à laquelle, bien évidemment, il n'avait consenti que pour elle. On ne pouvait prendre un plus mauvais prétexte : mais nulle femme n'a mieux que la Vicomtesse, ce talent commun à toutes, de mettre l'humeur à la place de la raison, et de n'être jamais si difficile à apaiser que quand elle a tort. Le moment d'ailleurs n'était pas commode pour les explications ; et ne voulant qu'une nuit, je consentais qu'ils se raccommodassent le lendemain.

Vressac fut donc boudé à son retour. Il voulut en demander la cause, on le querella. Il essaya de se justifier ; le mari qui était présent, servit de prétexte pour rompre la conversation ; il tenta enfin de profiter d'un moment où le mari était absent, pour demander qu'on voulût bien l'entendre le soir ; ce fut alors que la Vicomtesse devint sublime. Elle s'indigna contre l'audace des hommes qui, parce qu'ils ont éprouvé les bontés d'une femme, croient avoir le droit d'en abuser encore, même alors qu'elle a à se plaindre d'eux ; et ayant changé de thèse par cette adresse, elle parla si bien délicatesse et sentiment, que Vressac resta muet et confus, et que moi-même je fus tenté de croire qu'elle avait raison : car vous saurez que comme ami de tous deux, j'étais en tiers dans cette conversation.

Enfin, elle déclara positivement qu'elle n'ajouterait pas les fatigues de l'amour à celles de la chasse, et qu'elle se reprocherait de troubler d'aussi doux plaisirs. Le mari rentra. Le désolé Vressac, qui n'avait plus la liberté de répondre, s'adressa à moi ; et après m'avoir fort longuement conté ses raisons, que je savais aussi bien que lui, il me pria de parler à la Vicomtesse, et je le lui promis. Je lui parlai en effet ; mais ce fut pour la remercier, et convenir avec elle de l'heure et des moyens de notre rendez-vous.

Elle me dit que logée entre son mari et son amant, elle avait trouvé plus prudent d'aller chez Vressac, que de le recevoir dans son appartement ; et que, puisque je logeais vis-à-vis d'elle, elle croyait plus sûr aussi de venir chez moi ; qu'elle s'y rendrait aussitôt que sa femme de chambre l'aurait laissée seule ; que je n'avais qu'à tenir ma porte entr'ouverte, et l'attendre.

Tout s'exécuta comme nous en étions convenus, et elle arriva chez moi vers une heure du matin.

. . . . Dans le simple appareil,
D'une beauté qu'on vient d'arracher au sommeil.

RACINE, tragédie de *Britannicus*.

Comme je n'ai point de vanité, je ne m'arrête pas aux détails de la nuit ; mais vous me connaissez, et j'ai été content de moi.

Au point du jour, il a fallu se séparer. C'est ici que l'intérêt commence. L'étourdie avait cru laisser sa porte entr'ouverte, nous la trouvâmes fermée, et la clef était restée en dedans : vous n'avez pas l'idée de l'expression de désespoir avec laquelle la Vicomtesse me dit aussitôt : « Ah ! je suis perdue. » Il faut convenir qu'il eût été plaisant de la laisser dans cette situation : mais pouvais-je souffrir qu'une femme fût perdue pour moi, sans l'être par moi ? Et devais-je, comme le commun des hommes, me laisser maîtriser par les circonstances ? Il fallait donc trouver un moyen. Qu'eussiez-vous fait, ma belle amie ? Voici ma conduite, et elle a réussi.

J'eus bientôt reconnu que la porte en question pouvait s'enfoncer, en se permettant de faire beaucoup de bruit. J'obtins donc de la Vicomtesse, non sans peine, qu'elle jetterait des cris perçants et d'effroi, comme *au voleur*, *à l'assassin*, etc. etc. Et nous convînmes qu'au premier cri j'enfoncerais la porte, et qu'elle courrait à son lit. Vous ne sauriez croire combien il fallut de temps pour la décider, même après qu'elle eut consenti. Il fallut pourtant finir par-là, et au premier coup de pied la porte céda.

La vicomtesse fit bien de ne pas perdre de temps, car au même instant, le Vicomte et Vressac furent dans le corridor, et la femme de chambre accourut aussi à la chambre de sa maîtresse.

J'étais seul de sang-froid, et j'en profitai pour aller éteindre une veilleuse qui brûlait encore, et la renverser par terre ; car vous jugez combien il eût été ridicule de feindre cette terreur panique, en ayant de la lumière dans sa chambre. Je querellai ensuite le mari et l'amant sur leur sommeil léthargique, en les assurant que les cris auxquels j'étais accouru, et mes efforts pour enfoncer la porte avaient duré au moins cinq minutes.

La Vicomtesse, qui avait retrouvé son courage dans son lit, me seconda assez bien, et jura ses grands dieux qu'il y avait un voleur dans son appartement ; elle protesta avec plus de sincérité, que de la vie elle n'avait eu tant peur. Nous cherchions partout et nous ne trouvions rien, lorsque je fis apercevoir la veilleuse renversée, et conclus que, sans doute, un rat avait causé le dommage et la frayeur ; mon avis passa tout d'une voix, et après quelques plaisanteries rebattues sur les rats, le Vicomte s'en alla le premier regagner sa chambre et son lit, en priant sa femme d'avoir à l'avenir des rats plus tranquilles.

Vressac resté seul avec nous, s'approcha de la Vicomtesse pour lui dire tendrement, que c'était une vengeance de l'Amour ; à quoi elle répondit en me regardant : « Il était donc bien en colère, car il s'est beaucoup vengé ; mais, ajouta-t-elle, je suis rendue de fatigues et je veux dormir. »

J'étais dans un moment de bonté ; en conséquence, avant de nous séparer, je plaidai la cause de Vressac, et j'amenai le raccommodement. Les deux amants s'embrassèrent, et je fus, à mon tour, embrassé par tous deux. Je ne me souciais plus des baisers de la Vicomtesse : mais j'avoue que celui de Vressac me fit plaisir. Nous sortîmes ensemble ; et après avoir reçu ses longs remercîments, nous allâmes chacun nous remettre au lit.

Si vous trouvez cette histoire plaisante, je ne vous en demande pas le secret. A présent que je m'en suis amusé, il est juste que le public ait son tour. Pour le moment, je ne parle que de l'histoire ; peut-être bientôt en dirons-nous autant de l'héroïne.

Adieu, il y a une heure que mon chasseur attend ; je ne prends plus que le moment de vous embrasser, et de vous recommander surtout de vous garder de Prévan.

Du château de... ce 15 septembre 17*.

LXXIII

Le chevalier DANCENY à CÉCILE VOLANGES

(Remise seulement le 14)

O ma Cécile ! que j'envie le sort de Valmont ! demain il vous verra. C'est lui qui vous remettra cette lettre, et moi, languissant loin de vous, je traînerai ma pénible existence entre les regrets et le malheur. Mon amie, ma tendre amie, plaignez-moi de mes maux ; surtout plaignez-moi des vôtres : c'est contre eux que le courage m'abandonne.

Qu'il m'est affreux de causer votre malheur ! sans moi, vous seriez heureuse et tranquille. Me pardonnez-vous ? dites ! ah ! dites que vous me pardonnez ; dites-moi que vous m'aimez, que vous m'aimerez toujours. J'ai besoin que vous me le répétiez. Ce n'est pas que j'en doute : mais il me semble que plus on en est sûr, et plus il est doux de se l'entendre dire. Vous m'aimez ? n'est-ce pas ? oui, vous m'aimez de toute votre âme. Je n'oublie pas que c'est la dernière parole que je vous ai entendu prononcer. Comme je l'ai recueillie dans mon cœur ! comme elle s'y est profondément gravée ! et avec quels transports le mien y a répondu !

Hélas ! dans ce moment de bonheur, j'étais loin de prévoir le sort affreux qui nous attendait. Occupons-nous, ma Cécile, des moyens de l'adoucir. Si j'en crois mon ami, il suffira pour y parvenir, que vous preniez en lui une confiance qu'il mérite.

J'ai été peiné, je l'avoue, de l'idée désavantageuse que vous paraissez avoir de lui. J'y ai reconnu les préventions de votre maman : c'était pour m'y soumettre que j'avais négligé, depuis quelque temps, cet homme vraiment aimable, qui aujourd'hui fait tout pour moi ; qui enfin travaille à nous réunir, lorsque votre maman nous a séparés. Je vous en conjure, ma chère amie, voyez-le d'un œil plus favorable. Songez qu'il est mon ami, qu'il veut être le vôtre, qu'il peut me rendre le bonheur de vous voir. Si ces raisons ne vous ramènent pas, ma Cécile, vous ne m'aimez plus autant que je vous aime, vous ne m'aimez plus autant que vous m'aimiez. Ah ! si jamais vous deviez m'aimer moins... Mais non, le cœur de ma Cécile est à moi ; il y est pour la vie ; et si j'ai à craindre les peines d'un amour malheureux, sa constance au moins me sauvera les tourments d'un amour trahi.

Adieu, ma charmante amie ; n'oubliez pas que je souffre, et qu'il ne tient qu'à vous de me rendre parfaitement heureux. Écoutez le vœu de mon cœur, et recevez les plus tendres baisers de l'amour.

Paris, ce 11 septembre 17**.

LXXIV

Le vicomte DE VALMONT à CÉCILE VOLANGES

(Jointe à la précédente.)

L'ami qui vous sert a su que vous n'aviez rien de ce qu'il vous fallait pour écrire, et il y a déjà pourvu.

Vous trouverez dans l'antichambre de l'appartement que vous occupez, sous la grande armoire à main gauche, une provision de papier, de plumes et d'encre, qu'il renouvellera quand vous voudrez, et qu'il lui semble que vous pouvez laisser à cette même place, si vous n'en trouvez pas de plus sûre.

Il vous demande de ne pas vous offenser, s'il a l'air de ne faire aucune attention à vous dans le cercle et de ne vous y regarder que comme un enfant. Cette conduite lui paraît nécessaire pour inspirer la sécurité dont il a besoin, et pouvoir travailler plus efficacement au bonheur de son ami et au vôtre. Il tâchera de faire naître les occasions de vous parler, quand il aura quelque chose à vous apprendre ou à vous remettre ; et il espère y parvenir, si vous mettez du zèle à le seconder.

Il vous conseille aussi de lui rendre, à mesure, les lettres que vous aurez reçues, afin de risquer moins de vous compromettre.

Il finit par vous assurer que si vous voulez lui donner votre confiance, il mettra tous ses soins à adoucir la persécution qu'une mère trop cruelle fait éprouver à deux personnes, dont l'une est déjà son meilleur ami, et l'autre lui paraît mériter l'intérêt le plus tendre.

Au château de... ce 7 septembre 17**.

LXXV

La marquise DE MERTEUIL au vicomte DE VALMONT

Eh ! depuis quand, mon ami, vous effrayez-vous si facilement ? Ce Prévan est donc bien redoutable ? Mais voyez combien je suis simple et modeste ! Je l'ai rencontré souvent, ce superbe vainqueur ; à peine l'avais-je regardé ! Il ne fallait pas moins que votre lettre pour m'y faire faire attention. J'ai réparé mon injustice hier. Il était à l'opéra, presque vis-à-vis de moi, et je m'en suis occupée. Il est joli au moins, mais très joli, des traits fins et délicats ! Il doit gagner à être vu de près. Et vous dites qu'il veut m'avoir ! assurément il me fera honneur et plaisir. Sérieusement j'en ai fantaisie, et je vous confie ici que j'ai fait les premières démarches. Je ne sais pas si elles réussiront. Voilà le fait.

Il était à deux pas de moi, à la sortie de l'opéra, et j'ai donné, très haut, rendez-vous à la marquise de... pour souper le vendredi chez la Maréchale. C'est, je crois, la seule maison où je peux le rencontrer. Je ne doute pas qu'il ne m'ait entendue... Si l'ingrat allait n'y pas venir ? Mais, dites-moi donc, croyez-vous qu'il y vienne ? Savez-vous que s'il n'y vient pas, j'aurai de l'humeur toute la soirée ? Vous voyez qu'il ne trouvera pas tant de difficulté *à me suivre ;* et, ce qui vous étonnera davantage, c'est qu'il en trouvera moins encore *à me plaire.* Il veut, dit-il, crever six chevaux à me faire sa cour ! Oh ! je sauverai la vie à ces chevaux-là. Je n'aurai jamais la patience d'attendre si longtemps. Vous savez qu'il n'est pas dans mes principes de faire languir, quand une fois je suis décidée, et je le suis pour lui.

Oh! ça, convenez qu'il y a plaisir à me parler raison! Votre *avis important* n'a-t-il pas un grand succès? Mais que voulez-vous? je végète depuis si longtemps! Il y a plus de six semaines que je ne me suis pas permis une gaieté. Celle-là se présente; puis-je me la refuser? le sujet n'en vaut-il pas la peine? en est-il de plus agréable, dans quelque sens que vous preniez ce mot?

Vous-même, vous êtes forcé de lui rendre justice: vous faites plus que le louer, vous en êtes jaloux. Eh bien! je m'établis juge entre vous deux: mais d'abord, il faut s'instruire, et c'est ce que je veux faire. Je serai juge intègre, et vous serez pesés tous deux dans la même balance. Pour vous, j'ai déjà vos mémoires, et votre affaire est parfaitement instruite. N'est-il pas juste que je m'occupe à présent de votre adversaire? Allons, exécutez-vous de bonne grâce; et, pour commencer, apprenez-moi, je vous prie, quelle est cette triple aventure dont il est le héros. Vous m'en parlez, comme si je ne connaissais autre chose, et je n'en sais pas le premier mot. Apparemment elle se sera passée pendant mon voyage à Genève, et votre jalousie vous aura empêché de me l'écrire. Réparez cette faute au plutôt; songez que *rien de ce qui l'intéresse ne m'est étranger*. Il me semble bien qu'on en parlait encore à mon retour: mais j'étais occupée d'autre chose, et j'écoute rarement en ce genre tout ce qui n'est pas du jour ou de la veille.

Quand ce que je vous demande vous contrarierait un peu, n'est-ce pas le moindre prix que vous devez aux soins que je me suis donnés pour vous? ne sont-ce pas eux qui vous ont rapproché de votre Présidente, quand vos sottises vous en avaient éloigné ? n'est-ce pas encore moi qui ai remis entre vos mains, de quoi vous venger du zèle amer de Mme de Volanges ? Vous vous êtes plaint si souvent du temps que vous perdiez à aller chercher vos aventures ! A présent vous les avez sous la main. L'amour, la haine, vous n'avez qu'à choisir, tout couche sous le même toit ! et vous pouvez, doublant votre existence, caresser d'une main et frapper de l'autre.

C'est même encore à moi, que vous devez l'aventure de la Vicomtesse. J'en suis assez contente : mais, comme vous dites, il faut qu'on en parle : car si l'occasion a pu vous engager, comme je le conçois, à préférer pour le moment le mystère et l'éclat, il faut convenir pourtant que cette femme ne méritait pas un procédé si honnête.

J'ai d'ailleurs à m'en plaindre. Le chevalier de Belleroche la trouve plus jolie que je ne voudrais ; et par beaucoup de raisons, je serai bien aise d'avoir un prétexte pour rompre avec elle : or, il n'en est pas de plus commode, que d'avoir à dire : On ne peut plus voir cette femme-là.

Adieu, Vicomte ; songez que, placé où vous êtes, le temps est précieux : je vais employer le mien à m'occuper du bonheur de Prévan.

Paris ce 15 septembre 17**.

LXXVI

CÉCILE VOLANGES à SOPHIE CARNAY

(*Note.*..... Dans cette lettre, Cécile Volanges rend compte avec le plus grand détail de tout ce qui est relatif à elle dans les événements que le lecteur a vus à la finde la première partie lettre LIX et suivantes. On a cru devoir supprimer cette répétition. Elle parle enfin du vicomte de Valmont, et elle s'exprime ainsi.)

... Je t'assure que c'est un homme bien extraordinaire. Maman en dit beaucoup de mal ; mais le chevalier Danceny en dit beaucoup de bien, et je crois que c'est lui qui a raison. Je n'ai jamais vu d'homme aussi adroit. Quand il m'a rendu la lettre de Danceny, c'était au milieu de tout le monde, et personne n'en a rien vu ; il est vrai que j'ai eu bien peur, parce que je n'étais prévenue de rien : mais à présent je m'y attendrai. J'ai déjà fort bien compris comment il voulait que je fisse pour lui remettre ma réponse. Il est bien facile de s'entendre avec lui, car il a un regard qui dit tout ce qu'il veut. Je ne sais pas comment il fait : il me disait dans le billet dont je t'ai parlé, qu'il n'aurait pas l'air de s'occuper de moi devant maman : en effet, on dirait toujours qu'il n'y songe pas ; et pourtant toutes les fois que je cherche ses yeux, je suis sûre de les rencontrer tout de suite.

Il y a ici une bonne amie de maman, que je ne connais pas, qui a aussi l'air de ne guère aimer M. de Valmont, quoiqu'il ait bien des attentions pour elle.

J'ai peur qu'il ne s'ennuie bientôt de la vie qu'on mène ici, et qu'il ne s'en retourne à Paris ; cela serait bien fâcheux. Il faut qu'il ait bien bon cœur d'être venu exprès pour rendre service à son ami et à moi ! Je voudrais bien lui en témoigner ma reconnaissance, mais je ne sais comment faire pour lui parler ; et quand j'en trouverais l'occasion, je serais si honteuse, que je ne saurais peut-être que lui dire.

Il n'y a que Mme de Merteuil avec qui je parle librement, quand je parle de mon amour. Peut-être même qu'avec toi, à qui je dis tout, si c'était en causant, je serais embarrassée. Avec Danceny lui-même j'ai souvent senti, comme malgré moi, une certaine crainte qui m'empêchait de lui dire tout ce que je pensais. Je me le reproche bien à présent, et je donnerais tout au monde pour trouver le moment de lui dire une fois, une seule fois combien je l'aime. M. de Valmont lui a promis que si je me laissais conduire, il nous procurerait l'occasion de nous revoir. Je ferai bien assez ce qu'il voudra ; mais je ne peux pas concevoir que cela soit possible [1].

Adieu, ma bonne amie, je n'ai plus de place.

Du château de ce... 14 septembre 17**.

---

[1] Mademoiselle de Volanges, ayant peu de temps après, changé de confidente, comme on le verra par la suite de ces Lettres, on ne trouvera plus dans ce recueil aucune de celles qu'elle a continué d'écrire à son amie du couvent : elles n'apprendraient rien au lecteur.

LXXVII

Le vicomte DE VALMONT à la marquise DE MERTEUIL

Ou votre lettre est un persifflage, que je n'ai pas compris ; ou vous étiez, en me l'écrivant, dans un délire très dangereux. Si je vous connaissais moins, ma belle amie, je serais vraiment très effrayé ; et quoique vous en puissiez dire, je ne m'effraierais pas trop facilement.

J'ai beau vous lire, et vous relire, je n'en suis pas plus avancé ; car, de prendre votre lettre dans le sens naturel qu'elle présente, il n'y a pas moyen. Qu'avez-vous donc voulu dire ?

Est-ce seulement qu'il était inutile de se donner tant de soins contre un ennemi si peu redoutable ? mais, dans ce cas, vous pourriez avoir tort. Prévan est réellement aimable ; il l'est plus que vous ne le croyez ; il a surtout le talent très utile d'occuper beaucoup de son amour, par l'adresse qu'il a d'en parler dans le cercle, et devant tout le monde, en se servant de la première conversation qu'il trouve. Il est peu de femmes qui se sauvent alors du piège d'y répondre, parce que toutes ayant des prétentions à la finesse, aucune ne veut perdre l'occasion d'en montrer. Or, vous savez assez que femme qui consent à parler d'amour, finit bientôt par en prendre, ou au moins par se conduire comme si elle en avait. Il gagne encore à cette méthode qu'il a réellement perfectionnée, d'appeler souvent les femmes elle-mêmes en témoignage de leur défaite; et cela, je vous en parle pour l'avoir vu.

Je n'étais dans le secret que de la seconde main ; car jamais je n'ai été lié avec Prévan : mais enfin nous y étions six : et la comtesse de P.... tout en se croyant bien fine, et ayant l'air en effet, pour tout ce qui n'était pas instruit, de tenir une conversation générale, nous raconta dans le plus grand détail, et comme quoi elle s'était rendue à Prévan, et tout ce qui s'était passé entre eux. Elle faisait ce récit avec une telle sécurité, qu'elle ne fut pas même troublée par un sourire qui nous prit à tous six en même temps, et je me souviendrai toujours qu'un de nous ayant voulu, pour s'excuser, feindre le douter de ce qu'elle disait, ou plutôt de ce qu'elle avait l'air de dire, elle répondit gravement qu'à coup sûr nous n'étions aucun aussi biens instruits qu'elle ; et elle ne craignit pas même de s'adresser à Prévan, pour lui demander si elle s'était trompée d'un mot.

J'ai donc pu croire cet homme dangereux pour tout le monde : mais pour vous, Marquise, ne suffisait-il pas qu'il fût *joli, très joli,* comme vous le dites vous-même ? ou qu'il vous fît *une de ces attaques, que vous vous plaisez quelquefois à récompenser, sans autre motif que de les trouver bien faites ?* ou que vous eussiez trouvé plaisant de vous rendre par une raison quelconque ? ou... que sais-je ? puis-je deviner les mille et mille caprices qui gouvernent la tête d'une femme, et par qui seuls vous tenez encore à votre sexe ? A présent que vous êtes avertie du danger, je ne doute pas que vous ne vous en sauviez facilement : mais pourtant fallait-il vous avertir. Je reviens donc à mon texte : qu'avez-vous voulu dire ?

Si ce n'est qu'un persifflage sur Prévan, outre qu'il est bien long, ce n'était pas vis-à-vis de moi qu'il était utile ; c'est dans le monde qu'il faut lui donner quelque bon ridicule, et je vous renouvelle ma prière à ce sujet.

Ah ! je crois tenir le mot de l'énigme : votre lettre est une prophétie, non de ce que vous ferez, mais de ce qu'il vous croira prête à faire au moment de la chûte que vous lui préparez. J'approuve assez ce projet ; il exige pourtant de grands ménagements. Vous savez comme moi que, pour l'effet public, avoir un homme ou recevoir ses soins, est absolument la même chose, à moins que cet homme ne soit un sot ; et Prévan ne l'est pas, à beaucoup près. S'il peut gagner seulement une apparence, il se vantera, et tout sera dit. Les sots y croiront, les méchants auront l'air d'y croire ; quelles seront vos ressources ? Tenez, j'ai peur. Ce n'est pas que je doute de votre adresse : mais ce sont les bons nageurs qui se noient.

Je ne me crois pas plus bête qu'un autre : des moyens de déshonorer une femme, j'en ai trouvé cent, j'en ai trouvé mille : mais quand je me suis occupé de chercher comment elle pourrait s'en sauver, je n'en ai jamais vu la possibilité. Vous-même, ma belle amie, dont la conduite est un chef-d'œuvre, cent fois j'ai cru vous voir plus de bonheur que de bien joué.

Mais après tour, je cherche peut-être une raison à ce qui n'en a point. J'admire comment, depuis une heure, je traite sérieusement ce qui n'est, à coup sûr, qu'une plaisanterie de votre part. Vous allez vous moquer de moi ! Eh bien ! soit ; mais dépêchez-vous, et parlons d'autre chose. D'autre chose ! je me trompe, c'est toujours de la même ; toujours des femmes à avoir ou à perdre, et souvent tous les deux.

J'ai ici, comme vous l'avez fort bien remarqué, de quoi m'exercer dans les deux genres, mais non pas avec la même facilité. Je prévois que la vengeance ira plus vite que l'amour. La petite Volanges est rendue, j'en réponds ; elle ne dépend plus que de l'occasion, et je me charge de la faire naître. Mais il n'en est pas de même de Mme de Tourvel : cette femme est désolante, je ne la conçois pas ; j'ai cent preuves de son amour, mais j'en ai mille de sa résistance ; et en vérité, je crains qu'elle ne m'échappe.

Le premier effet qu'avait produit mon retour, me faisait espérer davantage. Vous devinez que je voulais en juger par moi-même ; et pour m'assurer de voir les premiers mouvements, je ne m'étais fait précéder par personne, et j'avais calculé ma route pour arriver pendant qu'on serait à table. En effet, je tombai des nues, comme une divinité d'opéra qui vient faire un dénouement.

Ayant fait assez de bruit en entrant pour fixer les regards sur moi, je pus voir du même coup d'œil la joie de ma vieille tante, le dépit de Mme de Volanges, et le plaisir décontenancé de sa fille. Ma belle, par la place qu'elle occupait le dos à la porte. Occupée dans ce moment à couper quelque chose, elle ne tourna seulement pas la tête : mais j'adressai la parole à Mme de Rosemonde ; et au premier mot, la sensible dévote ayant reconnu ma voix, il lui échappa un cri, dans lequel je crus reconnaître plus d'amour que de surprise et d'effroi. Je m'étais alors assez avancé pour voir sa figure ; le tumulte de son âme, le combat de ses idées et de ses sentiments, s'y peignirent de vingt façons différentes. Je me mis à table à côté d'elle ; elle ne savait exactement rien de ce qu'elle faisait ni de ce qu'elle disait. Elle essaya de continuer de manger ; il n'y eut pas moyen : enfin moins d'un quart d'heure après, son embarras et son plaisir devenant plus fort qu'elle, elle n'imagina rien de mieux, que de demander la permission de sortir de table, et elle se sauva dans le parc, sous prétexte d'avoir besoin de prendre l'air. Mme de Volanges voulu l'accompagner ; la tendre prude ne le permit pas ; trop heureuse, sans doute, de trouver un prétexte pour être seule, et se livrer sans crainte à la douce émotion de son cœur!

J'abrégeai le dîner le plus qu'il me fut possible. A peine avait-on servi le dessert, que l'infernale Volanges, pressée apparemment du besoin de me nuire, se leva de sa place pour aller trouver la charmante malade : mais j'avais prévu ce projet ; et je le traversai. Je feignis donc de prendre ce mouvement particulier pour le mouvement général : et m'étant levé en même temps, la petite Volanges et le curé du lieu se laissèrent entraîner par ce double exemple ; en sorte que Mme de Rosemonde se trouva seule à table avec le vieux commandeur de T... et tous deux prirent aussi le parti d'en sortir. Nous allâmes donc tous rejoindre ma belle, que nous trouvâmes dans le bosquet près du château ; et comme elle avait besoin de solitude et non de promenade, elle aima autant revenir avec nous, que de nous faire rester avec elle.

Dès que je fus assuré que Mme de Volanges n'aurait pas l'occasion de lui parler seule, je songeai à exécuter vos ordres, et je m'occupai des intérêts de votre pupille. Aussitôt après le café, je montai chez moi, et j'entrai aussi chez les autres, pour reconnaître le terrain ; je fis mes dispositions pour assurer la correspondance de la petite ; et après ce premier bienfait, j'écrivis un mot pour l'en instruire et lui demander sa confiance ; je joignis mon billet à la lettre de Danceny. Je revins au salon. J'y trouvai ma belle établie sur une chaise longue et dans un abandon délicieux.

Ce spectacle, en éveillant mes désirs, anima mes

regards ; je sentis qu'ils devaient être tendres et pressants, et je me plaçai de manière à pouvoir en faire usage. Leur premier effet fut de faire baisser les grands yeux modestes de la céleste prude. Je considérai quelque temps cette figure angélique ; puis, parcourant toute sa personne, je m'amusais à deviner les contours et les formes à travers un vêtement léger, mais toujours importun. Après être descendu de la tête aux pieds, je remontais des pieds à la tête... Ma belle amie, le doux regard était fixé sur moi ; sur le champ il se baissa de nouveau ; mais voulant en favoriser le retour, je détournai mes yeux. Alors s'établit entre nous cette convention tacite, premier traité de l'amour timide, qui pour satisfaire le besoin mutuel de se voir, permet aux regards de se succéder en attendant qu'ils se confondent.

Persuadé que ce nouveau plaisir occupait ma belle toute entière, je me chargeai de veiller à notre commune sûreté : mais après m'être assuré qu'une conversation assez vive nous sauvait des remarques du cercle, je tâchai d'obtenir de ses yeux qu'ils parlassent franchement leur langage. Pour cela je surpris d'abord quelques regards, mais avec tant de réserve, que la modestie n'en pouvait être alarmée ; et pour mettre la timide personne plus à son aise, je paraissais moi-même aussi embarrassé qu'elle. Peu à peu nos yeux, accoutumés à se rencontrer, se fixèrent plus longtemps ; enfin ils ne se quittèrent plus : j'aperçus dans les siens cette douce langueur, signal heureux de l'amour et du désir ; mais ce ne fut qu'un moment ; et bientôt revenue à elle-même, elle changea, non sans quelque honte, son maintien et son regard.

Ne voulant pas qu'elle pût douter que j'eusse regardé ses divers mouvements, je me levai avec vivacité, en lui demandant, avec l'air de l'effroi, si elle se trouvait mal. Aussitôt tout le monde vint l'entourer. Je les laissai tous passer devant moi ; et comme la petite Volanges, qui travaillait à la tapisserie auprès d'une fenêtre, eut besoin de quelque temps pour quitter son métier, je saisis ce moment pour lui remettre la lettre de Danceny.

J'étais un peu loin d'elle ; je jetai l'épître sur ses genoux. Elle ne savait en vérité qu'en faire. Vous auriez trop ri de son air de surprise et d'embarras ; pourtant je ne riais point, car je craignais que tant de gaucherie ne nous trahît. Mais un coup d'œil et un geste fortement prononcés, lui firent enfin comprendre qu'il fallait mettre le paquet dans sa poche.

Le reste de la journée n'eut rien d'intéressant. Ce qui s'est passé depuis amènera peut-être des événements dont vous serez contente, au moins pour ce qui regarde votre pupille ; mais il vaut mieux employer son temps à exécuter ses projets qu'à les raconter. Voilà d'ailleurs la huitième page que j'écris, et j'en suis fatigué ; ainsi adieu.

Vous vous doutez bien, sans que je vous le dise que la petite a répondu à Danceny[1]. J'ai eu aussi une réponse de ma belle, à qui j'avais écrit le lendemain de mon arrivée. Je vous envoie les deux lettres. Vous les lirez ou vous ne les lirez pas ; car ce perpétuel rabâchage, qui déjà ne m'amuse pas trop, doit être bien insipide pour toute personne désintéressée.

Encore une fois, adieu. Je vous aime toujours, beaucoup ; mais je vous en prie, si vous me parlez de Prévan, faites en sorte que je vous entende.

Du château de... ce 17 septembre 17**.

[1] Cette lettre ne s'est pas retrouvée.

LXXVIII

Le vicomte DE VALMOMT à la présidente DE TOURVEL

D'où peut venir, Madame, le soin cruel que vous mettez à me fuir ? comment se peut-il que l'empressement le plus tendre de ma part, n'obtienne de la vôtre que des procédés qu'on se permettrait à peine envers l'homme dont on aurait le plus à se plaindre ? Quoi ! l'amour me ramène à vos pieds ; et quand un heureux hasard me place à côté de vous, vous aimez mieux feindre une indisposition, alarmer vos amis, que de consentir à rester près de moi ! Combien de fois hier n'avez-vous pas détourné vos yeux pour me priver de la faveur d'un regard ! Et si un seul instant j'ai pu y voir moins de sévérité, ce moment a été si court, qu'il semble que vous ayez voulu moins m'en faire jouir, que me faire sentir ce que je perdrais à en être privé.

Ce n'est là, j'ose le dire, ni le traitement que mérite l'amour, ni celui que peut se permettre l'amitié ; et toutefois, de ces deux sentiments, vous savez si l'un m'anime, et j'étais, ce me semble, autorisé à croire que vous ne vous refusiez pas à l'autre. Cette amitié précieuse, dont sans doute vous m'avez cru digne, puisque vous avez bien voulu me l'offrir, qu'ai-je donc fait pour l'avoir perdue depuis ? me serais-je nui par ma confiance ; et me punirez-vous de ma franchise ? ne craignez-vous pas au moins d'abuser de l'une et de l'autre ? En effet, n'est-ce pas dans le sein de mon amie, que j'ai déposé le secret de mon cœur ? n'est-ce pas vis-à-vis d'elle seule, que j'ai pu me croire obligé de refuser des conditions qu'il me suffisait d'accepter, pour me donner la facilité de ne les pas tenir, et peut-être celle d'en abuser utilement? Voudriez-vous enfin, par une rigueur si peu méritée, me forcer à croire qu'il n'eût fallu que vous tromper pour obtenir plus d'indulgence?

Je ne me repens point d'une conduite que je vous devais, que je me devais à moi-même ; mais par quelle fatalité chaque action louable devient-elle pour moi le signal d'un malheur nouveau !

C'est après avoir donné lieu au seul éloge que vous ayez encore daigné faire de ma conduite, que j'ai eu, pour la première fois, à gémir du malheur de vous avoir déplu. C'est après vous avoir prouvé ma soumission parfaite, en me privant du bonheur de vous voir, uniquement pour rassurer votre délicatesse, que vous avez voulu rompre toute correspondance avec moi, m'ôter ce faible dédommagement d'un sacrifice que vous aviez exigé, et me ravir jusqu'à l'amour qui seul avait pu nous en donner le droit. C'est enfin après avoir parlé avec une sincérité, que l'intérêt même de cet amour n'a pu affaiblir, que vous me fuyez aujourd'hui comme un séducteur dangereux, dont vous auriez reconnu la perfidie.

Ne vous lasserez-vous donc jamais d'être injuste ? Apprenez-moi du moins quels nouveaux torts ont pu vous porter à tant de sévérité, et ne refusez pas de me dicter les ordres que vous voulez que je suive ; quand je m'engage à les exécuter, est-ce trop prétendre que de demander à les connaître ?

De... ce 15 septembre 17.**

LXXIX

La présidente DE TOURVEL au vicomte DE VALMONT

Vous paraissez, Monsieur, surpris de ma conduite, et peu s'en faut même que vous ne m'en demandiez compte, comme ayant le droit de la blâmer. J'avoue que je me serais crue plus autorisée que vous à m'étonner et à me plaindre ; mais depuis le refus contenu dans votre dernière réponse, j'ai pris le parti de me renfermer dans une indifférence qui ne laisse plus lieu aux remarques ni aux reproches. Cependant, comme vous me demandez des éclaircissements, et que, grâce au ciel, je ne sens rien en moi qui puisse m'empêcher de vous les donner, je veux bien entrer encore une fois en explication avec vous.

Qui lirait vos lettres, me croirait injuste ou bizarre. Je crois mériter que personne n'ait cette idée de moi ; il me semble surtout que vous étiez moins qu'un autre dans le cas de la prendre. Sans doute, vous avez senti qu'en nécessitant ma justification, vous me forciez à rappeler tout ce qui s'est passé entre nous. Apparemment vous avez cru n'avoir qu'à gagner à cet examen : comme, de mon côté, je ne crois pas avoir à y perdre, au moins à vos yeux, je ne crains pas de m'y livrer. Peut-être est-ce, en effet, le seul moyen de connaître qui de nous deux a le droit de se plaindre de l'autre.

A compter, Monsieur, du jour de votre arrivée dans ce château, vous avouerez, je crois, qu'au moins votre réputation m'autorisait à user de quelque réserve avec vous, et que j'aurais pu, sans craindre d'être taxée d'un excès de pruderie, m'en tenir aux seules expressions de la politesse la plus froide. Vous-même m'eussiez traitée avec indulgence, et vous eussiez trouvé simple qu'une femme aussi peu formée, n'eût pas même le mérite nécessaire pour apprécier le vôtre. C'était sûrement là le parti de la prudence : et il m'eût d'autant moins coûté à suivre, que je ne vous cacherai pas, que quand Mme de Rosemonde vint me faire part de votre arrivée, j'eus besoin de me rappeler mon amitié pour elle, et celle qu'elle a pour vous, pour ne pas lui laisser voir combien cette nouvelle me contrariait.

Je conviens volontiers que vous vous êtes montré d'abord sous un aspect plus favorable que je ne l'avais imaginé ; mais vous conviendrez à votre tour qu'il a bien peu duré, et que vous vous êtes bientôt lassé d'une crainte, dont apparemment vous ne vous êtes pas cru suffisamment dédommagé par l'idée avantageuse qu'elle m'avait fait prendre de vous.

C'est alors qu'abusant de ma bonne foi, de ma sécurité, vous n'avez pas craint de m'entretenir d'un sentiment dont vous ne pouviez pas douter que je ne me trouvasse offensée ; et moi, tandis que vous ne vous occupiez qu'à aggraver vos torts en les multipliant, je cherchais un motif pour les oublier, en vous offrant l'occasion de les réparer, au moins en partie. Ma demande était si juste, que vous-même ne crûtes pas devoir vous y refuser : mais vous faisant un droit de mon indulgence, vous en profitâtes pour me demander une permission, que, sans doute, je n'aurais pas dû accorder, et que pourtant vous avez obtenue. Des conditions qui y furent mises, vous n'en avez tenu aucune ; et votre correspondance a été telle, que chacune de vos lettres me faisait un devoir de ne plus vous répondre. C'est dans le moment même où votre obstination me forçait à vous éloigner de moi, que, par une condescendance peut-être blâmable, j'ai tenté le seul moyen qui pouvait me permettre de vous en rapprocher : mais de quel prix est à vos yeux un sentiment honnête ? Vous méprisez l'amitié ; et dans cette folle ivresse, comptant pour rien les malheurs et la honte, vous ne cherchez que des plaisirs et des victimes.

Aussi léger dans vos démarches qu'inconséquent dans vos reproches, vous oubliez vos promesses, ou plutôt vous vous faites un jeu de les violer, et après avoir consenti à vous éloigner de moi, vous revenez ici sans y être rappelé ; sans égard pour mes prières, pour mes raisons ; sans avoir même l'attention de m'en prévenir, vous n'avez pas craint de m'exposer à une surprise dont l'effet, quoique bien simple assurément aurait pu être interprété défavorablement pour moi, par les personnes qui vous entouraient. Ce moment d'embarras que vous aviez fait naître, loin de chercher à en distraire, ou à le dissiper, vous avez paru mettre tous vos soins à l'augmenter encore. A table, vous choisissez précisément votre place à côté de la mienne : une légère indisposition me force d'en sortir avant les autres ; et au lieu de respecter ma solitude, vous engagez tout le monde à venir la troubler. Rentrée au salon, si je fais un pas, je vous trouve à côté de moi ; si je dis une parole, c'est toujours vous qui me répondez. Le mot le plus indifférent vous sert de prétexte pour ramener une conversation que je ne voulais pas entendre, qui pouvait même me compromettre ; car enfin, Monsieur, quelque adresse que vous y mettiez, ce que je comprends, je crois que les autres peuvent aussi le comprendre.

Forcée ainsi par vous à l'immobilité et au silence,

vous n'en continuez pas moins de me poursuivre ; je ne puis lever les yeux sans rencontrer les vôtres. Je suis sans cesse obligée de détourner mes regards ; et par une conséquence bien incompréhensible, vous fixez sur moi ceux du cercle, dans un moment où j'aurais voulu pouvoir même me dérober aux miens.

Et vous vous plaignez de mes procédés ! et vous étonnez de mon empressement à vous fuir ! Ah ! blâmez-moi plutôt de mon indulgence, étonnez-vous que je ne sois pas partie au moment de votre arrivée. Je l'aurais dû peut-être, et vous me forcerez à ce parti violent, mais nécessaire, si vous ne cessez enfin des poursuites offensantes. Non, je n'oublie point, je n'oublierai jamais ce que je me dois, ce que je dois à des nœuds que j'ai formés, que je respecte et que je chéris : et je vous prie de croire que, si jamais je me trouvais réduite à ce choix malheureux, de les sacrifier ou de me sacrifier moi-même, je ne balancerais pas un instant. Adieu, Monsieur.

De... ce 16 septembre 17**.

LXXX

Le vicomte DE VALMONT à la marquise DE MERTEUIL

Je comptais aller à la chasse ce matin : mais il fait un temps détestable. Je n'ai pour toute lecture qu'un roman nouveau, qui ennuierait même une pensionnaire. On déjeûnera au plutôt dans deux heures : ainsi malgré ma longue lettre d'hier, je vais encore causer avec vous. Je suis bien sûr de ne pas vous ennuyer, car je vous parlerai *du très joli Prévan*. Comment n'avez-vous pas su sa fameuse aventure, celle qui a séparé les *inséparables ?* Je parie que vous vous la rappellerez au premier mot. La voici pourtant, puisque vous la désirez.

Vous vous souvenez que tout Paris s'étonnait que trois femmes toutes trois jolies, ayant toutes trois les mêmes talents, et pouvant avoir les mêmes prétentions, restassent intimement liées entre elles depuis le moment de leur entrée dans le monde. On crut d'abord en trouver la raison dans leur extrême timidité : mais bientôt, entourées d'une cour nombreuse dont elles partageaient les hommages, et éclairées sur leur valeur par l'empressement et les soins dont elles étaient l'objet, leur union n'en devint pourtant que plus forte, et l'on eût dit que le triomphe de l'une était toujours celui des deux autres. On espérait au moins que le moment de l'amour amènerait quelque rivalité. Nos agréables se disputaient l'honneur d'être la pomme de discorde ; et moi-même je me serais mis alors sur les rangs, si la grande faveur où la comtesse de... s'éleva dans ce même temps, m'eût permis de lui être infidèle avant d'avoir obtenu l'agrément que je demandais.

Cependant nos trois beautés, dans le même carnaval, firent leur choix comme de concert ; et loin qu'il excitât les orages qu'on s'en était promis, il ne fit que rendre leur amitié plus intéressante, par le charme des confidences.

La foule des prétendans malheureux se joignit alors à celle des femmes jalouses, et la scandaleuse constance fut soumise à la censure publique. Les uns prétendaient que dans cette société *des inséparables* (ainsi la nomma-t-on alors), la loi fondamentale était la communauté de biens, et que l'amour même y était soumis ; d'autres assuraient que les trois amants, exempts de rivaux, ne l'étaient pas de rivales : on alla même jusqu'à dire qu'ils n'avaient été admis que par décence, et n'avaient obtenu qu'un titre sans fonction.

Ces bruits, vrais ou faux, n'eurent pas l'effet qu'on s'en était promis. Les trois couples, au contraire, sentirent qu'ils étaient perdus s'ils se séparaient dans ce moment ; ils prirent le parti de tenir tête à l'orage. Le public, qui se lasse de tout, se lassa bientôt d'une satire infructueuse. Emporté par sa légèreté naturelle, il s'occupa d'autres objets : puis revenant à celui-ci avec son inconséquence ordinaire, il changea la critique en éloge. Comme ici tout est de mode, l'enthousiasme gagna ; il devenait un vrai délire, lorsque Prévan entreprit de vérifier ces prodiges, et de fixer sur eux l'opinion publique et la sienne.

Il rechercha donc ces modèles de perfection. Admis facilement dans leur société, il en tira un favorable augure. Il savait assez que les gens heureux ne sont pas d'un accès si facile. Il vit bientôt, en effet, que ce bonheur si vanté était, comme celui des rois, plus envié que désirable. Il remarqua que, parmi ces prétendus inséparables, on commençait à rechercher les plaisirs du dehors, qu'on s'y occupait même de distraction ; et il en conclut que les liens d'amour ou d'amitié étaient déjà relâchés ou rompus, et que ceux de l'amour-propre et de l'habitude conservaient seuls quelque force.

Cependant les femmes, que le besoin rassemblait, conservaient entre elles l'apparence de la même intimité ; mais les hommes plus libres dans leurs démarches, retrouvaient des devoirs à remplir ou des affaires à suivre ; ils s'en plaignaient encore, mais ne s'en dispensaient plus, et rarement les soirées étaient complètes.

Cette conduite de leur part fut profitable à l'assidu Prévan, qui, placé naturellement auprès de la délaissée du jour, trouvait à offrir alternativement, et selon les circonstances, le même hommage aux trois amies. Il sentit facilement que faire un choix entre elles, c'était se perdre ; que la fausse honte de se trouver la première infidèle, effaroucherait la préférée ; que la vanité blessée des deux autres les rendrait ennemies du nouvel amant, et qu'elles ne manqueraient pas de déployer contre lui la sévérité des grands principes ; enfin, que la jalousie ramènerait à coup sûr les soins d'un rival qui pouvait être encore à craindre. Tout fût devenu obstacle ; tout devenait facile dans son triple projet ; chaque femme était indulgente, parce qu'elle y était intéressée ; chaque homme, parce qu'il croyait ne pas l'être.

Prévan, qui n'avait alors qu'une seule femme à sacrifier, fut assez heureux pour qu'elle prît de la célébrité. Sa qualité d'étrangère, et l'hommage d'un grand prince assez adroitement refusé, avaient fixé sur elle l'attention de la cour et de la ville ; son amant en partageait l'honneur, et en profita auprès de ses nouvelles maîtresses. La seule difficulté était de mener de front ces trois intrigues, dont la marche devait forcément se régler sur la plus tardive : en effet, je tiens d'un de ses confidents, que sa plus grande peine fut d'en arrêter une ; qui se trouva prête à éclore près de quinze jours avant les autres.

Enfin le grand jour arrive. Prévan, qui avait obtenu les trois aveux, se trouvait déjà maître des démarches, et les régla comme vous allez voir. Des trois maris, l'un était absent, l'autre partait le lendemain au point du jour, le troisième était à la ville. Les inséparables amies devaient souper chez la veuve future ; mais le nouveau maître n'avait pas permis que les anciens serviteurs y fussent invités. Le matin même de ce jour, il fait trois lots des lettres de sa belle ; il accompagne l'un du portrait qu'il avait reçu d'elle, le second d'un chiffre amoureux qu'elle-même avait peint, le troisième d'une boucle de ses cheveux ; chacune reçut pour complet ce tiers de sacrifice, et consentit, en échange, à envoyer à l'amant disgracié, une lettre éclatante de rupture.

C'était beaucoup ; ce n'était pas assez. Celle dont le mari était à la ville ne pouvait disposer que de la journée ; il fut convenu qu'une feinte indisposition la dispenserait d'aller souper chez son amie, et que la soirée serait toute à Prévan : la nuit fut accordée par celle dont le mari fut absent : et le point du jour, moment du départ du troisième époux, fut marqué par la dernière, pour l'heure du berger.

Prévan qui ne néglige rien, court ensuite chez la belle étrangère, y porte et y fait naître l'humeur dont il avait besoin, et n'en sort qu'après avoir établi une querelle qui lui assure vingt-quatre heures de liberté. Ses dispositions ainsi faites, il rentra chez lui, comptant prendre quelque repos ; d'autres affaires l'y attendaient.

Les lettres de rupture avaient été un coup de lumière pour les amants disgraciés : chacun d'eux ne pouvait douter qu'il n'eût été sacrifié à Prévan ! et le dépit d'avoir été joué, se joignant à l'humeur que donne presque toujours la petite humiliation d'être quitté, tous trois, sans se communiquer, mais comme de concert, avaient résolu d'en avoir raison et pris le parti de la demander à leur fortuné rival.

Celui-ci trouva donc chez lui les trois cartels ; il les accepta loyalement : mais ne voulant perdre ni les plaisirs, ni l'éclat de cette aventure, il fixa les rendez-vous au lendemain matin, et les assigna tous les trois au même lieu et à la même heure. Ce fut à une des portes du bois de Boulogne.

Le soir venu, il courut sa triple carrière avec un succès égal ; au moins s'est-il vanté depuis, que chacune de ses nouvelles maîtresses avait reçu trois fois le gage et le serment de son amour. Ici, comme vous le jugez bien, les preuves manquent à l'histoire ; tout ce que peut faire l'historien impartial, c'est de faire remarquer au lecteur incrédule, que la vanité et l'imagination exaltées peuvent enfanter des prodiges, et de plus, que la matinée qui devait suivre une si brillante nuit, paraissait devoir dispenser de ménagement pour l'avenir! Quoi qu'il en soit, les faits suivants ont plus de certitude.

Prévan se rendit exactement au rendez-vous qu'il avait indiqué ; il y trouva ses trois rivaux, un peu surpris de leur rencontre, et peut-être chacun d'eux déjà consolé en partie, en se voyant des compagnons d'infortune. Il les aborda d'un air affable et cavalier, et leur tint ce discours, qu'on m'a rendu fidèlement :

« Messieurs, leur dit-il, en vous trouvant rassemblés ici, vous avez deviné sans doute que vous aviez tous trois le même sujet de plainte contre moi. Je suis prêt à vous rendre raison. Que le sort décide entre vous, qui des trois tentera le premier une vengeance à laquelle vous avez tous un droit égal. Je n'ai amené ici ni second ni témoins. Je n'en ai point pris pour l'offense, je n'en demande point pour la réparation ». Puis cédant à son caractère joueur : « Je sais, ajouta-t-il, qu'on gagne rarement *le sept et le va* ; mais quel que soit le sort qui m'attend, on a toujours assez vécu, quand on a eu le temps d'acquérir l'amour des femmes et l'estime des hommes ».

Pendant que ses adversaires étonnés se regardaient en silence, et que leur délicatesse calculait peut-être que ce triple combat ne laissait pas la partie égale, Prévan reprit la parole : « Je ne vous cache pas, continua-t-il donc, que la nuit que je viens de passer m'a cruellement fatigué. Il serait généreux à vous de me permettre de réparer mes forces. J'ai donné mes ordres pour qu'on tînt ici un déjeuner prêt ; faites-moi l'honneur de l'accepter. Déjeûnons ensemble, et surtout déjeûnons gaîment. On peut se battre pour de semblables bagatelles ; mais elles ne doivent pas, je crois, altérer notre humeur ».

Le déjeûner fut accepté. Jamais, dit-on, Prévan ne fut plus aimable. Il eut l'adresse de n'humilier aucun de ses rivaux ; de leur persuader que tous eussent eu facilement les mêmes succès, et surtout de les faire convenir qu'ils n'en eussent pas plus que lui laissé échapper l'occasion. Ces faits une fois avoués, tout s'arrangeait de soi-même : aussi le déjeûner n'était-il pas fini, qu'on y avait déjà répété dix fois que de pareilles femmes ne méritaient pas que d'honnêtes gens se battissent pour elles. Cette idée amena la cordialité ; le vin la fortifia ; si bien que peu de moments après, ce ne fut pas assez de n'avoir plus de rancune, on se jura amitié sans réserve.

Prévan qui sans doute aimait bien autant ce dénouement que l'autre, ne voulait pourtant y rien perdre de sa célébrité. En conséquence, pliant adroitement ses projets aux circonstances : « En effet, dit-il aux trois offensés, ce n'est pas de moi, mais de vos infidèles maîtresses que vous avez à vous venger. Je vous en offre l'occasion. Déjà je ressens, comme vous-mêmes, une injure que bientôt je partagerais : car si chacun de vous n'a pu parvenir à en fixer une seule, puis-je espérer de les fixer toutes trois ? Votre querelle devient la mienne. Acceptez, pour ce soir, un souper dans ma petite maison, et j'espère ne pas différer plus longtemps votre vengeance. » On voulut le faire expliquer ; mais lui, avec ce ton de supériorité que la circonstance l'autorisait à prendre : « Messieurs, répondit-il, je crois vous avoir prouvé que j'avais quelque esprit de conduite ; reposez-vous sur moi. » Tous consentirent ; et après avoir embrassé leur nouvel ami, ils se séparèrent jusqu'au soir, en attendant l'effet de ses promesses.

Celui-ci, sans perdre de temps, retourne à Paris, et va, suivant l'usage, visiter ses nouvelles conquêtes. Il obtint de toutes trois, qu'elles viendraient le soir même souper *en tête-à-tête* à sa petite maison. Deux d'entre elles firent bien quelques difficultés : mais que reste-t-il à refuser le lendemain ? Il donna le rendez-vous à une heure de distance, temps nécessaire à ses projets. Après ces préparatifs, il se retira, fit avertir les trois autres conjurés et tous quatre allèrent gaiement attendre leurs victimes.

On entend arriver la première, Prévan se présente seul, la reçoit avec l'air de l'empressement, la conduit jusques dans le sanctuaire dont elle se croyait la divinité ; puis, disparaissant sur un léger prétexte, il se fait remplacer aussitôt par l'amant outragé.

Vous jugez que la confusion d'une femme qui n'a point encore l'usage des aventures, rendait, en ce moment, le triomphe bien facile : tout reproche qui ne fut pas fait, fut compté pour une grâce ; et l'esclave fugitive, livrée de nouveau à son ancien maître, fut trop heureuse de pouvoir espérer son pardon, en reprenant sa première chaîne. Le traité de paix se ratifia dans un lieu plus solitaire, et la scène restée vide, fut alternativement remplie par les autres acteurs, à peu près de la même manière, et surtout avec le même dénouement.

Chacune des femmes pourtant se croyait encore seule en jeu. Leur étonnement et leur embarras augmentèrent, quand, au moment du souper, les trois couples se réunirent ; mais la confusion fut au comble, quand Prévan, qui reparut au milieu de tous, eut la cruauté de faire aux trois infidèles des excuses, qui, en livrant leur secret, leur apprenaient entièrement jusqu'à quel point elles avaient été jouées.

Cependant on se mit à table, et peu à près, la contenance revint ; les hommes se livrèrent ; les femmes se soumirent. Tous avaient la haine dans le cœur ; mais les propos n'en étaient pas moins tendres ; la gaieté éveilla le désir, qui à son tour lui prêta de nouveaux charmes. Cette étonnante orgie dura jusqu'au matin ; et quand on se sépara, les femmes durent se croire pardonnées : mais les hommes, qui avaient conservé leur ressentiment, firent dès le lendemain une rupture qui n'eut point de retour ; et non contents de quitter leurs légères maîtresses, ils achevèrent leur vengeance, en publiant leur aventure. Depuis ce temps, une d'elles est au couvent, et les deux autres languissent exilées dans leurs terres.

Voilà l'histoire de Prévan ; c'est à vous de voir si vous voulez ajouter à sa gloire, et vous atteler à son char de triomphe. Vottre lettre m'a vraiment donné de l'inquiétude, et j'attends, avec impatience, une réponse plus sage et plus claire à la dernière que je vous ai écrite.

Adieu, ma belle amie, méfiez-vous des idées plaisantes ou bizarres qui vous séduisent toujours trop facilement. Songez que dans la carrière que vous courez, l'esprit ne suffit pas, qu'une seule imprudence y devient un mal sans remède. Souffrez enfin que la prudente amitié soit quelquefois le guide de vos plaisirs.

Adieu. Je vous aime pourtant comme si vous étiez raisonnable.

De... ce 8 septembre 17**.

LXXXI

Le chevalier DANCENY à CÉCILE VOLANGES

Cécile, ma chère Cécile, quand viendra le temps de nous revoir ? qui m'apprendra à vivre loin de vous ? qui m'en donnera la force et le courage ? Jamais, non jamais, je ne pourrai supporter cette fatale absence. Chaque jour ajoute à mon malheur : et n'y point voir de terme ! Valmont qui m'avait promis des secours, des consolations, Valmont me néglige et peut-être m'oublie. Il est auprès de ce qu'il aime ; il ne sait plus ce qu'on souffre quand on en est éloigné. En me faisant passer votre dernière lettre, il ne m'a point écrit. C'est lui pourtant qui doit m'apprendre quand je pourrai vous voir, et par quel moyen ! N'a-t-il donc rien à me dire ? Vous-même, vous ne m'en parlez pas ; serait-ce que vous n'en partagez plus le désir ? Ah ! Cécile, Cécile, je suis bien malheureux. Je vous aime plus que jamais : mais cet amour, qui fait le charme de ma vie, en devient le tourment.

Non, je ne peux plus vivre ainsi ; il faut que je vous voie, il le faut, ne fût-ce qu'un moment. Quand je me lève, je me dis : je ne la verrai pas. Je me couche en disant : je ne l'ai point vue. Les journées si longues, n'ont pas un moment pour le bonheur. Tout est privation, tout est regret, tout est désespoir ; et tous ces maux me viennent d'où j'attendais tous mes plaisirs ! Ajoutez à ces peines mortelles, mon inquiétude sur les vôtres : et vous aurez une idée de ma situation. Je pense à vous sans cesse, et n'y pense jamais sans trouble. Si je vous vois affligée, malheureuse, je souffre de tous vos chagrins ; si je vous vois tranquille et consolée, ce sont les miens qui redoublent. Partout je trouve le malheur.

Ah ! qu'il n'en était pas ainsi, quand vous habitiez les mêmes lieux que moi. Tout alors était plaisir. La certitude de vous voir embellissait même les moments de l'absence ; le temps qu'il fallait passer loin de vous, m'approchait de vous en s'écoulant. L'emploi que j'en faisais, ne vous était jamais étranger. Si je remplissais des devoirs, ils me rendaient plus digne de vous : si je cultivais quelque talent, j'espérais vous plaire davantage. Lors même que les distractions du monde m'emportaient loin de vous, je n'en étais point séparé. Au spectacle, je cherchais à deviner ce qui vous aurait plu ; un concert me rappelait vos talents et nos si douces occupations. Dans le cercle comme aux promenades, je saisissais la plus légère ressemblance. Je vous comparais à tout ; partout vous aviez l'avantage. Chaque moment du jour était marqué par un hommage nouveau, et chaque soir j'en apportais le tribut à vos pieds.

A présent, que me reste-t-il ? des regrets douloureux, des privations éternelles, et un léger espoir que le silence de Valmont diminue, que le vôtre change en inquiétude. Dix lieues seulement nous séparent, et cet espace si facile à franchir devient pour moi seul un obstacle insurmontable ! et quand pour m'aider à le vaincre, j'implore mon ami, ma maîtresse, tous deux restent froids et tranquilles ! Loin de me secourir, ils ne me répondent même pas.

Qu'est donc devenue l'amitié active de Valmont ? que sont devenus, surtout, vos sentiments si tendres, et qui vous rendaient si ingénieuse pour trouver les moyens de nous voir tous les jours ? Quelquefois, je m'en souviens, sans cesser d'en avoir le désir, je me trouvais forcé de le sacrifier à des considérations, à des devoirs ; que ne me disiez-vous pas alors ? par combien de prétextes ne combattiez-vous pas mes raisons ! Et qu'il vous en souvienne, ma Cécile, toujours mes raisons cédaient à vos désirs. Je ne m'en fais point un mérite ; je n'avais pas même celui du sacrifice. Ce que vous désiriez d'obtenir, je brûlais de l'accorder. Mais enfin je demande à mon tour ; et quelle est cette demande ? de vous voir un moment, de vous renouveler et de recevoir le serment d'un amour éternel. N'est-ce donc plus votre bonheur comme le mien ? Je repousse cette idée desespérante, qui mettrait le comble à mes maux. Vous m'aimez, vous m'aimerez toujours, je le crois, j'en suis sûr, je ne veux jamais en douter : mais ma situation est affreuse, et je ne puis la soutenir plus longtemps. Adieu, Cécile.

Paris, ce 18 septembre 17**.

LXXXII

La marquise DE MERTEUIL au vicomte DE VALMONT

Que vos craintes me causent de pitié! Combien elles me prouvent ma supériorité sur vous! et vous voulez m'enseigner, me conduire? Ah! mon pauvre Valmont, quelle distance il y a encore de vous à moi! Non, tout l'orgueil de votre sexe ne suffirait pas pour remplir l'intervalle qui nous sépare. Parce que vous ne pourriez exécuter mes projets, vous les jugez impossibles! Être orgueilleux et faible, il te sied bien de vouloir calculer mes moyens et juger de mes ressources! Au vrai, Vicomte, vos conseils m'ont donné de l'humeur, et je ne puis vous le cacher.

Que pour masquer votre incroyable gaucherie auprès de votre présidente, vous m'étaliez comme un triomphe d'avoir déconcerté un moment cette femme timide et qui vous aime, j'y consens; d'en avoir obtenu un regard, un seul regard, je souris et vous le passe. Que sentant, malgré vous, le peu de valeur de votre conduite, vous espériez la dérober à mon attention, en me flattant de l'effort sublime de rapprocher deux enfants qui, tous deux, brûlent de se voir, et qui soit dit en passant, doivent à moi seule l'ardeur de ce désir; je le veux bien encore. Qu'enfin vous vous autorisiez de ces actions d'éclat, pour me dire d'un ton doctoral *qu'il vaut mieux employer son temps à exécuter ses projets qu'à les raconter;* cette vanité ne me nuit pas, et je la pardonne. Mais que vous puissiez croire que j'aie besoin de votre prudence, que je m'égarerais en ne déférant pas à vos avis, que je dois leur sacrifier un plaisir, une fantaisie : en vérité, Vicomte, c'est aussi vous trop enorgueillir de la confiance que je veux bien avoir en vous !

Et qu'avez-vous donc fait, que je n'ai surpassé mille fois ? Vous avez séduit, perdu même beaucoup de femmes : mais quelles difficultés avez-vous eu à vaincre ? quels obstacles à surmonter ? où est là le mérite qui soit véritablement à vous ? Une belle figure, pur effet du hasard ? des grâces, que l'usage donne presque toujours ; de l'esprit, à la vérité, mais auquel du jargon suppléerait au besoin ; une impudence assez louable, mais peut-être uniquement due à la facilité de vos premiers succès ; si je ne me trompe, voilà tous vos moyens : car, pour la célébrité que vous avez pu acquérir, vous n'exigerez pas, je crois, que je compte pour beaucoup l'art de faire naître ou de saisir l'occasion d'un scandale.

Quant à la prudence, à la finesse, je ne parle pas de moi : mais quelle femme n'en aurait pas plus que vous ? Eh ! votre présidente vous mène comme un enfant.

Croyez-moi, Vicomte, on acquiert rarement les qualités dont on peut se passer. Combattant sans risque, vous devez agir sans précaution. Pour vous autres hommes, les défaites ne sont que des succès de moins. Dans cette partie si inégale, notre fortune est de ne pas perdre, et votre malheur de ne pas gagner. Quand je vous accorderais autant de talents qu'à nous, de combien encore ne devrions-nous pas vous surpasser par la nécessité où nous sommes d'en faire un continuel usage !

Supposons, j'y consens, que vous mettiez autant d'adresse à nous vaincre, que nous à nous défendre ou à céder, vous conviendrez au moins qu'elle vous devient inutile après le succès. Uniquement occupé de votre nouveau goût, vous vous y livrez sans réserve : ce n'est pas à vous que sa durée importe.

En effet, ces liens réciproquement donnés et reçus, pour parler le jargon de l'amour, vous seul pouvez à votre choix, les resserrer ou les rompre : heureuse encore, si dans votre légèreté, préférant le mystère à l'éclat, vous vous contentez d'un abandon humiliant, et ne faites pas l'idole de la veille la victime du lendemain !

Mais qu'une femme infortunée sente la première le poids de sa chaîne, quels risques n'a-t-elle pas à courir, si elle tente de s'y soustraire, si elle ose seulement la soulever ? Ce n'est qu'en tremblant qu'elle essaie d'éloigner d'elle l'homme que son cœur repousse avec effort. S'obstine-t-il à rester, ce qu'elle accordait à l'amour, il faut le livrer à la crainte :

Ses bras s'ouvrent encore, quand son cœur est fermé.

Sa prudence doit dénouer avec adresse, ces mêmes liens que vous auriez rompus. A la merci de son ennemi, elle est sans ressources ; s'il est sans générosité : et comment en espérer en lui, lorsque, si quelquefois on le loue d'en avoir, jamais pourtant on ne le blâme d'en manquer ?

Sans doute, vous ne nierez pas ces vérités que leur évidence a rendues triviales. Si cependant vous m'avez vue, disposant des événements et des opinions, faire de ces hommes si redoutables le jouet de mes caprices ou de mes fantaisies, ôter aux uns la volonté, aux autres la puissance de me nuire ; si j'ai su tour-à-tour, et suivant mes goûts mobiles, attacher à ma suite ou rejeter loin de moi,

Ces tyrans détrônés devenus mes esclaves [1] ;

si, au milieu de ces révolutions fréquentes, ma réputation s'est pourtant conservée pure ; n'avez-vous pas dû en conclure que, née pour venger mon sexe et maîtriser le vôtre, j'avais su me créer des moyens inconnus jusqu'à moi.

Ah ! gardez vos conseils et vos craintes pour ces femmes à délire, et qui se disent *à sentiment ;* dont l'imagination exaltée ferait croire que la nature a placé leurs sens dans leur tête ; qui, n'ayant jamais réfléchi, confondent sans cesse l'amour et l'amant ; qui, dans leur folle illusion, croient que celui-là seul avec qui elles ont cherché le plaisir, en est l'unique dépositaire ; et vraies superstitieuses, ont pour le prêtre le respect et la foi qui ne sont dûs qu'à la Divinité.

Craignez encore pour celles qui, plus vaines que prudentes, ne savent pas au besoin consentir à se faire quitter.

Tremblez surtout pour ces femmes actives dans leur oisiveté, que vous nommez *sensibles,* et dont l'amour s'empare si facilement et avec tant de puissance ; qui sentent le besoin de s'en occuper encore, même lorsqu'elles n'en jouissent pas ; et s'abandonnant sans réserve à la fermentation de leurs idées,

---

[1] On ne sait si ce vers, ainsi que celui qui se trouve ci-devant *Ses bras s'ouvrent encore quand son cœur est fermé,* sont des citations d'ouvrages peu connus, ou s'ils font partie de la prose de madame de Merteuil. Ce qui le ferait croire, c'est la multitude de fautes de ce genre qui se trouvent dans toutes les lettres de cette correspondance. Celles du chevalier Danceny sont les seules qui en soient exemptes ; peut-être que comme il s'occupait quelquefois de poésie, son oreille plus exercée lui faisait éviter plus facilement ce défaut.

enfantent par elles ces lettres si douces, mais si dangereuses à écrire, et ne craignent pas de confier ces preuves de leur faiblesse à l'objet qui les cause : imprudentes, qui, dans leur amant actuel, ne savent pas voir leur ennemi futur.

Mais moi, qu'ai-je de commun avec ces femmes inconsidérées ? quand m'avez-vous vue m'écarter des règles que je me suis prescrites, et manquer à mes principes ? Je dis mes principes, et je le dis à dessein : car ils ne sont pas, comme ceux des autres femmes, donnés au hasard, reçus sans examen et suivis par habitude ; ils sont le fruit de mes profondes réflexions ; je les ai créés, et je puis dire que je suis mon ouvrage.

Entrée dans le monde dans le temps où, fille encore, j'étais vouée par état au silence et à l'inaction, j'ai su en profiter pour observer et réfléchir. Tandis qu'on me croyait étourdie ou distraite ; écoutant peu à la vérité les discours qu'on s'empressait à me tenir, je recueillais avec soin ceux qu'on cherchait à me cacher.

Cette utile curiosité, en servant à m'instruire m'apprit encore à dissimuler ; forcée souvent de cacher les objets de mon attention aux yeux de ceux qui m'entouraient, j'essayai de guider les miens à mon gré ; j'obtins dès lors de prendre à volonté ce regard distrait que vous avez loué si souvent. Encouragée par ce premier succès, je tâchai de régler de même les divers mouvements de ma figure. Ressentais-je quelque chagrin, je m'étudiais à prendre l'air de la sérénité, même celui de la joie ; j'ai porté le zèle jusqu'à me causer des douleurs volontaires, pour chercher pendant ce temps l'expression du plaisir. Je me suis travaillée avec le même soin et plus de peine, pour réprimer les symptômes d'une joie inattendue.

C'est ainsi que j'ai su prendre sur ma physionomie cette puissance dont je vous ai vu quelquefois si étonné.

J'étais bien jeune encore, et presque sans intérêt : mais je n'avais à moi que ma pensée, et je m'indignais qu'on pût me la ravir ou me la surprendre contre ma volonté. Munie de ses premières armes, j'en essayai l'usage : non contente de ne plus me laisser pénétrer, je m'amusais à me montrer sous des formes différentes ; sûre de mes gestes, j'observais mes discours ; je réglais les uns et les autres, suivant les circonstances, ou même seulement suivant mes fantaisies : dès ce moment, ma façon de penser fut pour moi seule, et je ne montrai plus que celle qu'il m'était utile de laisser voir.

Ce travail sur moi-même avait fixé mon attention sur l'expression des figures et le caractère des physionomies ; et j'y gagnai ce coup-d'œil pénétrant, auquel l'expérience m'a pourtant appris à ne pas me fier entièrement ; mais qui, en tout, m'a rarement trompée.

Je n'avais pas quinze ans, je possédais déjà les talents auxquels la plus grande partie de nos politiques doivent leur réputation, et je ne me trouvais encore qu'aux premiers éléments de la science que je voulais acquérir.

Vous jugez bien que, comme toutes les jeunes filles, je cherchais à deviner l'amour et ses plaisirs ; mais n'ayant jamais été au couvent, n'ayant point de bonne amie, et surveillée par une mère vigilante, je n'avais que des idées vagues et que je ne pouvais fixer ; la nature même, dont assurément je n'ai eu qu'à me louer depuis, ne me donnait encore aucun indice. On eût dit qu'elle travaillait en silence à perfectionner son ouvrage. Ma tête seule fermentait ; je ne désirais pas de jouir, je voulais savoir : le désir de m'instruire m'en suggéra les moyens.

Je sentis que le seul homme avec qui je pouvais parler sur cet objet, sans me compromettre, était mon confesseur. Aussitôt je pris mon parti ; je surmontai ma petite honte ; et me vantant d'une faute que je n'avais pas commise je m'accusai d'avoir fait *tout ce que font les femmes*. Ce fut mon expression ; mais en parlant ainsi, je ne savais, en vérité, quelle idée j'exprimais. Mon espoir ne fut ni tout-à-fait trompé, ni entièrement rempli ; la crainte de me trahir m'empêchait de m'éclairer : mais le bon père me fit le mal si grand, que j'en conclus que le plaisir devait être extrême ; et au désir de le connaître, succéda celui de le goûter.

Je ne sais où ce désir m'aurait conduite ; et alors dénuée d'expérience, peut-être une seule occasion m'eût perdue : heureusement pour moi, ma mère m'annonça peu de jours après que j'allais me marier ; sur le champ la certitude de savoir éteignit ma curiosité et j'arrivai vierge entre les bras de M. de Merteuil.

J'attendais avec sécurité le moment qui devait m'instruire, et j'eus besoin de réflexion pour montrer de l'embarras et de la crainte. Cette première nuit, dont on se fait pour l'ordinaire une idée si cruelle ou si douce, ne me présentait qu'une occasion d'expérience : douleur et plaisir, j'observai tout exactement, et ne voyais dans ces diverses sensations que des faits à recueillir et à méditer. Ce genre d'étude parvint bientôt à me plaire ; mais fidèle à mes principes et sentant, peut-être par instinct, que nul ne devait être plus loin de ma confiance que mon mari, je résolus par cela seul que j'étais sensible, de me montrer impassible à ses yeux. Cette froideur apparente fut par la suite le fondement inébranlable de son aveugle confiance ; j'y joignis, par une seconde réflexion, l'air d'étourderie qu'autorisait mon âge ; et jamais il ne me jugea plus enfant, que dans les moments où je le louais avec plus d'audace.

Cependant, je l'avouerai, je me laissai d'abord entraîner par le tourbillon du monde, et je me livrai toute entière à ses distractions futiles. Mais, au bout de quelques mois, M. de Merteuil m'ayant menée à sa triste campagne, la crainte de l'ennui fit revenir le goût de l'étude ; et ne m'y trouvant entourée que de gens dont la distance avec moi me mettait à l'abri de tout soupçon, j'en profitai pour donner un champ plus vaste à mes expériences. Ce fut là, surtout que je m'assurai que l'amour, que l'on nous vante comme la cause de nos plaisirs n'en est au plus que le prétexte.

La maladie de M. de Merteuil vint interrompre de si douces occupations ; il fallut le suivre à la ville, où il venait chercher des secours. Il mourut, comme vous savez, peu de temps après ; et quoiqu'à tout prendre, je n'eusse pas à me plaindre de lui, je n'en sentis pas moins vivement le prix de la liberté qu'allait me donner mon veuvage, et je me promis bien d'en profiter.

Ma mère comptait que j'entrerais au couvent, ou reviendrais vivre avec elle. Je refusai l'un et l'autre parti ; et tout ce que j'accordai à la décence, fut de retourner dans cette même campagne, où il me restait bien encore quelques observations à faire.

Je les fortifiai par le secours de la lecture : mais ne croyez pas qu'elle fût toute du genre que vous la supposez. J'étudiai nos mœurs dans les romans ; nos opinions dans les philosophes ; je cherchai même dans les moralistes les plus sévères ce que la morale exige de nous, et je m'assurai ainsi de ce qu'on pouvait faire, de ce qu'on devait penser, et de ce qu'il fallait paraître. Une fois fixée sur ces trois objets, le dernier seul présentait quelques difficultés dans son exécution ; j'espérai les vaincre, et j'en méditai les moyens.

Je commençais à m'ennuyer de mes plaisirs rustiques, trop peu variés pour ma tête active ; je sentais un besoin de coquetterie qui me raccommodât avec l'amour ; non pour le ressentir à la vérité, mais pour l'inspirer et le feindre. En vain m'avait-on dit, et avais-je lu qu'on ne pouvait feindre ce sentiment ; je voyais pourtant que, pour y parvenir, il suffisait de joindre à l'esprit d'un auteur le talent d'un comédien. Je m'exerçai dans les deux genres, et peut-être avec quelque succès : mais au lieu de rechercher les vains applaudissements du théâtre, je résolus d'employer à mon bonheur, ce que tant d'autres sacrifiaient à la vanité.

Un an se passe dans ses occupations différentes. Mon deuil me permettant alors de reparaître, je revins à la ville avec mes grands projets ; je ne m'attendais pas au premier obstacle que j'y rencontrai.

Cette longue solitude, cette austère retraite, avaient jeté sur moi un vernis de pruderie qui effrayait nos plus agréables ; ils se tenaient à l'écart, et me laissaient livrée à une foule d'ennuyeux, qui tous prétendaient à ma main. L'embarras n'était pas de les refuser, mais plusieurs de ces refus déplaisaient à ma famille, et je perdais dans ces tracasseries intérieures, le temps dont je m'étais promis un si charmant usage. Je fus donc obligée, pour rappeler les uns et éloigner les autres, d'afficher quelques inconséquences, et d'employer à nuire à ma réputation, le soin que je comptais mettre à la conserver. Je réussis facilement, comme vous pouvez croire. Mais n'étant emportée par aucune passion, je me fis ce que je jugeai nécessaire, et mesurai avec prudence les doses de mon étourderie.

Dès que j'eus touché le but que je voulais atteindre, je revins sur mes pas, et fis honneur de mon amendement à quelques-unes de ces femmes qui, dans l'impuissance d'avoir des prétentions à l'agrément, se rejettent sur celles du mérite et de la vertu. Ce fut un coup de partie qui me valut plus que je n'avais espéré. Ces reconnaissantes Duègnes s'établirent mes apologistes ; et leur zèle aveugle pour ce qu'elles appelaient leur ouvrage, fut porté au point qu'au moindre propos qu'on se permettait sur moi, tout le parti prude criait au scandale et à l'injure. Le même moyen me valut encore le suffrage de nos femmes à prétentions, qui, persuadées que je renonçais à courir la même carrière qu'elles, me choisirent pour l'objet de leurs éloges, toutes les fois qu'elles voulaient prouver qu'elles ne médisaient pas de tout le monde.

Cependant ma conduite précédente avait ramené les amants ; et pour me ménager entre eux et mes infidèles protectrices, je me montrai comme une femme sensible, mais difficile, à qui l'excès de sa délicatesse fournissait des armes contre l'amour.

Alors je commençai à déployer sur le grand théâtre les talents que je m'étais donnés. Mon premier soin fut d'acquérir le renom d'invincible. Pour y parvenir, les hommes qui ne me plaisaient point furent toujours les seuls dont j'eus l'air d'accepter les hommages. Je les employais utilement à me procurer les honneurs de la résistance, tandis que je me livrais sans crainte à l'amant préféré. Mais celui-là, ma feinte timidité ne lui a jamais permis de me suivre dans le monde ; et les regards du cercle ont été, ainsi, toujours fixés sur l'amant malheureux.

Vous savez combien je me décide vite : c'est pour avoir observé que ce sont presque toujours les soins antérieurs qui livrent le secret des femmes. Quoi qu'on puisse faire, le ton n'est jamais le même, avant ou après le succès. Cette différence n'échappe point à l'observateur attentif ; et j'ai trouvé moins dangereux de me tromper dans le choix, que de me laisser pénétrer. Je gagne encore par-là d'ôter les vraisemblances, sur lesquelles seules on peut nous juger.

Ces précautions, et celle de ne jamais écrire, de ne délivrer jamais aucune preuve de ma défaite, pouvaient paraître excessives, et ne m'ont jamais paru suffisantes. Descendue dans mon cœur, j'y ai étudié celui des autres. J'y ai vu qu'il n'est personne qui n'y conserve un secret qu'il lui importe qui ne soit point dévoilé : vérité que l'antiquité paraît avoir mieux connue que nous, et dont l'histoire de Samson pourrait n'être qu'un ingénieux emblème. Nouvelle Dalila, j'ai toujours, comme elle, employé ma puissance à surprendre ce secret important. Eh ! de combien de nos Samson modernes, ne tiens-je pas la chevelure sous le ciseau ! et ceux-là, j'ai cessé de les craindre ; ce sont les seuls que je me sois permis d'humilier quelquefois. Plus souple avec les autres, l'art de les rendre infidèles pour éviter de leur paraître volage, une feinte amitié, une apparente confiance, quelques procédés généreux, l'idée flatteuse, et que chacun conserve, d'avoir été mon seul amant, m'ont obtenu leur discrétion. Enfin, quand ces moyens m'ont manqué, j'ai su, prévoyant mes ruptures, étouffer d'avance, sous le ridicule ou la calomnie, la confiance que ces hommes dangereux auraient pu obtenir.

Ce que je vous dis là, vous me le voyez pratiquer sans cesse ; et vous doutez de ma prudence ! Eh bien, rappelez-vous le temps où vous me rendîtes vos premiers soins : jamais hommage ne me flatta autant ; je vous désirais avant de vous avoir vu. Séduite par votre réputation, il me semblait que vous manquiez à ma gloire ; je brûlais de vous combattre corps à corps. C'est le seul de mes goûts qui ait jamais pris un moment d'empire sur moi. Cependant, si vous eussiez voulu me perdre, quels moyens eussiez-vous trouvés ? de vains discours qui ne laissent aucune trace après eux, que votre réputation même eût aidé à rendre suspects, et une suite de faits sans vraisemblance, dont le récit sincère aurait eu l'air d'un roman mal tissu. A la vérité, je vous ai depuis livré tous mes secrets : mais vous savez quels intérêts nous unissent, et si de nous deux, c'est moi qu'on doit taxer d'imprudence.

Puisque je suis en train de vous rendre compte, je veux le faire exactement. Je vous entends d'ici me dire que je suis au moins à la merci de ma femme de chambre ; en effet, si elle n'a pas le secret de mes sentiments, elle a celui de mes actions. Quand vous m'en parlâtes jadis, je vous répondis seulement que j'étais sûre d'elle ; et la preuve que cette réponse suffit alors à votre tranquillité, c'est que vous lui avez confié depuis, et pour votre compte, des secrets assez dangereux. Mais à présent que Prévan vous donne de l'ombrage, et que la tête vous en tourne, je me doute bien que vous ne me croyez plus sur ma parole. Il faut donc vous édifier.

Premièrement, cette fille est ma sœur de lait, et ce lien qui ne nous en paraît pas un, n'est pas sans force pour les gens de cet état : de plus, j'ai son secret, et mieux encore : victime d'une folie de l'amour, elle était perdue si je ne l'eusse sauvée. Ses parents, tout hérissés d'honneur, ne voulaient pas moins que la faire enfermer. Ils s'adressèrent à moi. Je vis d'un coup d'œil, combien leur courroux pouvait m'être utile. Je le secondai, et sollicitai l'ordre, que j'obtins. Puis, passant tout à coup au parti de la clémence auquel j'amenai ses parents, et profitant de mon crédit auprès du vieux ministre, je les fis tous consentir à me laisser dépositaire de cet ordre, et maîtresse d'en arrêter ou demander l'exécution, suivant que je jugerais du mérite de la conduite future de cette fille. Elle sait donc que j'ai son sort entre les mains, et quand, par impossible, ces moyens puissants ne l'arrêteraient point, n'est-il pas évident que sa conduite dévoilée et sa punition authentique ôteraient bientôt toute créance à ses discours?

A ces précautions que j'appelle fondamentales, s'en joignent mille autres, ou locales, ou d'occasion, que la réflexion et l'habitude font trouver au besoin, dont le détail serait minutieux, mais dont la pratique est importante, et qu'il faut vous donner la peine de recueillir dans l'ensemble de ma conduite, si vous voulez parvenir à les connaître.

Mais de prétendre que je me sois donné tant de soins pour n'en pas retirer de fruits; qu'après m'être autant élevée au-dessus des autres femmes par mes travaux pénibles, je consente à ramper comme elles dans ma marche, entre l'imprudence et la timidité; que surtout je puisse redouter un homme au point de ne plus voir mon salut que dans la fuite? Non, Vicomte, jamais. Il faut vaincre ou périr. Quant à Prévan, je veux l'avoir, et je l'aurai; il veut le dire, et il ne le dira pas; en deux mots, voilà notre roman. Adieu.

De... ce 20 septembre 17**.

LXXXIII

CÉCILE VOLANGES au chevalier DANCENY

Mon dieu, que votre lettre m'a fait de peine ! J'avais bien besoin d'avoir tant d'impatience de la recevoir ! J'espérais y trouver de la consolation, et voilà que je suis plus affligée qu'avant de l'avoir reçue. J'ai bien pleuré en la lisant : ce n'est pas cela que je vous reproche ; j'ai déjà bien pleuré des fois à cause de vous, sans que ça me fasse de la peine. Mais cette fois-ci, ce n'est pas la même chose.

Qu'est-ce donc que vous voulez dire, que votre amour devient un tourment pour vous, que vous ne pouvez plus vivre ainsi, ni soutenir plus longtemps votre situation ? Est-ce que vous allez cesser de m'aimer, parce que cela n'est pas si agréable qu'autrefois ? Il me semble que je ne suis pas plus heureuse que vous, bien au contraire ; et pourtant je ne vous en aime que davantage. Si M. de Valmont ne vous a pas écrit, ce n'est pas ma faute ; je n'ai pas pu l'en prier, parce que je n'ai pas été seule avec lui, et que nous sommes convenus que nous ne nous parlerions jamais devant le monde ; et ça c'est encore pour vous, afin qu'il puisse faire plutôt ce que vous désirez. Je ne dis pas que je ne le désire pas aussi, et vous devez en être bien sûr : mais comment voulez-vous que je fasse ? Si vous croyez que c'est si facile, trouvez donc le moyen, je ne demande pas mieux.

Croyez-vous qu'il me soit bien agréable d'être grondée tous les jours par maman, elle qui auparavant ne me disait jamais rien ? bien au contraire. A présent, c'est pis que si j'étais au couvent. Je m'en consolais pourtant en songeant que c'était pour vous ; il y avait même des moments où je trouvais que j'en étais bien aise ; mais quand je vois que vous êtes fâché aussi, et ça sans qu'il y ait du tout de ma faute, je deviens plus chagrine que pour tout ce qui vient de m'arriver jusqu'ici.

Rien que pour recevoir vos lettres, c'est un embarras, que si M. de Valmont n'était pas aussi complaisant et aussi adroit qu'il l'est, je ne saurais comment faire ; et pour vous écrire, c'est plus difficile encore. De toute la matinée, je n'ose pas, parce que maman est tout près de moi, et qu'elle vient à tout moment dans ma chambre. Quelquefois je le peux l'après-midi, sous prétexte de chanter ou de jouer de la harpe ; encore faut-il que j'interrompe à chaque ligne pour qu'on entende que j'étudie. Heureusement ma femme de chambre s'endort quelquefois le soir, et je lui dis que je me coucherai bien toute seule, afin qu'elle s'en aille et me laisse de la lumière. Et puis, il faut que je me mette sous mon rideau, qu'on ne puisse pas voir de clarté, et puis que j'écoute au moindre bruit, pour pouvoir tout cacher dans mon lit, si l'on venait. Je voudrais que vous y fussiez pour voir ! Vous verriez bien qu'il faut bien aimer pour faire ça. Enfin, il est bien vrai que je fais tout ce que je peux, et que je voudrais en pouvoir faire davantage.

Assurément, je ne refuse pas de vous dire que je vous aime, et que je vous aimerai toujours ; jamais je ne l'ai dit de meilleur cœur ; et vous êtes fâché ! Vous m'aviez pourtant bien assuré, avant que je vous l'eusse dit, que cela suffisait pour vous rendre heureux. Vous ne pouvez pas le nier : c'est dans vos lettres. Quoique je ne les aie plus, je m'en souviens comme quand je les lisais tous les jours. Et parce que nous voilà absents, vous ne pensez plus de même ! Mais cette absence ne durera pas toujours, peut-être ? Mon Dieu, que je suis malheureuse ! et c'est bien vous qui en êtes cause !...

A propos de vos lettres, j'espère que vous avez gardé celles que maman m'a prises, et qu'elle vous a renvoyées ; il faudra bien qu'il vienne un temps où je ne serai plus si gênée qu'à présent, et vous me les rendrez toutes. Comme je serai heureuse, quand je pourrai les garder toujours, sans que personne ait rien à y voir ! A présent, je les remets à M. de Valmont, parce qu'il y aurait trop à risquer autrement : malgré cela, je ne lui en rends jamais, que cela ne me fasse bien de la peine.

Adieu, mon cher ami. Je vous aime de tout mon cœur. Je vous aimerai toute ma vie. J'espère qu'à présent vous n'êtes plus fâché ; et si j'en étais sûre, je ne le serais plus moi-même. Ecrivez-moi le plutôt que vous pourrez, car je sens que jusque-là je serai toujours triste.

Du château de... ce 21 septembre 17**.

LXXXIV

Le vicomte DE VALMONT à la présidente DE TOURVEL

De grâce, Madame renouons cet entretien si malheureusement rompu ! Que je puisse achever de vous prouver combien je diffère de l'odieux portrait qu'on vous avait fait de moi; que je puisse, surtout, jouir encore de cette aimable confiance que vous commenciez à me témoigner! Que de charmes vous savez prêter à la vertu! comme vous embellissez et faites chérir tous les sentiments honnêtes! Ah! c'est là votre séduction; c'est la plus forte; c'est la seule qui soit à la fois puissante et respectable.

Sans doute il suffit de vous voir, pour désirer de vous plaire; de vous entendre dans le cercle, pour que ce désir augmente. Mais celui qui a le bonheur de vous connaître davantage, qui peut quelquefois lire dans votre âme, cède bientôt à un plus noble enthousiasme, et pénétré de vénération comme d'amour, adore en vous l'image de toutes les vertus. Plus fait qu'un autre, peut-être, pour les aimer et les suivre, entraîné par quelques erreurs qui m'avaient éloigné d'elles, c'est vous qui m'en avez rapproché, qui m'en avez de nouveau fait sentir tout le charme: me ferez-vous un crime de ce nouvel amour? blâmerez-vous votre ouvrage? vous reprocheriez-vous, même l'intérêt que vous pourriez y prendre? Quel mal peut-on craindre d'un sentiment si pur, et quelles douceurs n'y aurait-il pas à le goûter.

Mon amour vous effraie, vous le trouvez violent, effréné? Tempérez-le par un amour plus doux; ne refusez pas l'empire que je vous offre, auquel je jure de ne jamais me soustraire, et qui, j'ose le croire, ne serait pas entièrement perdu pour la vertu. Quel sacrifice pourrait me paraître pénible, sûr que votre cœur m'en garderait le prix? Quel est donc l'homme assez malheureux pour ne pas savoir jouir des privations qu'il s'impose; pour ne pas préférer un mot, un regard accordés, à toutes les jouissances qu'il pourrait ravir ou surprendre! et vous avez cru que j'étais cet homme-là! et vous m'avez craint! Ah!

pourquoi votre bonheur ne dépend-il pas de moi !
comme je me vengerais de vous, en vous rendant
heureuse ! Mais ce doux empire, la stérile amitié ne
le produit pas ; il n'est dû qu'à l'amour.

Ce mot vous intimide ! et pourquoi ? un attachement plus tendre, une union plus forte, une seule
pensée, le même bonheur comme les mêmes peines,
qu'y a-t-il donc là d'étranger à votre âme ? Tel est
pourtant l'amour ! tel est au moins celui que vous
inspirez et que je ressens ! C'est lui surtout, qui,
calculant sans intérêt, sait apprécier les actions sur
leur mérite, et non sur leur valeur ; trésor inépuisa-
ble des âmes sensibles, tout devient précieux, fait
par lui ou pour lui.

Ces vérités si faciles à saisir, si douces à pratiquer,
qu'ont-elles donc d'effrayant ? Quelles craintes peut
aussi vous causer un homme sensible, à qui l'amour
ne permet plus un autre bonheur que le vôtre ? C'est
aujourd'hui l'unique vœu que je forme, je sacrifierai
tout pour le remplir, excepté le serment qui l'inspire ; et ce sentiment lui-même, consentez à le partager, et vous le réglerez à votre choix. Mais ne souf-
frons plus qu'il nous divise lorsqu'il devrait nous
réunir. Si l'amitié que vous m'avez offerte, n'est pas
un vain mot ; si comme vous me le disiez hier c'est
le sentiment le plus doux que votre âme connaisse ;
que ce soit elle qui stipule entre nous, je ne la récu-
serai point : mais juge de l'amour, qu'elle consente
à l'écouter, le refus de l'entendre deviendrait une injustice, et l'amitié n'est point injuste.

Un second entretien n'aura pas plus d'inconvé-
nients que le premier, le hasard peut encore en fournir l'occasion ; vous pourriez vous-même en indiquer
le moment. Je veux croire que j'ai tort ; n'aimerez-
vous pas mieux me ramener que me combattre, et

doutez-vous de ma docilité ? Si ce tiers importun ne fut pas venu nous interrompre, peut-être serais-je déjà entièrement revenu à votre avis : qui sait jusqu'où peut aller votre pouvoir ?

Vous dirai-je ? cette puissance invincible, à laquelle je me livre sans oser la calculer, le charme irrésistible, vous rend souveraine de mes pensées comme de mes actions, il m'arrive quelquefois de les craindre. Hélas ! cet entretien que je vous demande, peut-être est-ce à moi à le redouter ! peut-être après, enchaîné par mes promesses, me verrai-je réduit à brûler d'un amour que je sens bien qui ne pourra s'éteindre, sans oser même implorer votre secours. Ah ! Madame, de grâce, n'abusez pas de votre empire ! Mais quoi ! si vous devez en être plus heureuse, si je dois vous en paraître plus digne de vous, quelles peines ne sont pas adoucies par ces idées consolantes ! Oui, je le sens ; vous parler encore, c'est vous donner contre moi de plus fortes armes ; c'est me soumettre plus entièrement à votre volonté. Il est plus aisé de se défendre contre vos lettres ; ce sont bien vos mêmes discours, mais vous n'êtes pas là pour leur prêter des forces. Cependant le plaisir de nous entendre, m'en fait braver le danger : au moins aurai-je ce bonheur d'avoir tout fait pour vous, même contre moi ; et mes sacrifices deviendront un hommage. Trop heureux de vous prouver de mille manières, comme je le sens de mille façons, que, sans m'en excepter, vous êtes, vous serez toujours l'objet le plus cher à mon cœur.

Du château de..: ce 23 septembre 17**.

LXXXV.

Le vicomte DE VALMOMT à CÉCILE VOLANGES

Vous avez vu combien nous avons été contrariés hier. De toute la journée je n'ai pas pu vous remettre la lettre que j'avais pour vous ; j'ignore si j'y trouverai plus de facilité aujourd'hui. Je crains de vous compromettre, en y mettant plus de zèle que d'adresse ; et je ne me pardonnerais pas une imprudence qui vous deviendrait si fatale, et causerait le désespoir de mon ami, en vous rendant éternellement malheureuse. Cependant je connais les impatiences de l'amour ; je sens combien il doit être pénible dans votre situation, d'éprouver quelque retard à la seule consolation que vous puissiez goûter dans ce moment. A force de m'occuper des moyens d'écarter les obstacles, j'en ai trouvé un dont l'exécution sera aisée, si vous y mettez quelque soin.

Je crois avoir remarqué que la clef de la porte de votre chambre, qui donne sur le corridor, est toujours sur la cheminée de votre maman. Tout deviendrait facile avec cette clef vous devez bien le sentir ; mais à son défaut, je vous en procurerai une semblable, et qui la suppléera. Il me suffira, pour y parvenir, d'avoir l'autre une heure ou deux à ma disposition. Vous devez trouver aisément l'occasion de la prendre ; et pour qu'on ne s'aperçoive pas qu'elle manque, j'en joins ici une à moi, qui est assez semblable, pour qu'on n'en voie pas la différence, à moins qu'on ne l'essaie ; ce qu'on ne tentera pas. Il faudra seulement que vous ayez soin d'y mettre un ruban, bleu et passé, comme celui qui est à la vôtre.

Il faudrait tâcher d'avoir cette clef pour demain ou après-demain, à l'heure du déjeuner parce qu'il vous sera plus facile de me la donner alors, et qu'elle pourra être remise à sa place pour le soir, temps où votre maman pourrait y faire plus d'attention. Je pourrai vous la rendre au moment du dîner, si nous nous entendons bien.

Vous savez que quand on passe du salon à la salle à manger, c'est toujours Mme de Rosemonde qui marche la dernière. Je lui donnerai la main. Vous n'aurez qu'à quitter votre métier de tapisserie lentement, ou bien laisser tomber quelque chose, de façon à rester en arrière : vous saurez bien alors prendre la clef, que j'aurai soin de tenir derrière moi. Il ne faudra pas négliger, aussitôt après l'avoir prise, de rejoindre ma vieille tante, et de lui faire quelques caresses. Si par hasard vous laissiez tomber cette clef, n'allez pas vous déconcerter ; je feindrai que c'est moi, et je vous réponds de tout.

Le peu de confiance que vous témoigne votre maman, et ses procédés si durs envers vous, autorisent de reste cette petite supercherie. C'est au surplus le seul moyen de continuer à recevoir les lettres de Danceny, et à lui faire passer les vôtres ; tout autre est réellement trop dangereux, et pourrait vous perdre tous deux sans ressource : aussi ma prudente amitié se reprocherait-elle de les employer davantage.

Une fois maître de la clef, il nous restera quelques précautions à prendre contre le bruit de la porte et de la serrure : mais elles sont bien faciles. Vous trouverez, sous la même armoire où j'avais mis votre papier, de l'huile et une plume. Vous allez quelquefois chez vous à des heures où vous y êtes seule ; il faut en profiter pour huiler la serrure et les gonds. La seule attention à avoir, est de prendre garde aux tâches qui déposeraient contre vous. Il faudra aussi attendre que la nuit soit venue, parce que, si cela se fait avec l'intelligence dont vous êtes capable, il n'y paraîtra plus le lendemain matin.

Si pourtant on s'en aperçoit n'hésitez pas à dire que c'est le frotteur du château. Il faudrait, dans ce cas, spécifier le temps, même les discours qu'il vous aura tenus : comme, par exemple, qu'il prend ce soin contre la rouille par toutes les serrures dont on ne fait pas usage. Car vous sentez qu'il ne serait pas vraisemblable que vous eussiez été témoin de ce tracas sans en demander la cause. Ce sont ces petits détails qui donnent la vraisemblance, et la vraisemblance rend les mensonges sans conséquence, en ôtant le désir de les vérifier.

Après que vous aurez lu cette lettre, je vous prie de la relire, et même de vous en occuper d'abord, c'est qu'il faut bien savoir ce qu'on veut bien faire ; ensuite pour vous assurer que je n'ai rien omis. Peu accoutumé à employer la finesse pour mon compte, je n'en ai pas grand usage ; il n'a pas même fallu moins que ma vive amitié pour Danceny, et l'intérêt que vous inspirez, pour me déterminer à me servir de ces moyens, quelqu'innocents qu'ils soient. Je hais tout ce qui a l'air de la tromperie ; c'est là mon caractère. Mais vos malheurs m'ont touché au point que je tenterai tout pour les adoucir.

Vous pensez bien que cette communication une fois établie entre nous, il me sera bien plus facile de vous procurer, avec Danceny, l'entretien qu'il désire. Cependant ne lui parlez pas encore de tout ceci ;

vous ne feriez qu'augmenter son impatience, et le moment de la satisfaire n'est pas encore tout à fait venu. Vous lui devez, je crois, de la calmer plutôt que de l'aigrir. Je m'en rapporte là-dessus à votre délicatesse. Aimez, ma belle pupille : car vous êtes ma pupille. Aimez un peu votre tuteur, et surtout ayez avec lui de la docilité ; vous vous en trouverez bien. Je m'occupe de votre bonheur, et soyez sûre que j'y trouverai le mien.

De... ce 24 septembre 17**.

LXXXVI

La marquise DE MERTEUIL au vicomte DE VALMONT

Enfin vous serez tranquille et surtout vous me rendrez justice. Ecoutez, et ne me confondez plus avec les autres femmes. J'ai mis à fin mon aventure avec Prévan ; *à fin !* entendez-vous bien ce que cela veut dire ? A présent vous allez juger qui de lui ou de moi pourra se vanter. Le récit ne sera pas si plaisant que l'action : aussi ne serait-il pas juste que, tandis que vous n'avez fait que raisonner bien ou mal sur cette affaire, il vous en revînt autant de plaisir qu'à moi, qui y donnais mon temps et ma peine.

Cependant, si vous avez quelque grand coup à faire, si vous devez tenter quelque entreprise où ce rival dangereux vous paraisse à craindre, arrivez. Il vous laisse le champ libre au moins pour quelque temps ; peut-être même ne se relèvera-t-il jamais du coup que je lui ai porté.

Que vous êtes heureux de m'avoir pour amie ! Je suis pour vous une fée bienfaisante. Vous languissez loin de la beauté qui vous engage ; je dis un mot, et vous vous retrouvez auprès d'elle. Vous voulez vous venger d'une femme qui vous nuit ; je vous marque l'endroit où vous devez frapper, et la livre à votre discrétion. Enfin, pour écarter de la lice un concurrent redoutable c'est encore moi que vous invoquez, et je vous exauce. En vérité, si vous ne passez pas votre vie à me remercier, c'est que vous êtes un ingrat. Je reviens à mon aventure, et la reprends d'origine.

Le rendez-vous, donné si haut, à la sortie de l'Opéra[1], fut entendu comme je l'avais espéré. Prévan s'y rendit ; et quand la Maréchale lui dit obligeamment qu'elle se félicitait de le voir deux fois de suite à ses jours, il eut soin de répondre que depuis mardi soir il avait défait mille arrangements, pour pouvoir ainsi disposer de cette soirée. *A bon entendeur, salut !* Comme je voulais pourtant savoir, avec plus de certitude, si j'étais ou non le véritable objet de cet empressement flatteur, je voulus forcer le soupirant nouveau de choisir entre moi et son goût dominant. Je déclarai que je ne jouerais point : en effet, il trouva, de son côté, mille prétextes pour ne pas jouer ; e mon premier triomphe fut sur le lansquenet.

Je m'emparai de l'évêque de... pour ma conversation ; je le choisis à cause de sa liaison avec le héros du jour, à qui je voulais donner toute facilité de m'aborder. J'étais bien aise aussi d'avoir un témoin respectable, qui pût au besoin déposer de ma conduite et de mes discours. Cet arrangement réussit.

Après les propos vagues et d'usage, Prévan s'étant

[1] Voyez la lettre LXXIV.

bientôt rendu maître de la conversation, prit tour à tour différents tons, pour essayer celui qui pourrait me plaire. Je refusai celui du sentiment, comme n'y croyant pas ; j'arrêtai par mon sérieux, sa gaieté qui me parut trop légère pour un début ; il se rabattit sur la délicate amitié ; et ce fut sous ce drapeau banal, que nous commençâmes notre attaque réciproque.

Au moment du souper, l'évêque ne descendait pas ; Prévan me donna donc la main, et se trouva naturellement placé à table à côté de moi. Il faut être juste ; il soutint avec beaucoup d'adresse notre conversation particulière, en ne paraissant s'occuper que de la conversation générale dont il eut l'air de faire tous les frais. Au dessert, on parla d'une pièce nouvelle qu'on devait donner le lundi suivant aux Français. Je témoignai quelques regrets de n'avoir pas ma loge ; il m'offrit la sienne que je refusai d'abord, comme cela se pratique : à quoi il répondit assez plaisamment, que je ne l'entendais pas ; qu'à coup sûr il ne ferait pas le sacrifice de sa loge à quelqu'un qu'il ne connaissait pas, mais qu'il m'avertissait seulement que Mme la Maréchale en disposerait. Elle se prêta à cette plaisanterie, et j'acceptai.

Remonté au salon, il demanda, comme vous pouvez croire, une place dans cette loge ; et comme la Maréchale, qui le traite avec beaucoup de bonté, la lui promit *s'il était sage*, il en prit l'occasion d'une de ces conversations à double entente, pour lesquelles vous m'avez vanté son talent. En effet, s'étant mis à ses genoux, comme un enfant soumis, disait-il, sous prétexte de lui demander ses avis et d'implorer sa raison, il dit beaucoup de choses flatteuses et assez tendres, dont il m'était facile de me faire l'application. Plusieurs personnes ne s'étant pas remises au jeu l'après-souper, la conversation fut plus générale et moins intéressante : mais nos yeux parlèrent beaucoup. Je dis nos yeux : je devrais dire les siens ; car les miens n'eurent qu'un langage, celui de la surprise. Il dut penser que je m'étonnais et m'occupais successivement de l'effet prodigieux qu'il faisait sur moi. Je crois que je le laissai fort satisfait ; je n'étais pas moins contente.

Le lundi suivant, je fus aux Français, comme nous en étions convenus. Malgré votre curiosité littéraire, je ne puis vous rien dire du spectacle, sinon que Prévan a un talent merveilleux pour la cajolerie, et que la pièce est tombée : voilà tout ce que j'y ai appris. Je voyais avec peine finir cette soirée, qui réellement me plaisait beaucoup ; et pour la prolonger, j'offris à la Maréchale de venir souper chez moi : ce qui me fournit le prétexte de le proposer à l'aimable cajoleur, qui ne me demanda que le temps de courir, pour se dégager, jusque chez les comtesses de P***[1]. Ce nom me rendit toute ma colère ; je vis clairement qu'il allait commencer les confidences : je me rappelai vos sages conseils et me promis bien... de poursuivre l'aventure ; sûre que je le guérirais de cette dangereuse indiscrétion.

Étranger dans ma société, qui ce soir-là était peu nombreuse, il me devait les soins d'usage ; aussi, quand on alla souper, m'offrit-il la main. J'eus la malice, en l'acceptant, de mettre dans la mienne un léger frémissement, et d'avoir, pendant ma marche, les yeux baissés et la respiration haute. J'avais l'air de pressentir ma défaite, et de redouter mon vainqueur. Il le remarqua à merveille : aussi le traître changea-t-il de ton et de maintien. Il était galant,

[1] Voyez la Lettre LXX.

il devint tendre. Ce n'est pas que les propos ne fussent à peu près les mêmes, la circonstance y forçait : mais son regard, devenu moins vif, était plus caressant ; l'inflexion de sa voix plus douce : son sourire n'était plus celui de la finesse, mais du contentement. Enfin dans ses discours, éteignant peu à peu le feu de la saillie, l'esprit fit place à la délicatesse. Je vous le demande, qu'eussiez-vous fait de mieux ?

De mon côté, je devins rêveuse, à tel point qu'on fut forcé de s'en apercevoir : et quand on m'en fit le reproche, j'eus l'adresse de m'en défendre maladroitement, et de jeter sur Prévan un coup d'œil prompt, mais timide et déconcerté, et propre à lui faire croire que toute ma crainte était qu'il ne devinât la cause de mon trouble.

Après souper, je profitai du temps où la bonne Maréchale contait une de ces histoires qu'elle conte toujours, pour me placer sur mon ottomane, dans cet abandon que donne une tendre rêverie. Je n'étais pas fâchée que Prévan me vît ainsi ; il m'honora, en effet, d'une attention toute particulière. Vous jugez bien que mes timides regards n'osaient chercher les yeux de mon vainqueur : mais dirigés vers lui d'une manière plus humble, ils m'apprirent bientôt que j'obtenais l'effet que je voulais produire. Il fallait encore lui persuader que je le partageais : aussi, quand la Maréchale annonça qu'elle allait se retirer, je m'écriai d'une voix molle et tendre : Ah Dieu ! j'étais si bien là ! Je me levai pourtant : mais avant de me séparer d'elle, je lui demandai ses projets, pour avoir un prétexte de dire les miens, et de faire savoir que je resterais chez moi le surlendemain. Là-dessus tout le monde se sépara.

Alors je me mis à réfléchir. Je ne doutais pas que Prévan ne profitât de l'espèce de rendez-vous que je venais de lui donner ; qu'il ne vînt d'assez bonne heure pour me trouver seule, et que l'attaque ne fût vive : mais j'étais bien sûre aussi, d'après ma réputation, qu'il ne me traiterait pas avec cette légèreté que, pour peu qu'on ait d'usage, on n'emploie qu'avec les femmes à aventures, ou celles qui n'ont aucune expérience ; et je voyais mon succès certain s'il prononçait le mot d'amour, s'il avait la prétention, surtout de l'obtenir de moi.

Qu'il est commode d'avoir affaire à vous autres *gens à principes !* quelquefois un brouillon d'amoureux vous déconcerte par sa timidité, ou vous embarrasse par ses fougueux transports ; c'est une fièvre qui, comme l'autre, a ses frissons et son ardeur, et quelquefois varie dans ses symptômes. Mais votre marche réglée se devine si facilement !

L'arrivée, le maintien, le ton, le discours, je savais tout dès la veille.

Je ne vous rendrai donc pas notre conversation que vous suppléerez aisément. Observez seulement que, dans ma feinte défense, je l'aidais de tout mon pouvoir: embarras, pour lui donner le temps de parler ; mauvaises raisons, pour être combattues ; crainte et méfiance, pour ramener les protestations ; et ce refrain perpétuel de sa part, *je ne vous demande qu'un mot;* et ce silence de la mienne, qui semble ne le laisser attendre que pour faire désirer davantage ; au travers de tout cela, une main cent fois prise, qui se retire toujours et ne se refuse jamais. On passerait ainsi tout un jour ; nous y passâmes une mortelle heure : nous y serions peut-être encore, si nous n'avions entendu entrer un carrosse dans ma cour. Cet heureux contre-temps rendit, comme de raison, ses instances plus vives ; et moi, voyant le moment arrivé, où j'étais à l'abri de toute surprise, après m'être préparée par un long soupir, j'accordai le mot précieux. On annonça, et peu de temps après, j'eus un cercle assez nombreux.

Prévan me demanda de venir le lendemain matin, et j'y consentis : mais, soigneuse de me défendre, j'ordonnai à ma femme de chambre de rester tout le temps de cette visite dans ma chambre à coucher, d'où vous savez qu'on voit tout ce qui se passe dans mon cabinet de toilette, et ce fut là que je le reçus. Libres dans notre conversation, et ayant tous deux le même désir, nous fûmes bientôt d'accord : mais il fallait se défaire de ce spectateur importun ; c'était où je l'attendais.

Alors, lui faisant à mon gré le tableau de ma vie intérieure, je lui persuadai aisément que nous ne trouverions jamais un moment de liberté ; et qu'il fallait regarder comme une espèce de miracle, celle dont nous avions joui hier, qui même laisserait encore des dangers trop grands pour m'y exposer, puisqu'à tout moment on pouvait entrer dans mon salon. Je ne manquai pas d'ajouter que tous ces usages s'étaient établis, parce que, jusqu'à ce jour, ils ne m'avaient jamais contrariée ; et j'insistai en même temps sur l'impossibilité de les changer, sans me compromettre aux yeux de mes gens. Il essaya de s'attrister, de prendre de l'humeur, de me dire que j'avais peu d'amour ; et vous devinez combien tout cela me touchait ! Mais voulant frapper le coup décisif ; j'appelai les larmes à mon secours. Ce fut exactement le *Zaïre, vous pleurez*. Cet empire qu'il se crut sur moi, et l'espoir qu'il en conçut de me perdre à son gré, lui tinrent lieu de tout l'amour d'Orosmane.

Ce coup de théâtre passé, nous revînmes aux arrangements. Au défaut du jour, nous nous occupâmes de la nuit : mais mon Suisse devenait un obstacle insurmontable, et je ne permettais pas qu'on essayât de le gagner. Il me proposa la petite porte de mon jardin ; mais je l'avais prévu et j'y créai un chien, qui, tranquille et silencieux le jour, était un vrai démon la nuit. La facilité avec laquelle j'entrai dans tous ces détails était bien propre à l'enhardir ; aussi vint-il à me proposer l'expédient le plus ridicule, et ce fut celui que j'acceptai.

D'abord, son domestique était sûr comme lui-même : en cela il ne trompait guère, l'un l'était bien autant que l'autre. J'aurais un grand souper chez moi : il y serait, il prendrait son temps pour sortir seul. L'adroit confident appellerait la voiture, ouvrirait la portière ; et lui Prévan, au lieu de monter s'esquiverait adroitement. Son cocher ne pouvait s'en apercevoir en aucune façon : ainsi sorti pour tout le monde, et cependant resté chez moi, il s'agissait de savoir s'il pourrait parvenir à mon appartement. J'avoue que d'abord mon embarras fut de trouver, contre ce projet, d'assez mauvaises raisons pour qu'il pût avoir l'air de les détruire ; il y répondit par des exemples. A l'entendre, rien n'était plus ordinaire que ce moyen ; lui-même s'en était beaucoup servi ; c'était même celui dont il faisait le plus d'usage, comme le moins dangereux.

Subjuguée par ces autorités irrécusables, je convins, avec candeur, que j'avais bien un escalier dérobé qui conduisait très près de mon boudoir ; que je pouvais y laisser la clef, et qu'il lui serait possible de s'y enfermer, et d'attendre, sans beaucoup de risques, que mes femmes fussent retirées ; et puis, pour donner plus de vraisemblance à mon consentement, le moment d'après je ne voulais plus, je ne revenais à consentir qu'à condition d'une soumission parfaite, d'une sagesse........ Ah! quelle sagesse! Enfin je voulais bien lui prouver mon amour, mais non pas satisfaire le sien.

La sortie dont j'oubliais de vous parler, devait se faire par la petite porte du jardin : il ne s'agissait que d'attendre le point du jour : le cerbère ne dirait plus mot. Pas une âme ne passe à cette heure-là, et les gens sont dans le plus fort du sommeil. Si vous vous étonnez de ce tas de mauvais raisonnements, c'est que vous oubliez notre situation réciproque. Qu'aviez-vous besoin d'en faire de meilleurs? Il ne demandait pas mieux que tout cela se sût, et moi, j'étais bien sûre qu'on ne le saurait pas. Le jour fut fixé au surlendemain.

Remarquez que voilà une affaire arrangée, et que personne n'a encore vu Prévan dans ma société. Je le rencontre à souper chez une de mes amies : il lui offre sa loge pour une pièce nouvelle, et j'y accepte une place. J'invite cette femme à souper, pendant le spectacle et devant Prévan ; je ne puis presque pas me dispenser de lui proposer d'en être. Il accepte et me fait, deux jours après, une visite que l'usage exige. Il vient, à la vérité, me voir le lendemain matin : mais outre que les visites du matin ne manquent plus, il ne tient qu'à moi de trouver celle-ci trop leste ; et je le remets en effet dans la classe des gens moins liés avec moi, par une invitation écrite, pour un souper de cérémonie. Je puis bien dire comme Annette : *Mais voilà tout pourtant !*

Le jour fatal arrivé, ce jour où je devais perdre ma vertu et ma réputation, je donnai mes instructions à ma fidèle Victoire, et elle les exécuta comme vous le verrez bientôt.

Cependant le soir vint. J'avais déjà beaucoup de monde chez moi, quand on y annonça Prévan. Je le reçus avec une politesse marquée, qui constatait mon peu de liaison avec lui ; et je le mis à la partie de la Maréchale, comme étant celle par qui j'avais fait cette connaissance. La soirée ne produisit rien qu'un très petit billet, que le discret amoureux trouva moyen de me remettre, et que j'ai brûlé suivant ma coutume. Il m'y annonçait que je pouvais compter sur lui ; et ce mot essentiel était entouré de tous les mots parasites, d'amour de bonheur, etc., qui ne manquent jamais de se trouver à pareille fête.

A minuit, les parties étant finies, je proposai une courte macédoine. J'avais le double projet de favoriser l'évasion de Prévan, et en même temps de la faire remarquer ; ce qui ne pouvait pas manquer d'arriver, vu sa réputation de jouer. J'étais bien aise aussi qu'on pût se rappeler au besoin que je n'avais pas été pressée de rester seule.

Le jeu dura plus que je n'avais pensé. Le diable me tentait, et je succombai au désir d'aller consoler l'impatient prisonnier. Je m'acheminais ainsi à ma porte, quand je réfléchis qu'une fois rendue tout à fait, je n'aurais plus, sur lui, l'empire de le tenir dans le costume de décence nécessaire à mes projets. J'eus la force de résister. Je rebroussai chemin, et revins, non sans humeur, reprendre place à ce jeu éternel. Il finit pourtant, et chacun s'en alla. Pour moi, je sonnai mes femmes, je me déshabillai fort vite, et les renvoyai de même.

Me voyez-vous, Vicomte, dans ma toilette légère ; marchant d'un pas timide et circonspect, et d'une main mal assurée ouvrir la porte à mon vainqueur ? Il m'aperçut, l'éclair n'est pas plus prompt. Que vous dirai-je ? je fus vaincue, tout à fait avant d'avoir pu dire un mot pour l'arrêter ou me défendre. Il voulut ensuite prendre une situation plus commode et plus convenable aux circonstances. Il maudissait sa parure, qui, disait-il, l'éloignait de moi ; il voulait me combattre à armes égales : mais mon extrême timidité s'opposa à ce projet, et mes tendres caresses ne lui en laissèrent pas le temps. Il s'occupa d'autre chose.

Ses droits étaient doublés, et ses prétentions revinrent : mais alors : « Ecoutez-moi, lui dis-je ; vous aurez jusqu'ici un assez agréable récit à faire aux deux comtesses de P***, et à mille autres : mais je suis curieuse de savoir comment vous raconterez la fin de l'aventure, » en parlant ainsi, je sonnais de toutes mes forces. Pour le coup, j'eus mon tour, et mon action fut plus vive que sa parole. Il n'avait encore que balbutié, quand j'entendis Victoire accourir, et appeler *les gens* qu'elle avait gardés chez elle, comme je lui avais ordonné. Là, prenant mon ton de reine, et élevant la voix : « Sortez, Monsieur, continuai-je, et ne paraissez jamais devant moi. » Là-dessus, la foule de mes gens entra.

Le pauvre Prévan perdit la tête, et croyant voir un guet-apens dans ce qui n'était au fond qu'une plaisanterie, il se jeta sur son épée. Mal lui en prit : car mon valet de chambre, brave et vigoureux, le saisit au corps et le terrassa. J'eus, je l'avoue, une frayeur mortelle. Je criai qu'on arrêtât, ordonnai qu'on laissât sa retraite libre, en s'assurant seulement qu'il sortît de chez moi. Mes gens m'obéirent : mais la rumeur était grande parmi eux ; ils s'indignaient qu'on eût osé manquer *à leur vertueuse maîtresse*. Tous accompagnèrent le malheureux Chevalier, avec bruit et scandale, comme je le souhaitais. La seule Victoire resta et nous nous occupâmes pendant ce temps à réparer le désordre de mon lit.

Mes gens remontèrent toujours en tumulte ; et

moi, *encore toute émue*, je leur demandai par quel bonheur ils s'étaient encore trouvés levés ; et Victoire me raconta qu'elle avait donné à souper à deux de ses amies, qu'on avait veillé chez elle, et enfin tout ce dont nous étions convenues ensemble. Je les remerciai tous, et les fis retirer, en ordonnant pourtant à l'un d'eux d'aller sur le champ chercher mon médecin. Il me parut que j'étais autorisée à craindre l'effet de *mon saisissement mortel*, et c'est un moyen sûr de donner du cours et de la célébrité à cette nouvelle.

Il vint en effet, me plaignit beaucoup, et ne m'ordonna que du repos. Moi, j'ordonnai de plus à Victoire, d'aller le matin de bonne heure bavarder dans le voisinage.

Tout a si bien réussi, qu'avant midi, et aussitôt qu'il a été jour chez moi, ma dévote voisine était déjà au chevet de mon lit, pour savoir la vérité et les détails de cette horrible aventure. J'ai été obligée de me désoler avec elle, pendant une heure, sur la corruption du siècle. Un moment après, j'ai reçu de la Maréchale le billet que je joins ici. Enfin avant cinq heures, j'ai vu arriver, à mon grand étonnement, M... [1]. Il venait, m'a-t-il dit, me faire ses excuses, de ce qu'un officier de son corps avait pu me manquer à ce point. Il ne l'avait appris qu'à dîner chez la Maréchale, et avait sur le champ envoyé ordre à Prévan de se rendre en prison. J'ai demandé grâce, et il me l'a refusée. Alors j'ai pensé que, comme complice, il fallait m'exécuter de mon côté, et garder au moins de rigides arrêts. J'ai fait fermer ma porte, et dire que j'étais incommodée.

C'est à ma solitude que vous devez cette longue

[1] Le commandant du corps dans lequel M. de Prévan servait.

lettre. J'en écrirai une à Mme de Volanges, dont sûrement elle fera lecture publique, et où vous verrez cette histoire telle qu'il faut la raconter.

J'oubliais de vous dire que Belleroche est outré, et veut absolument se battre avec Prévan. Le pauvre garçon ! heureusement j'aurai le temps de calmer sa tête. En attendant, je vais reposer la mienne, qui est fatiguée d'écrire. Adieu, Vicomte.

Du château de... ce 25 septembre 17, au soir.

LXXVII

La maréchale de... à la marquise DE MERTEUIL.

(Billet inclus dans la précédente.)

Mon Dieu ! qu'est-ce donc que j'apprends, ma chère Madame ? est-il possible que ce petit Prévan fasse de pareilles abominations ? et encore vis-à-vis de vous ! A quoi on est exposé ! on ne sera donc plus en sûreté chez soi ! En vérité, ces événements-là consolent d'être vieille. Mais de quoi je ne me consolerai jamais, c'est d'avoir été en partie cause de ce que vous avez reçu un pareil monstre chez vous. Je vous promets bien que si ce qu'on m'en a dit est vrai, il ne remettra plus les pieds chez moi ; c'est le parti que tous les honnêtes gens prendront avec lui, s'ils font ce qu'ils doivent.

On m'a dit que vous vous étiez trouvée bien mal, et je suis inquiète de votre santé. Donnez-moi, je vous prie, de vos chères nouvelles ; ou faites-m'en donner par une de vos femmes, si vous ne le pouvez pas vous-même. Je ne vous demande qu'un mot pour me tranquilliser. Je serais accourue chez vous ce matin, sans mes bains que mon docteur ne me permet pas d'interrompre ; et il faut que j'aille cet après-midi à Versailles, toujours pour l'affaire de mon neveu.

Adieu, ma chère Madame ; comptez pour la vie sur ma sincère amitié.

Paris ce 25 septembre 17**.

LXXXVIII

La marquise DE MERTEUIL à madame DE VOLANGES

Je vous écris de mon lit, ma chère bonne amie. L'évènement le plus désagréable, et le plus impossible à prévoir, m'a rendue malade de saisissement et de chagrin. Ce n'est pas qu'assurément j'aie rien à me reprocher : mais il est toujours si pénible pour une femme honnête et qui conserve la modestie convenable à son sexe, de fixer sur elle l'attention publique, que je donnerais tout au monde pour avoir pu éviter cette malheureuse aventure, et que je ne sais encore si je ne prendrai pas le parti d'aller à la campagne attendre qu'elle soit oubliée. Voici ce dont il s'agit.

J'ai rencontré chez la maréchale de... un M. de Prévan que vous connaissez sûrement de nom, et que je ne connaissais pas autrement. Mais en le trouvant dans cette maison, j'étais bien autorisée, ce me semble, à le croire de bonne compagnie. Il est assez bien fait de sa personne, et m'a paru ne pas manquer d'esprit. Le hasard et l'ennui du jeu me laissèrent seule de femme entre lui et l'évêque de... tandis que tout le monde était occupé au lansquenet. Nous causâmes tous trois jusqu'au moment du souper. A table, une nouveauté dont on parla lui donna occasion d'offrir sa loge à la Maréchale, qui l'accepta ; et il fut convenu que j'y aurais une place. C'était pour lundi dernier, aux Français. Comme la Maréchale venait souper chez moi au sortir du spectacle, je proposai à ce Monsieur de l'y accompagner, et il y vint. Le surlendemain il me fit une visite qui se passa en propos d'usage, et sans qu'il y eût du tout rien de marqué. Le lendemain il vint me voir le matin, ce qui me parut bien un peu leste : mais je crus qu'au lieu de le lui faire sentir par ma façon de le recevoir, il valait mieux l'avertir par une politesse, que nous n'étions pas encore aussi intimement liés qu'il paraissait le croire. Pour cela je lui envoyais le jour même une invitation bien sèche et bien cérémonieuse, pour un souper que je donnais avant-hier. Je ne lui adressai pas la parole quatre fois dans toute la soirée : et lui de son côté, se retira aussitôt sa partie finie. Vous conviendrez que jusque-là rien n'a moins l'air de conduire à une aventure : on fit après les parties, une macédoine qui nous mena jusqu'à près de deux heures ; et enfin je me mis au lit.

Il y avait au moins une mortelle demi-heure que mes femmes étaient retirées, quand j'entendis du bruit dans mon appartement. J'ouvris mon rideau avec beaucoup de frayeur, et vis un homme entrer par la porte qui conduit à mon boudoir. Je jetai un cri perçant ; et je reconnus, à la clarté de ma veilleuse, ce M. de Prévan, qui, avec une effronterie inconcevable, me dit de ne pas m'alarmer ; qu'il allait m'éclaircir le mystère de sa conduite, et qu'il me suppliait de ne faire aucun bruit. En parlant ainsi, il allumait une bougie ; j'étais saisie au point que je ne pouvais parler. Son air aisé et tranquille me pétrifiait, je crois, encore davantage. Mais il n'eut pas dit deux mots, que je vis quel était ce prétendu mystère ; et ma seule réponse fut, comme vous pouvez croire, de me prendre à ma sonnette.

Par un bonheur incroyable, tous les gens de l'office avaient veillé chez une de mes femmes, et n'étaient pas encore couchés. Ma femme de chambre, qui, en venant chez moi, m'entendit parler avec beaucoup de chaleur, fut effrayée, et appela tout ce monde-là. Vous jugez quel scandale ! Mes gens étaient furieux ; je vis le moment où mon valet de chambre tuait Prévan. J'avoue que, pour l'instant, je fus fort aisé de me voir en force : en y réfléchissant aujourd'hui, j'aimerais mieux qu'il ne fût venu que ma femme de chambre ; elle aurait suffi, et j'aurais peut-être évité cet éclat qui m'afflige.

Au lieu de cela, le tumulte a réveillé les voisins, les gens ont parlé, et c'est depuis hier la nouvelle de tout Paris. M. de Prévan est en prison par ordre du commandant de son corps, qui a eu l'honnêteté de passer chez moi, pour me faire des excuses, m'a-t-il dit. Cette prison va encore augmenter le bruit : mais je n'ai jamais pu obtenir que cela fût autrement. La ville et la cour se sont fait écrire à ma porte, que j'ai fermée à tout le monde. Le peu de personnes que j'ai vues, m'a dit qu'on me rendrait justice, et que l'indignation publique était au comble contre M. de Prévan : assurément, il le mérite bien, mais cela n'ôte pas le désagrément de cette aventure.

De plus, cet homme a sûrement quelques amis, et ses amis doivent être méchants : qui sait, qui peut savoir ce qu'ils inventeront pour me nuire? Mon Dieu, qu'une jeune femme est malheureuse! elle n'a rien fait encore, quand elle s'est mise à l'abri de la médisance ; il faut qu'elle en impose même à la calomnie.

Mandez-moi, je vous prie, ce que vous auriez fait, ce que vous feriez à ma place ; enfin, tout ce que vous pensez. C'est toujours de vous que j'ai reçu les consolations les plus douces et les avis les plus sages ; c'est de vous aussi que j'aime le mieux à en recevoir.

Adieu, ma chère et bonne amie, vous connaissez les sentiments qui m'attachent à vous pour jamais. J'embrasse votre aimable fille.

Paris, ce 26 septembre 17**.

LXXXIX

CÉCILE VOLANGES au vicomte DE VALMONT

Malgré tout le plaisir que j'ai, Monsieur, à recevoir les lettres de M. le chevalier Danceny, et quoique je ne désire pas moins que lui que nous puissions nous voir encore, sans qu'on puisse nous en empêcher, je n'ai pas osé cependant faire ce que vous me proposez. Premièrement, c'est trop dangereux : cette clef que vous voulez que je mette à la place de l'autre, lui ressemble bien assez à la vérité ; mais pourtant, il ne laisse pas d'y avoir encore de la différence, et maman regarde à tout et s'aperçoit de tout. De plus, quoi qu'on ne s'en soit pas encore servi depuis que nous sommes ici, il ne faut qu'un malheur ; et si on s'en apercevait, je serais perdue pour toujours. Et puis, il me semble aussi que ce serait bien mal ; faire comme cela une double clef, c'est bien fort ! Il est vrai que c'est vous qui auriez la bonté de vous en charger : mais, malgré cela, si on le savait je n'en porterais pas moins le blâme et la faute, puisque ce serait pour moi que vous l'auriez faite. Enfin, j'ai voulu essayer deux fois de la prendre : certainement cela serait bien facile, si c'était toute autre chose ; mais je ne sais pas pourquoi je me suis toujours mise à trembler, et n'en ai jamais eu le courage. Je crois donc qu'il vaut mieux rester comme nous sommes.

Si vous avez toujours la bonté d'être aussi complaisant que jusqu'ici, vous trouverez toujours bien le moyen de me remettre une lettre. Même pour la dernière, sans le malheur qui a voulu que vous vous retourniez tout de suite dans un certain moment, nous aurions eu bien aisé. Je sens bien que vous ne pouvez pas, comme moi, ne songer qu'à ça ; mais j'aime mieux avoir plus de patience et ne pas tant risquer. Je suis sure que M. Danceny dirait comme moi : car toutes les fois qu'il voulait quelque chose qui me faisait trop de peine, il consentait toujours que cela ne fût pas.

Je vous remettrai, Monsieur, en même temps que cette lettre, la vôtre, celle de Danceny, et votre clef. Je n'en suis pas moins reconnaissante de toutes vos bontés ; je vous prie bien de me les continuer. Il est bien vrai que je suis bien malheureuse, et que sans vous je le serais encore bien davantage : mais après tout, c'est ma mère ; il faut bien prendre patience. Et pourvu que M. Danceny m'aime toujours, et que vous ne m'abandonniez pas, il viendra peut-être un temps plus heureux.

J'ai l'honneur d'être, Monsieur, avec bien de la reconnaissance, votre très humble et très obéissante servante.

De... ce 26 septembre 17**.

ÉPITRE DÉDICATOIRE

A

JEAN CAMARD

—

Vous aimez, Monsieur, les exercices ; ceux que nous vous offrons pourront ne pas déplaire à votre goût.

C'est surtout au galant homme que nous en faisons hommage.

Il n'appartient qu'à vous, Monsieur, d'avoir dans le cours de votre vie rendu trois femmes heureuses. La dernière vous chérit comme si vous étiez de son âge. Après six ans de mariage, elle est encore à s'apercevoir que vous en avez trente-cinq de plus qu'elle. Rien ne baisse en vous. — C'est là une qualité dont peu de personnes peuvent se glorifier : en ménage votre talent est unique, et vous méritez d'être compté dans le petit nombre de ceux qui, à soixante ans, jouissent encore du double privilège d'être toujours aimables pendant le jour et toujours jeunes pendant la nuit.

Puissiez-vous, Monsieur, conserver *longtemps* un talent aussi précieux qu'il est rare, et *admirer* les exercices de M. Henri Roch comme chaque jour, en société, nous admirons et votre esprit jovial et la fraîcheur de votre teint.

LES EXERCICES DE DÉVOTIONS

DE MONSIEUR

HENRI ROCH

AVEC

MADAME LA DUCHESSE DE C...

―

M. Henri Roch avait autant de sortes de réputations qu'il y a de quartiers dans Paris : au Palais-Royal, on le prenait pour un amateur du beau sexe ; aux Tuileries, il passait pour un philosophe : ses propos, ses liaisons et la sagesse de sa conduite lui méritèrent cet honneur ; dans le faubourg Saint-Germain, on le regardait comme un dévot.

Ce qui lui valut cette réputation, dont il ne se doutait pas et dont il n'était pas digne, furent quelques visites de bienséance qu'il fit à M. le duc de Corgnon, chez qui se réunissaient les béats et béates du quartier, pour s'entretenir du prédicateur, du confesseur et du saint du jour, du purgatoire, du jugement, de la mort, de l'enfer et de beaucoup d'autres choses, toutes de cette espèce et toutes fort amusantes. Moins M. Henri Roch avait parlé dans ce tripot, qui s'appelait *l'assemblée des Saints*, plus on l'avait jugé un homme intérieur, un vrai dévot.

Mme la duchesse de Condor, qui l'avait vu dans cette *assemblée*, le fit prier de la venir voir.

— Vous êtes, lui dit-elle en le recevant, un homme à bonnes œuvres, et voilà pourquoi je désire passer une journée avec vous. Je suis seule, mais tout à fait seule ; mon mari est parti ce matin pour la campagne ; mes femmes m'ont demandé la permission d'aller au Calvaire pour faire leur *bon jour*, et je compte sur vous pour m'aider à faire mes exercices de dévotion.

A ces mots d'exercices et de dévotion, M. Henri Roch fut au moment de dire qu'il n'y entendait rien ; mais, pendant que la duchesse parlait, il la regardait, il voyait une femme jeune et belle ; il la plaignait d'être dévote, mais il admirait en elle deux grands yeux noir-bleu, qu'elle baissait modestement, un front très découvert et sur lequel régnaient en arc deux grands sourcils — que Lagrenée[1] n'aurait pu mieux dessiner. Ses dents étaient deux rangées de perles. Son teint était aussi frais que celui d'une rose à demi éclose. Sous son mouchoir il soupçonnait deux de ces trésors tels qu'on en trouve rarement et tels que n'en ont jamais vu M. de Rhuillières[2], ni M. Greuze[3] lui-même, qui en a beaucoup vu.

Ce serait là, pensait M. Henri Roch, une belle conversion à faire. « Avec une dévote soyons dévot ; il n'y a pas grand mal à cela ; c'est une petite comédie à jouer ; voyons quel en sera le dénouement. »

— Je ferai, répondit-il, tout ce que madame la duchesse jugera à propos d'ordonner, heureux et très heureux, si je puis lui être utile.

— Ah ! Monsieur, répliqua Madame, que vous êtes honnête ! Les gens d'esprit sont toujours polis ! Je m'attendais bien à cette complaisance de votre part, et je vois avec plaisir que je ne me suis pas trompée ; mais je m'aperçois que vous avez bien chaud.
— Cela est vrai, Madame ; je suis venu un peu vite.
— Pauvre garçon ! j'ai aussi prodigieusement chaud ; mais, si je ne me trompe, vous suez.
— Cela est encore vrai. Le temps est lourd et pesant, et je suis venu à pied des Tuileries jusqu'ici.
— Pauvre garçon ! vous aurez mes chevaux pour vous en retourner ; et moi aussi, je sue horriblement ; vous avez l'air bien fatigué.
— Un peu, Madame, mais cela passera.
— Pauvre garçon ! vous me faites pitié. Je tremble que vous ne preniez quelque maladie. Savez-vous ce qu'il faut faire ? Entrez dans ce petit cabinet : vous y trouverez chemise, robe de chambre, caleçon, pantoufles et bas du matin.
— Mais, Madame...
— Quoi ! Madame ! il faut être dévot et point scrupuleux. Allez ! mettez-vous à votre aise ; voulez-vous que j'aie à me reprocher de vous avoir procuré une pleurésie ? Le mal de la mort ! J'en mourrais de chagrin ! Vous en serez d'ailleurs plus commodément pour m'aider à faire mes exercices de dévotion. Nous n'avons pas à craindre de donner du scandale, nous sommes seuls. Ne vous l'ai-je pas dit ? Souvenez-vous-en donc ?

M. Henri Roch obéit, et l'instant d'après il reparut en robe de chambre.

— J'aime à vous voir comme cela, lui dit Madame ; avez-vous un peu moins chaud ? vous êtes bien essuyé ? Ce n'est pas tout ; écoutez-moi : on m'avait préparé un bain ; je ne veux pas le prendre, il m'affaiblirait trop. Sans façon, allez vous mettre dedans.

— Mais, Madame...

— Quoi ! encore Madame ! Laissez-vous faire ! allez prendre ce bain ; je le veux ! Quand vous n'y resteriez que dix minutes, cela vous délassera, et j'en aurai moins de crainte que vous ne tombiez malade. Point de raisonnement, et faites ce que je vous dis.

M. Henri Roch obéit : il se rend au cabinet des bains. Ce cabinet était à côté d'un boudoir, où Mme la duchesse entra presque aussitôt pour changer de chemise. La porte qui était entr'ouverte laissa à M. Henri Roch la liberté de tout observer. Ses yeux n'avaient encore rien vu d'aussi beau et d'aussi éclatant ; la vérité pouvait assurer de Mme la duchesse et de toutes les formes de son corps ce que la Fable a raconté de celui de Vénus.

Au sortir du bain, M. Henri Roch alla la rejoindre.

— Avant de déjeuner, dit-elle, nous réciterons l'oraison de saint Christophe, le patron de mon mari. C'est mon usage depuis que je suis avec lui, et je n'y ai jamais manqué. C'était un grand saint que ce saint Christophe ! Dites, cela n'est-il pas vrai ?

— Oui, Madame, et son épouse devait être une bien grande femme !

— Oh ! c'est ce que je ne sais pas, réplique Madame en lui présentant un chocolat délicieux. Le parfum de la vanille dont il était ambré flattait agréablement l'odorat.

— Quand l'estomac est content, lui disait-elle, on prie Dieu avec plus de dévotion.

Après ce déjeuner restaurant, on entra dans le boudoir, qui était d'un simple bois d'acajou ; pour tout meuble on voyait dans une niche une ottomane d'un satin violet. Les rideaux, les cordons, les galons, les glands, les franges, les houppes, étaient assortis à ce meuble ; aux côtés de cette niche étaient deux prie-Dieu garnis de leurs coussins.

C'est ici, dit Madame, que nous ferons nos exercices spirituels, et nous n'y serons point interrompus : personne n'y entre sans être appelé.

Tout en donnant cette instruction à M. Henri Roch, elle sort d'une petite bibliothèque les *Méditations* du révérend père Croiset.

— Avant de commencer notre lecture, dit-elle, recueillons-nous un moment. Voilà votre prie-Dieu, et voici le mien.

On se met à genoux ; après quelques minutes de recueillement, M. Henri pousse un grand soupir et s'écrie :

— Dieu ! qu'elle est belle !

— De la beauté de qui parlez-vous donc ? lui demande Mme la duchesse.

— Hélas ! répond-il, mon esprit s'est élevé un moment jusqu'au ciel ; j'ai cru être avec les anges et contempler avec eux les beautés de la sainte Vierge !

— A la bonne heure ! dit-elle ; j'avais pensé que vous vouliez parler de ma beauté ! Je vous en prie, rien de profane dans nos exercices. Je ne suis pas belle, et nous ne sommes ici que pour prier et pour nous sanctifier. Dieu nous voit, et nous ne devons rien faire ni dire qui ne soit digne de lui. Asseyez-vous à côté de moi ; en lisant, vous ne serez pas obligé d'élever la voix ; vous vous en fatiguerez moins et je vous entendrai mieux. Lisons la méditation des élus dans le ciel ; la petite extase que vous avez eue semble indiquer cette lecture.

A peine M. Henri Roch eut-il commencé à lire, que Mme la duchesse l'arrêta et lui dit :

— Fermez un moment ce livre, et, avant tout, dites-moi pourquoi, en déjeunant, vous m'avez demandé si la femme de saint Christophe était bien grande. Votre curiosité m'en donne. Quel intérêt prenez-vous à la taille de cette femme? Êtes-vous pour les grandes tailles ?

— Non, pas absolument, mais vous savez, Madame, que saint Christophe était très grand, et si Madame son épouse n'avait eu qu'une taille ordinaire, elle eût été très à plaindre.

— Très à plaindre ! et pourquoi, s'il vous plaît ? dites-moi cela, je vous prie.

— C'est que c'est... Madame, je n'en sais rien.

— Quoi ! c'est ? Vous le savez. Voulez-vous faire le mystérieux avec moi ? Je veux que vous me l'appreniez !

— C'est, Madame, c'est que... je ne m'en souviens plus.

— Encore ! c'est qu'il faut s'en souvenir et me le dire sur le champ !

— C'est que c'est... comme l'on dit, c'est qu'il faut que chacun ait chaussure à son pied.

— Pauvre garçon ! que vous êtes innocent ! et quel rapport entre un pied avec sa chaussure et saint Christophe avec sa femme ? Dites-moi ce que vous entendez, car je ne vous comprends pas. Voilà mon pied et mon soulier ; expliquez-vous !

M. Henri Roch, en dévot bien appris, commence à mettre ses gants, lève les yeux au ciel, et, prenant ensuite le pied de Mme la duchesse, il parle ainsi :

— Ce pied est très petit ; le soulier l'est aussi quoiqu'il soit un peu plus grand.

— Vous avez raison, Monsieur ; il m'est beaucoup, mais beaucoup trop grand.

— Cependant, Madame, malgré cette différence,

l'un semble fait pour l'autre ; mais si ce soulier n'était pas plus grand qu'une noix, vous ne pourriez vous en servir. Il en eût été de même de saint Christophe à l'égard de sa femme, si elle...

— Je vous entends ! repart Madame ; n'en dites pas davantage ; sachez seulement que Dieu ne laisse pas ses saints dans l'embarras, et qu'il fait des miracles pour eux.

Il en eût fallu, dit M. Henri Roch, un bien grand pour...

— Commençons notre lecture spirituelle !

II

De la félicité des élus.

PREMIER POINT

L'esprit humain est trop faible pour comprendre les délices que produira dans un bienheureux la possession de Dieu. Les joies humaines ne sont rien en comparaison des joies célestes. Ce ne sont que des gouttes de cet océan où l'on sera plongé, de légères étincelles de ce feu dévorant dont on sera embrasé. Dieu, en se communiquant à un bienheureux, l'unira tellement à son être, qu'il entrera en participation de ses grandeurs et de sa souveraine félicité ! Sa possession excitera dans l'âme des élus des transports divins, des ravissements d'une sainte volupté ; comme un torrent impétueux, il les remplira, il les rassasiera, les embrasera, les enivrera d'amour et de plaisir : *saturabuntur, inebriabuntur.*

— Arrêtez un moment, Monsieur, lui dit Mme la duchesse ; faisons quelques pieuses réflexions là-dessus. Le paradis doit être quelque chose de bien beau ! les délices des saints doivent être bien délicieuses ! Qu'en pensez-vous ? N'avez-vous jamais eu envie d'en goûter ?

— Ah ! Madame, que le temps me dure de m'en enivrer !

— Mais, Monsieur, vous figurez-vous ce que peuvent être ces plaisirs, ces saintes voluptés, ces ravissements divins, ces extases célestes ? Pourriez-vous imaginer quelque chose pour en faire une légère comparaison ?

— J'ai entendu dire, répond M. Henri Roch en baissant les yeux et la voix, que ces plaisirs ressemblent à ceux qu'une femme bien amoureuse peut trouver dans les bras d'un mari jeune, frais et vigoureux. Madame en doit savoir quelque chose ?

— Moi ! réplique t-elle, non ; en vérité, je n'en sais rien du tout ! Je n'ai jamais été amoureuse de mon mari ; j'ai vingt ans, je n'en avais que seize lorsque je l'épousai, et il en avait cinquante-huit ; je n'ai jamais trouvé grand plaisir avec lui. Continuez à lire : ces délices des élus me font un grand plaisir.

M. Henri Roch reprend le livre, mais en lisant il ne perd pas de vue Madame la dévote : il voit son visage se colorer et s'enflammer insensiblement ; ses yeux à demi fermés, sont tournés et fixés sur lui ; des soupirs entrecoupés s'échappent par intervalles de sa bouche.

— Ah ! monsieur Roch, s'écria-t-elle, arrêtez, je n'en puis plus ! Ces délices du paradis me donnent des vapeurs. Que vais-je devenir ? je m'en sens suffoquée ! Ne m'abandonnez pas, il me faudrait de l'air. De grâce, et au nom de Dieu, ôtez mon mouchoir du cou ; surtout ne vous scandalisez pas des horreurs que vous verrez !

M. Henri Roch écarte ce mouchoir, et ces horreurs qu'on craint de montrer sont deux globes d'albâtre. Leur blancheur est celle du lis et leur douceur celle du satin. A la vue de ces merveilles, les sens de M. Henri Roch s'embrasent et les yeux de Madame aux vapeurs sont entièrement fermés. Elle ne s'aperçoit de rien. Peut-être même, dans l'état de trouble et de pâmoison où elle se trouve, s'imagine-t-elle commencer à goûter les délices des élus.

— Monsieur Roch, dit-elle d'une voix faible et mourante, je vous demande pardon de tant d'embarras, mais je souffre cruellement. Ayez la charité de m'aider à me déshabiller ; ce n'est que sur mon lit que je puis trouver du soulagement.

La promptitude et la dextérité avec lesquelles M. Henri Roch travaillait semblaient dire à Mme la duchesse qu'elle n'était point la première femme qu'il mettait au lit. Elle était couchée, et les vapeurs n'allaient qu'en augmentant.

— Ah ! mon mari, disait-elle, mon bon mari, si vous étiez ici, vous me seriez d'un grand secours !

— Dites-moi, Madame, demande M. Henri Roch, ce qu'il ferait, afin que pour vous guérir je puisse le faire. Je me meurs de douleur de vous voir dans cet état !

— Je n'ose, monsieur Roch, vous le dire.

— Dites, Madame, dites, je vous en conjure, et si votre guérison dépend de moi, vous pouvez compter sur tous mes soins.

— Vous craindrez peut-être d'offenser Dieu ?

— Dans le triste état où est Madame, il ne s'agit pas d'offenser Dieu, mais de vous empêcher de mourir.

— Lorsque j'ai des vapeurs, mon mari fait l'œuvre de Dieu dans mon jardin ; s'il n'y avait point de péché à prendre sa place...

— Ah ! Madame, le péché est une chose horrible !

— Écoutez, monsieur Roch, pour qu'il n'y ait point de péché, offrez-le à Dieu comme un acte de charité et de dévotion. Faites-le pour l'amour de lui ; ôtez, mon cher, vos caleçons pour n'être pas gêné. C'est une croix que Dieu vous envoie : embrassez-la de bon cœur ; elle vous sanctifiera ! Vous le savez, mon cher, car vous êtes grandement dévot, que ce n'est que par les peines et les croix qu'on arrive aux plaisirs du ciel !

Pas n'est besoin, je pense, de dire la ferveur avec laquelle M. Henri Roch embrassa sa croix.

— *Deo gratias !* monsieur Roch, lui dit Mme la duchesse, votre remède est excellent pour les vapeurs et Dieu ne laissera pas sans récompense un dévot qui travaille avec autant de ferveur que vous ; mais ne vous en allez pas encore, car mes vapeurs peuvent revenir. Sans vous je serais peut-être morte, et peut-être damnée, car il y a huit jours que je ne me suis pas confessée ! Lorsque ces vilaines vapeurs me prennent, elles durent plusieurs heures de suite et reviennent à plusieurs reprises ; grâce à votre remède, je n'ai jamais eu de crise aussi courte que celle que je viens d'éprouver. Je vous avoue, Monsieur, qu'en vous recevant ce matin je ne m'attendais pas à vous donner un si grand embarras : j'en suis confuse ; mais vous, qui êtes dévot, vous savez que c'est Dieu qui, à son gré, donne la santé et la maladie. Il a mis la maladie en moi, et le remède en vous. La maladie est une croix que Dieu m'envoie. Cette croix est un arbre de vie pour qui l'embrasse avec joie (4). Heureux celui qui est fortement attaché à cet arbre de vie !

M. Henri Roch, bien résigné à cette sublime morale, ne répond rien ; mais, sentant un redoublement de dévotion, il s'unit de nouveau, et plus fortement que jamais, à l'arbre de vie.

— Votre dévotion est grande, Monsieur, lui dit Madame aussitôt qu'elle peut parler : pour guérir, j'ai fait quatre neuvaines à l'église des Grands-Carmes : j'en ai fait autant à la chapelle de l'Immaculée-Conception qui est chez les grands cordeliers ; pendant un an j'ai porté le scapulaire de la Sainte Vierge et le cordon de Saint-François ; j'ai fait dire deux mille messes chez les religieux de la Conception ; j'ai envoyé vingt-deux fois à dîner aux révérends pères capucins, et pendant tout un carême la collation aux révérends pères récollets ; rien ne m'a réussi. Mes vapeurs ne m'ont point quittée, et les crises sont plus violentes que jamais. Mon mari fait bien ce qu'il peut, mais le pauvre homme ne peut pas grand'chose : il est âgé et son remède m'est presque inutile. J'ai peur, monsieur Roch, que mes vapeurs ne me reprennent : prévenons le mal, encore une fois, pour l'amour de Dieu, mais ne péchons pas. J'aimerais mieux mourir ! Faisons pendant le remède un acte d'amour de Dieu ; disons-lui tous deux ensemble que nous l'aimons de tout notre cœur, de toute notre âme, et surtout de toutes nos forces : c'est ainsi qu'il mérite d'être aimé.

Quand ces actes d'amour furent achevés :

— Voyez, dit-elle, monsieur Roch, à quel danger une jeune femme est exposée avec un vieux mari ; convenez que je suis à plaindre. Pour être dévote on n'est pas insensible, on sent des besoins comme celles qui ne le sont pas. Mon mari est bien un honnête homme, mais je ne l'ai que parce qu'au sortir du couvent on me le fit épouser. C'est un homme de Dieu ; c'est un vrai dévot. Mon père et ma mère sont aussi dévots ; ils m'ont élevée dans la dévotion.

En me mariant à un jeune homme, ils craignaient d'exposer mon salut. Je ne dois pas leur en savoir mauvais gré. Ce qu'ils ont fait, c'est pour mon bonheur, et ils se sont trompés ; car lorsque j'ai des vapeurs, je n'en suis pas moins à plaindre, et, sans la charité que vous avez eue, je risquais de mourir seule et sans recevoir mes sacrements. C'est Dieu lui-même qui m'a inspiré de vous prier de venir aujourd'hui m'aider à faire mes exercices de dévotion. Il n'a pas voulu me laisser mourir sans m'être confessée. Je l'en remercie et vous aussi. Puis-je, monsieur Roch, vous demander un service ? Écoutez : ces crises de vapeur me prennent jusqu'à six ou sept fois, et les dernières sont toujours plus fortes que les premières. Pour les prévenir, ne pourrait-on pas... je suis bien sûre qu'alors j'en serais quitte... si cela ne vous faisait point trop de peine, je vous demanderais le remède une troisième fois(5). Afin d'éviter toute idée de péché et de plaisir défendu, voici ce que je ferai : je m'imaginerai que c'est mon mari qui, pour me guérir, fait l'œuvre de Dieu dans mon jardin. Lorsque vous aurez achevé ma guérison, nous reprendrons nos exercices de prières : nous ferons une seconde lecture spirituelle et un peu d'oraison mentale.

Pendant que Mme la duchesse parlait ainsi, M. Henri Roch s'arrangeait en ses bras et commençait l'œuvre de Dieu. Cette œuvre était à peine achevée, que Madame, reprenant vie et parole, lui demande :

— Sans curiosité, monsieur Roch, comment appelez-vous ce qui me guérit ?

— Cela s'appelle mon cœur.

— Quoi ! c'est là votre cœur ! je ne l'aurais jamais cru. Ah ! Monsieur, que votre cœur est bien fait pour le mien ! et je vous assure que si nos cœurs étaient toujours ensemble, je ne serais jamais malade ; sans compliment, ce cœur est un remède souverain à mon état. Je me trouve beaucoup mieux, et nous nous lèverons pour continuer nos exercices de dévotion.

Au sortir du lit, on rentra dans le boudoir pour reprendre la lecture.

— Je ne veux plus, dit Madame, du paradis : ce sont ses délices qui m'ont jetée dans cet horrible état de vapeurs, lesquelles, si vous n'aviez été avec moi, m'auraient peut-être suffoquée. Au lieu de lecture, nous ferons un moment d'oraison ; mais quel en sera le sujet ?

— Les feux de l'enfer, dit M. Roch.

— Point de ces feux ! je vous en prie, répliqua-t-elle ; c'est un sujet trop chaud pour le temps qu'il fait ; méditons plutôt sur les vains plaisirs du monde.

Chacun se met à son prie-Dieu et l'oraison commence. M. Henri Roch riait doucement de son aventure, se disant en lui-même : Un plaisir qu'on cherche nous fuit des années entières : un moment arrive, et, sans nous y attendre, nous trouvons ce que nous avons désiré si souvent, si ardemment et si inutilement. Il était seulement fâché que ce plaisir lui eût si peu coûté. Tout en faisant ces réflexions, il voit le long du rideau une espèce de fouet ou de discipline dont les cordes tressées avec de la soie violette et des fils d'argent, étaient remplies de gros nœuds. L'idée lui vint de donner ou de faire donner la discipline à la belle dévote aux vapeurs.

— Ah ! pécheur ! s'écria-t-il, malheureux que je suis ! je me suis peut-être damné !

— Quoi ! dit Madame, damné ! vous ! Eh ! comment ? pourquoi ? Vous avez fait une œuvre méritoire : vous avez rappelé à la vie une jeune femme qui se mourait sans vous ; vous avez même le mérite de l'avoir fait de bonne grâce et sans vous faire prier ; il n'y a rien là qui puisse damner, surtout par les sages précautions que nous avons prises. Savez-vous, mon cher monsieur Roch, que je serais très fâchée que vous fussiez damné, surtout en ce temps-ci, où il fait une chaleur excessive ? Mais je n'en crois rien. N'est-ce pas pour l'amour de Dieu que vous avez dissipé mes vapeurs ? N'avez-vous pas rapporté à Dieu le plaisir que vous avez goûté ? si toutefois vous en avez goûté.

— Hélas ! oui, Madame, j'en ai goûté un bien grand, un plaisir céleste, incomparable, un plaisir des anges, et qui n'était pas fait pour un misérable et chétif pécheur comme moi. Je crains de ne l'avoir pas entièrement rapporté à Dieu, et de m'être un peu damné quand vous me pressiez dans vos bras quand mes mains pressaient votre sein, le sein le plus beau que le ciel ait peut-être jamais formé ! Je n'en suis pas bien sûr, mais je crains de m'être oublié dans certains moments de transport, et d'avoir tout au moins commis quelques péchés véniels. Si j'avais une discipline, je m'en déchirerais les épaules, pour expier les fautes que je puis avoir commises en travaillant à votre guérison.

— Voilà, dit Madame, une discipline, mais j'ai regret que vous vous punissiez pour un péché dont vous n'êtes peut-être pas coupable. Pendant que vous ferez cet exercice de pénitence, et afin que Dieu vous pardonne, je dirai le *Te Deum*. Si je croyais que cela lui fût plus agréable de le chanter, je le ferais de bon cœur : je ne sais pas la musique, mais j'ai la voix assez juste et assez jolie.

— Ah ! Madame, dit M. Henri Roch, le chant a bien une autre vertu que la simple prière, et voilà pourquoi, pour apaiser Dieu, on chante toujours à l'église et à l'Opéra.

M. Henri Roch prend la discipline, et Mme la duchesse commence par entonner le *Te Deum ;* mais, ayant achevé le premier verset, elle s'écrie :

— Arrêtez ! Monsieur, vos scrupules allument les miens. Si vous avez péché, c'est moi qui en suis la cause, c'est à moi de m'en punir ; et si le plaisir damne, je dois craindre de l'être, car j'en ai goûté un bien délicieux. Je crains, comme vous, de ne l'avoir pas rapporté entièrement à Dieu ; je confesse qu'en recevant vos caresses, surtout lorsque nos cœurs étaient ensemble, j'ai eu certains moments de distraction où je ne pensais pas à Dieu. C'est par vous que le plaisir et la guérison me sont venus ; c'est aussi par vous qu'il faut que le châtiment m'en arrive : prenez cette discipline, et frappez-moi !

En parlant ainsi, Mme la duchesse s'abouche sur une ottomane, en criant :

— Punissez, Monsieur, punissez une pécheresse.

A la vue de tant de beautés, M. Henri Roch tombe à genoux :

— Je me recueille un moment, dit-il, pour offrir à Dieu et pour le prier d'avoir pour agréable la sainte action que je vais faire.

C'est dans cette attitude qu'il observe en détail des charmes dont le moindre, comme l'on dit, ferait pâmer le pape et ses soixante et dix cardinaux. La lune en son plein a moins d'éclat ; le marbre n'est pas plus ferme et le satin est moins agréable au toucher ; une douce carnation semble l'animer ; deux petites fossettes, une sur chaque *joue,* font des agréments qu'il est rare de trouver ; autour de ces charmantes fossettes sont vingt petites veines d'azur qui se croisent en divers sens, descendant le long de deux colonnes, sur lesquelles, pour les arrondir et les perfectionner, la nature semble avoir épuisé toutes ses ressources. L'art ne fit jamais rien d'aussi beau.

— Pardon, Madame, dit M. Henri Roch, mes yeux sont éblouis ; est-ce lui ?

— Oui ! s'écria-t-elle, c'est lui-même ! frappez-le, et frappez fort !

— Il me vient, dit à son tour M. Henri Roch, un scrupule ; ce n'est pas lui qui est coupable, et je crains de punir un innocent. Non, en vérité, je n'en ferai rien ; je ne le frapperai pas. C'est à moi de me punir et non pas à vous, qui êtes une sainte et qui êtes malade. Oui, je veux me déchirer les épaules !

— Arrêtez ! s'écrie encore Mme la duchesse, en se levant tout à coup ; de grâce ! modérez vos douleurs. Les remords dont vous êtes tourmenté me font pitié ; si absolument vous voulez vous punir, ce sera moi qui serai chargée de cet office, car je ne veux pas que dans votre pieux désespoir vous vous punissiez plus qu'il ne faut.

— Puisque Madame veut avoir cette bonté, je la supplie de ne pas m'épargner.

Et s'abouchant à son tour, il présente à la belle dévote un dos ferme et nerveux : c'était celui d'Hercule.

A l'aspect de ce visage et de ses belles dépendances :

— Savez-vous, lui dit Madame, que j'ai le même scrupule que vous ? Je crains aussi d'offenser Dieu en punissant un innocent. Pourquoi, en effet, le maltraiter pour un plaisir qu'il n'a pas eu ? Levez-vous, et s'il faut que justice se fasse en ce monde pour l'éviter en l'autre, avisons ensemble aux moyens de punir les parties coupables. Savez-vous aussi, ajouta-t-elle, que c'est une chose horrible que le visage d'un homme, et que la vue du vôtre fait sur moi le même effet que les délices des élus, qu'il excite mes vapeurs ? Ce n'est pas un mensonge, car pour tous les biens du monde je ne voudrais pas mentir ; mais je sens en moi un je ne sais quoi qui me présage quelque malheur, si de bonne heure nous n'y mettons ordre. Ne pourrait-on pas, mon cher Monsieur, appliquer le remède avant que le mal arrive ? C'est comme quand on se purge pour prévenir la fièvre, Dieu, qui est bon, ne le trouve pas mauvais ; soyons seulement attentifs à ne pas avoir de distraction, et pour cela, pendant tout le temps du remède, nous ferons de concert, et sans nulle interruption, des actes d'amour de Dieu. Je dirai *pour l'amour*, et vous répondrez *de Dieu* ; c'est comme quand on fait une prière ensemble : elle en est plus agréable à Dieu : ce sera aussi le moyen de ne pas nous damner en faisant une bonne œuvre.

Madame la duchesse, tout en disant ces belles choses, se laisse tomber sur l'ottomane, et, sans perdre de temps, commence à dire *pour l'amour*, et M. Henri Roch, de son côté, à répondre *de Dieu*. Quiconque eût écouté, eût pendant une demi-heure entendu ce pieux concert : *pour l'amour — de Dieu, — pour l'amour — de Dieu, — pour l'amour, pour l'amour, pour l'amour — de Dieu, de Dieu, de Dieu !*

Ces actes d'amour finirent par un profond silence, que Mme la duchesse rompit pour annoncer qu'elle n'avait point eu de distraction :

— Je me sens mieux, dit-elle ; je me crois entièrement guérie, à moins que je ne me trompe, ce qui m'arrive quelquefois, et je fais mille remercîments à M. Henri Roch de toutes les peines qu'il a prises pour ma guérison et mon salut.

— Et moi, Madame, répondit-il, je suis enchanté d'avoir contribué à l'un et à l'autre. Si vous le trouvez bon, j'irai me mettre un moment dans votre bain.

— Je suis ravie, reprend, Mme que l'idée vous en

soit venue ; je voulais m'y aller mettre, mais j'aime beaucoup mieux que ce soit vous. Cependant, si sans offenser Dieu nous pouvions y être tous deux ensemble... N'y aurait-il pas quelque péché à cela ? Je pense pourtant que non, car cela peut être regardé comme la suite nécessaire à une parfaite guérison.

Ce raisonnement demeura sans réplique, et lorsque M. Henri Roch fut dans le bain, Madame la Duchesse se plaça sur lui :

— Nous ne sommes pas trop bien, dit elle ; mais il faut savoir se gêner pour une bonne œuvre. On n'est pas en ce monde pour avoir toutes ses aises. Actuellement que nous sommes tranquilles, disons les *Joies* ou les *sept Allégresses de la Sainte Vierge*. C'est une de mes dévotions du matin. Je les sais par cœur, et vous pourrez les dire tout bas pendant que je les réciterai tout haut.

Notre dévote a à peine commencé cette sainte prière, qu'elle sent remuer sous elle le cœur de M. Henri Roch : elle craint de le blesser ; pour éviter cet inconvénient, ainsi que les distractions qui pourraient en être la suite, et tout en continuant, *comme si de rien n'était*, les Joies de la Vierge, elle prend ce cœur et le met avec le sien. Les Joies n'étaient pas encore finies, qu'elle crie :

— Ah ! monsieur Roch ! qu'est donc devenu votre cœur ? Il n'est plus avec le mien !

— Madame, répond-il, il est écrit dans Isaïe : *Et juvenes in infirmitate cadunt*, la vigueur de la jeunesse a ses affaiblissements. Jérémie, de son côté, a dit : *Et sol occidit dum adhuc esset dies*, et le soleil se couche quelquefois en plein midi. Ce que les prophètes ont annoncer doit arrivé.

— Je suis fâchée, reprend Madame que les prophètes aient annoncé des choses comme celles-là.

— Il faut, Madame, se résigner et n'être fâchée de rien. Quel homme est en droit de demander à Dieu pourquoi il fait ceci et pourquoi il fait cela? Dieu est maître et il fait dire à ses prophètes ce qui lui plaît. D'ailleurs, mon cœur sait que vous êtes guérie.

— Est-ce qu'il se connaît à cela?

— Sans doute, Madame, qu'il s'y connaît. Penseriez-vous qu'il agit en aveugle? Le prenez-vous pour une bête?

— Non certainement.

— Vous le prenez donc pour un étourdi, de ne pas savoir ce qu'il fait?

— Encore moins ; mais je suis affligée de le savoir si triste : je l'aime bien mieux quand il est un peu en colère.

— Il n'est pas triste, réplique M. Henri Roch, mais il dort et tel est son usage lorsqu'il a travaillé sept heures de suite.

— Quoi! il y a donc sept heures que nous sommes ensemble? que le temps passe vite quand on fait de bonnes œuvres! Sortons promptement d'ici ; car mes femmes, qui ont été au Calvaire faire leurs dévotions, doivent être de retour.

On était à peine habillés, que les femmes arrivèrent : on ne leur parla point des vapeurs qu'on avait eues, mais on les gronda fortement de s'être fait attendre, quoiqu'on ne les eût pas attendues : ensuite on demanda à dîner.

Nous ne parlerons point de ce dîner : nous n'écrivons que pour des dévots et non pour des gourmands ; nous ne devons entretenir nos lecteurs que de ce qui peut les édifier, et pour cela, en sortant de table, nous entrerons avec Mme la duchesse et M. Henri Roch dans le salon de compagnie, et nous nous édifierons en écoutant leur conversation, qui ne roula que sur des sujets de piété. Madame en fit presque tous les frais : elle vanta beaucoup les talents de M. Henri Roch pour les exercices de dévotion, et la charité active et la bonté de son remède pour les vapeurs.

Les communions, les saluts, les confessions eurent leur tour, ainsi que les sermons, les indulgences et les confesseurs.

M. Henri Roch, qui avait de bonnes intentions, se prêtait discrètement à ce langage ; à la vérité, c'était de l'ennui pour lui, mais cet ennui avait été payé d'avance par tous les plaisirs qu'il avait eus dans la matinée. Sur les cinq heures, il parla de se retirer.

— Il est encore de bonne heure, lui dit-elle, où voulez-vous donc aller ? Est-ce aux Incurables ou à la Charité pour visiter les malades ? Faites-vous quelque neuvaine ? Est-ce à Notre-Dame ou à Saint-Sulpice ?

— Non, Madame, répondit-il, je vais à la Comédie.

— A la Comédie ! eh ! comment osez-vous aller à la Comédie ? vous risquez de ne point avoir l'absolution. Ce mot de Comédie me fait frémir. Vous irez donc à pied, car je ne puis vous prêter mes chevaux. Ils ont été ce matin en dévotion au Calvaire avec mes femmes, et il serait indécent que ce soir ils allassent à la Comédie. Croiriez-vous que de ma vie je n'ai vu ni lu aucune de ces abominables comédies ? Il est vrai que très souvent j'ai été tentée d'en voir au moins une, pour savoir si cela est aussi criminel qu'on le dit ; peut-être même que si ma curiosité était satisfaite je serais pour jamais délivrée de cette tentation. J'ai entendu dire par le précepteur d'un petit frère que j'avais, que les démoniens (6), pour inspirer aux jeunes gens l'horreur du vin, leur montraient un homme ivre ; il en doit être de même de la comédie ; qui en voit une ne doit plus être tenté d'en voir. Comment pourrions-nous faire pour y aller, et que mes femmes et mes gens ne le sussent pas ? Nous pourrions, je pense, aller au jardin du Luxembourg. Nous entrerions par la petite porte, et nous sortirions par la cour du château. Mes gens ni mes chevaux ne s'apercevraient de rien.

Ce petit projet d'indévotion fut éxécuté avec toute la prudence convenable pour ne scandaliser ni les uns ni les autres.

On donnait *Alzire*. Pendant toute la représentation, notre dévote versa des larmes. Vingt fois elle dit :

— Que cela est beau ! il est dommage que cela soit défendu.

Au cinquième acte, elle crut entendre un beau sermon. Massillon, le pathétique, l'éloquent Massillon lui paraissait moins beau. Les pères Élisée et Lenfant n'avaient, selon elle, rien prêché d'aussi sublime. Bourdaloue l'avait toujours ennuyée, et l'abbé Beauregard la faisait toujours bâiller. Ce qui surtout lui fit un plaisir extrême, fut de voir pleurer tout le monde et de ne voir dormir personne.

Voilà, disait-elle, ce que je n'ai jamais vu à l'église pendant le plus beau sermon.

Après le spectacle, on rentre dans le jardin du Luxembourg. Mme la duchesse, tout émerveillée de ce qu'elle avait vu et entendu, demande quel est le divin auteur de cette pièce.

— C'est Voltaire, répond M. Henri Roch.

— Mais j'entends parler de ce Voltaire comme d'un scélérat. Tout le monde me dit qu'il est damné. Je l'ai entendu dire par mon père, qui a beaucoup d'esprit, par mon mari, qui n'en manque pas, quoiqu'il ne vaille pas grand'chose pour les vapeurs, par

Mme la maréchale de Globroi, qui entend deux messes par jour, et mon confesseur m'a souvent répété ce que j'ai toujours entendu dire de ce Voltaire. Comment un damné peut-il dire de si belles choses ?

— Madame, Paris est rempli de damnés qui parlent beaucoup mieux que les saints.

— Comment appelle-t-on cette comédie ?

— Ce n'est pas une comédie, c'est une tragédie.

— Qu'est-ce donc qu'une comédie ?

— Demain on en donne une qui s'appelle *le Tartufe*.

— Oh ! dit Madame avec vivacité, je veux voir cette comédie du *Tartufe*, et s'il n'y a pas plus de mal qu'à la tragédie, j'en parlerai au père Hilarion, mon confesseur, et lui demanderai la permission d'y venir souvent, parce que je ne m'y ennuie pas.

Pendant ce petit colloque passa une dame de la connaissance de M. Henri Roch, qui lui dit :

— J'entends M. Roch ; le verra-t-on ce soir ?

— Je ferai, Madame, répondit-il mon possible pour avoir cet honneur-là.

— Est-ce que, lui demanda madame la duchesse, vous ne viendrez pas souper avec moi ! Je vous en prie, et ne tardons pas à nous retirer. Pour sanctifier notre chemin, et pour qu'il n'arrive aucun accident à mes chevaux, nous dirons notre chapelet.

En entrant à l'hôtel, Madame demanda à souper, et lorsqu'on fut levé de table, elle alla avec M. Henri Roch se recueillir dans sa chambre à coucher. Sur les onze heures il voulut prendre congé d'elle.

— Quoi ! si promptement ! mais il n'est pas trop tard ; vous voulez peut-être aller chez cette dame qui vous a salué au Luxembourg ? Prenez-y garde ; je ne l'ai pas vue, mais elle n'a pas le ton dévot. A-t-elle des vapeurs ?

— Je ne le crois pas ; les femmes qui ne sont pas dévotes en ont rarement.

— Puisqu'il en est ainsi, continua Madame, je vous demande la préférence. Je suis malade, vous le savez, et il n'y aurait point de charité de m'abandonner après m'avoir vue dans l'état affreux où j'ai été réduite ce matin. Je frémis de crainte en pensant que toute la nuit je serai seule exposée à mourir après avoir été à la comédie, ce qui m'avait été défendu par mon confesseur. Je sais bien que je n'y ai point fait de mal, mais c'est une grande offense à Dieu de faire ce qu'un confesseur défend. Je suis certaine que si pendant cette nuit mes vapeurs me reprennent, j'en mourrai, et que je serai damnée. Seriez-vous bien aise de me voir brûler en enfer avec des démons et des gens que je ne connaîtrais pas ? Eh bien ! en vous en allant, vous m'exposez au danger de la mort et d'une damnation éternelle. Il n'y aurait pourtant pas de difficultés si vous vouliez passer ici la nuit : vous auriez la chambre et le lit de mon mari. Pour qu'on ne s'aperçoive de rien, vous n'avez qu'à sortir tout à l'heure de l'hôtel ; dans dix minutes vous rentrerez par la petite porte du jardin dont voici la clef ; c'est par là que je sors tous les matins lorsque je vais à la messe ; vous remonterez par l'escalier du cabinet des bains.

— Mais, Madame, nous sommes jeunes, dit M. Henri Roch ; ne serait-ce pas s'exposer à la tentation en couchant si près l'un de l'autre ?

— Non, non, réplique-t-elle vivement. Je réponds de moi ; ma dévotion met en sûreté ma vertu. Ce que j'en fais, c'est seulement par une sage précaution contre la mort et contre la peur d'être damnée après avoir été à la Comédie. Quand il s'agit de son salut éternel, les précautions les plus sages sont toujours bonnes à prendre. Allez et revenez promptement ; je vais appeler mes femmes pour me déshabiller, et je ne commencerai pas ma prière que vous ne soyez arrivé : nous la ferons ensemble.

M. Henri Roch sort. Madame sonne : les femmes de chambre arrivent.

— Madame, lui demande celle qui ce jour-là était en faveur, est-elle un peu contente de M. Henri Roch ?

— Oui vraiment, répond-elle, et même beaucoup. Il s'entend à merveille à faire les exercices de dévotion.

— Je le vois, dit l'une, tous les dimanches à la grand'messe de Saint-Sulpice : à l'église, il ressemble à un ange.

— Et moi, dit l'autre, je le vois aux Récollets toutes les fois qu'il y a bénédiction et salut : il a l'air d'un prédestiné.

— Il se trouve dit la première, à tous les sermons du père Elisée, et Madame doit l'y voir souvent.

— Vous êtes, ma mie, lui réplique sa maîtresse, un petit oison : pensez-vous que quand j'écoute un prédicateur je m'amuse à regarder les jeunes gens qui sont à l'église ? J'ai ma foi ! bien besoin de ces messieurs-là ! Avez-vous prié pour moi au calvaire ?

— Oui, Madame, répond l'interrogée, j'ai demandé à Dieu qu'il vous rende un peu moins dévote, afin que vous vous amusiez davantage et que vous ne grondiez pas si souvent, parce que cela nous fait faire notre service tout de travers, et que cela vous fait à vous un très grand mal.

— Moi, Madame, dit la seconde, j'ai récité quatre fois l'oraison de sainte Brigitte pour que Dieu vous fasse accoucher heureusement.

— Pour accoucher, reprend la maîtresse, il faut être grosse ; allez-vous-en vite, allez, vous êtes trois petites sottes ! Je n'ai pas encore fait ma prière et je me mettrai au lit sans vous.

Les femmes sortant, et M. Henri Roch ne paraît point. Dans l'impatience de le revoir on descend au jardin, et on le trouve se promenant sous un berceau de jasmins et de chèvrefeuilles. On délibère si l'on passera la nuit sous ce berceau, à faire quelque acte de dévotion : c'est le sentiment de M. Henri Roch, mais Madame décide qu'il faut aller faire sa prière, se coucher, et revenir à la pointe du jour adorer Dieu.

On remonte donc à la chambre, et, sans perdre de temps, on se met à genoux. Après la prière, M. Henri Roch est chargé de dire les litanies des saints, et Madame se charge de répondre les *ora pro nobis*. Lorsqu'il en est à *sancte Barnaba* :

— Passez, lui dit-elle, passez celui-là ; je ne l'aime pas. Étant à l'abbaye de Port-Royal, nous chantions une chanson où il y avait de la *béquille du père Barnaba* ; notre maîtresse de pension, qui savait très bien ce que c'était que cette béquille, nous défendit de la chanter et nous dit que ce saint Barnaba était fort indécent : depuis ce temps, je le laisse toujours en disant les litanies. En paradis, je ne me soucierais même pas de me trouver à côté de lui. Je n'y demeurerais pas longtemps.

— C'est pourtant à lui, dit M. Henri Roch, que les dames du Marais, l'un des quartiers de Paris, se recommandent lorsqu'elles ont des vapeurs.

— En voilà bien d'un autre ! reprend-elle ; loin de me guérir des miennes, il m'en donnerait. Fi ! d'un saint qui porte son *cœur* au bout de son nez ; c'est un saint à faire peur à toutes les vierges du paradis. En y arrivant, la première chose que je demanderai à Dieu sera de l'en faire sortir. Une dame de condition se déshonorerait de se trouver à côté d'un drôle comme saint Barnaba. N'en parlons plus et finissons les litanies, car il est minuit et je tombe de sommeil.

On était au moment de se quitter, lorsque madame la duchesse dit à M. Henri Roch :

— Vous êtes un homme judicieux ; voici une idée qui m'est venue en faisant la prière, et que je soumets à votre prudence : pendant la nuit, vous seriez bien éloigné de moi ; si mes vapeurs me prennent, je n'oserai vous appeler, crainte d'être entendue ; peut-être même n'en aurai-je ni le temps ni la force. Pour prévenir cet horrible malheur, vous pourriez vous mettre dans mon lit ; vous n'y seriez pas gêné, car il est fort grand. Cet arrangement, à moi, me paraît fort sage ; la prudence, me dit souvent mon mari, est la mère de la sûreté : les conseils d'un mari sont bons à suivre. Vos secours, si j'ai le malheur d'en avoir besoin, seront plus prompts ; mais vous ne vous souciez peut-être pas de dormir à côté de moi ?

— L'obéissance, dit M. Henri Roch en se mettant au lit, est une grande vertu. Nous ne sommes pas en ce monde pour faire notre volonté, surtout lorsqu'il s'agit du salut de Mme la duchesse de Condor, dont le mari est vieux, qui d'ailleurs est très dévote et qui a peur d'être damnée.

— Avant de nous endormir, lui dit Madame, recommandons bien notre âme à Dieu, et après, en attendant le sommeil, vous me raconterez quelque histoire édifiante. Voudriez-vous me dire celle de la nièce du saint Abraham, ermite, laquelle coucha avec un jeune religieux et qui ensuite voulut coucher avec son oncle ? Aimez-vous mieux dire celle de sainte

Marie Égyptienne, qui fut une fille de joie et qui ensuite passa quarante ans dans un désert sans manger ? Mais vous ne dites rien. Dormez-vous déjà ? Ce ne serait pas honnête de vous être endormi sans me souhaiter le bonsoir.

Pour s'assurer du sommeil de M. Henri Roch, madame la duchesse va aux enquêtes. Elle le pousse d'abord avec le pied, ensuite avec la main, ensuite elle regarde dans quel état est son cœur.

— Oh ! oh !, dit notre dévote avec surprise, il dort, et ce cœur est très éveillé ! mais c'est là un miracle ! jamais pareille chose n'est arrivée à mon mari. Le réveil de ce cœur ne serait-il pas un signe de Dieu, qui m'avertit de me tenir sur mes gardes pour n'être pas surprise cette nuit par les vapeurs ? D'ailleurs, ce *cœur n'est pas une bête ;* il faut bien qu'il se doute de quelque chose, puisqu'il veille quand son maître dort, et qu'il est lui-même le remède à mon mal. M. Roch n'est que celui qui l'administre ; le réveillerai-je ? Ce n'est pourtant pas l'usage d'avertir le médecin lorsqu'on a un remède dont on connaît la vertu. Ne faisons rien contre l'usage, de peur de passer pour une femme singulière ; laissons-le dormir, et servons-nous de son remède, en bénissant Dieu qu'il veille à notre santé.

Après ce petit raisonnement, madame se met doucement sur M. Henri Roch, et travaille toute seule à détourner le malheur dont elle se croit menacée. Lui, sans paraître éveillé, secondait légèrement les intentions de Madame la duchesse.

— Ce pauvre garçon ! disait-elle, est tellement dans l'habitude de faire des actes de charité, qu'il se prête, même en dormant, à une bonne œuvre.

Le travail fut un peu long, mais elle en vint à

bout. Elle reprit ensuite sa place et fit semblant de dormir.

Alors M. Henri Roch à son tour s'arrangea dans les bras de madame la dévote ; mais avant de commencer, pour attirer les bénédictions du ciel sur son travail, il fit cette belle prière, qu'on prendrait, tant elle est sublime, pour un cantique hébreu composé par M. L'abbé de Reyrac (7) :

« Vous, ô mon Dieu ! vous qui régnez sur les riantes campagnes de Chatou, de Triel (8) et de Maisons, sur les fertiles coteaux de Passy, de Rueil et de Ménilmontant ; vous qui donnez la joie aux enfants de Meudon, la beauté aux filles de Vanvres, l'abondance aux bénédictins de Saint-Denis, et qui, dans la profusion de vos dons, daignez encore, ô mon Dieu ! pendant les *douze mois de l'année* (9), faire boire à la glace le poète Roucher, soyez, Seigneur, soyez glorifié dans tout ce que je fais et dans tout ce que je vais faire !

» Je n'avais point d'héritage, et vous m'avez mis, ô mon Dieu, au milieu d'une vigne qui ne tardera pas à fleurir ! On n'en vit point d'aussi agréable dans les vastes champs d'Arad, de Basan, de Creteil et de Saint-Ouen. Cette vigne, qui était négligée, portera son fruit ; car vous êtes tout puissant, ô mon Dieu ! et vous ne tromperez pas l'attente du pécheur qui espère en vous.

» Vous êtes encore aussi incompréhensible dans vos desseins que dans vos dons. Autrefois vous envoyâtes Osée (10), fils de Becri et l'un de vos petits prophètes, chez Gomer, fille de Debalaïm, pour s'ébattre et se réjouir avec elle. De leurs mutuels ébats vinrent Lo-Hammi et Lo-Rhuana : c'étaient deux mauvais garnements, tels que de nos jours peuvent être les Tel-Ment, les Yon-Houk, les Rou-Fer, les Scri-Rog, les Visc-Sud, les Ro-Té-So, les Sei-Batar, ainsi que tous ceux qui vivent de méchanceté et de feuilles de chardon (11).

» Ensuite, le même Osée, et toujours pour obéir à vos ordres, ô mon Dieu ! s'approcha d'une de ces femmes qui placent leur confiance en des dieux étrangers, qui sont infidèles à leurs maris, parce que, dites-vous, elles préfèrent le marc du vin au vin lui-même : *diligunt vinaceam uvarum*. Seigneur, je ne vaux pas votre petit prophète Osée, et vous me traitez encore mieux que vos quatre grands prophètes : dans l'excès de vos bontés, vous m'avez conduit chez une dame jeune et belle, qui place sa confiance en vous seul, et je serai ici avec elle, vous bénissant *donec luceat dies*, jusqu'à ce que l'aube du jour paraisse ; tel que Salomon (12) le jour de ses noces, lorsque après avoir parcouru les deux monts de la myrrhe et la colline de l'encens, il embrassa son figuier et monta dessus pour en cueillir les fruits ; tel que le fier Habacuc, lorsque, ferme sur son bastion, il se pâmait d'aise et de joie en célébrant vos merveilles ; tel que vous-même, ô mon Dieu ! lorsque, un instrument à la main, et sous la forme d'un ouvrier (13) prêt au travail, vous parûtes monté sur les murailles de l'infidèle Sion, que vous ne voulûtes ni réparer ni récrépir.

« Soyez béni dans vos œuvres, ô mon Dieu ! madame la duchesse n'a besoin d'aucune réparation. Vous en avez fait un assemblage de beautés ; c'est le plus bel ouvrage qui soit encore sorti de vos mains augustes, quoique son nez (14), ne ressemble point à la tour du mont Liban qui regarde du côté de Damas : *Nasus sicut turris Libani quæ aspicit contra Damasum*.

« Que son sommeil est doux ? c'est celui d'un ange

qui, après avoir chanté *hozanna* treize mille six cent trois fois, s'endort paisiblement sur les marches resplendissantes de votre trône immortel.

» L'haleine qui sort de sa bouche et même d'ailleurs a tout à la fois le parfum de la giroflée et de la pêche de Montreuil ; elle est plus suave que les aromates de Sennaar, ce qui est un signe de prédilection. Vos élus, ô mon Dieu ! répandent toujours autour d'eux une odeur semblable à celle d'un champ couvert de fleurs que vous avez bénies : *Odor sicut odor agri floribus pleni cui benedixit Deus* (*) ; une odeur telle qu'on peut la sentir en passant devant les boutiques soit de Margame, le premier des parfumeurs de la rue Saint-Honoré, soit du savant Baumé (15), le jour que, dans ses magnifiques alambics, il distille la camomille, l'hypericon, le matricaire, l'aloès, l'œillet et le chardon Roland.

» Ses joues, ô mon Dieu ! que vous pétrîtes de roses et d'incarnat, ressemblent à deux pommes de grenades, *absque eo quod intrinsecus lœtat*, sans parler de ce qui est dedans : telles étaient celles de la chaste et mignonne Judith, le jour qu'elle alla dévotement, en fortune, au camp d'Holopherne, et auquel, pour vous plaire, ô mon Dieu ! elle coupa le cou après avoir couché avec lui.

» Ni les yeux des puissantes reines de Tyr, ni ceux des superbes filles qui habitaient Mosoc et le voisinage de Torgama, ni les yeux de la brillante nymphe qui, folâtrant encore sur les hauteurs de Lucienne (16), dans la coupe enchanteresse du présent boit l'oubli du passé, ne peuvent être comparés aux yeux de la respectable dame avec laquelle j'ai l'honneur de m'exercer en tout honneur et toute dévotion.

(*) Genève, Chap. XLIX, v. 12.

— » Son œil droit, plus beau que le raisin d'Engaddi (17), brille d'un feu plus pur que le Sancy (18), le diamant le plus précieux de la couronne de nos rois.

« Quant à son œil gauche, il répand une lumière plus douce et plus vive que la topaze dont était enrichi le sacré pectoral du grand juif Joyada, le jour qu'à la tête d'une cohorte de prêtres il assassina la reine Athalie, qui était fort belle lorsqu'elle était jeune.

» Allégrain (19), le fameux Allégrain, cet Allégrain que nous connaissons tous, et dont le ciseau est miraculeux, n'a point encore vu, parmi les divinités de ses vastes ateliers, de jambe qui, en agréments, en finesse, en belles proportions, fût pareille à celle de Mme la duchesse de Condor. Telle, *et ma foi tout au plus*, pouvait être celle du beau Gabriel (20), votre ambassadeur, le jour de l'Annonciation, lorsque, sur les sept heures et demie du matin, il entra dans l'oratoire de la sainte Vierge, pour lui faire son compliment sur sa maternité future, auquel compliment, sans se déranger de son prie-Dieu fait de sapin de Sanir (21), toute tremblante et en toute humilité, la jeune Nazaréenne répondit : *Nigra sum sed formosa :* je suis noire, mais je suis belle, et je le veux bien. Non, Seigneur, non, parmi les dieux de Moab, ni parmi les dieux d'Ammon, il n'en fut jamais de semblable à vous : on en peut dire autant du magnifique anus de Mme la duchesse : à l'égard de tous les anus anciens et modernes, cet anus est une de vos merveilles. Les princesses de Didon et de Medaba, de Berlin et de Saint-James, n'en eurent point d'aussi beau. Moins brillants et moins parfaits dans leurs alentours furent les cinq anus d'or (22) que vous offrirent autrefois les puissantes villes de Geth, d'Azoth, de Gaza, d'Ascalon et autres, dont il est inutile de dire le nom.

» De l'incomparable anus de Mme de Condor je passerai à son cœur, le trajet n'en est pas long, et je vous dirai, Seigneur, que ce cœur est un vrai vase d'élection. C'est surtout dans l'endroit que vous l'avez mis que brille la profondeur de votre sagesse. Si vous l'eussiez placé au milieu de son front d'ivoire, ce cœur, par l'éclat de son ébène, eût certainement, les jours que Madame va faire sa cour, fait l'admiration de tous les seigneurs de Versailles ; mais, par l'impossibilité d'arranger les choses comme il convient, je n'eusse pu la guérir de ses vapeurs. Faites, ô mon Dieu ! faites qu'elle en soit délivrée et qu'elle reste toujours belle !... Sa gorge, que ma dévotion presse de ses deux mains, est encore un de vos chefs-d'œuvre ; elle est plus blanche que la neige, plus douce que le lait ; ses boutons plus rouges et plus beaux que le saphir, *rubicundiores pulchrioresque saphiro*, et meilleurs que la succulente cerise que l'on cueille sur les rives fortunées du riche et vineux Andresi (23).

» Vous êtes juste, Seigneur, et la source même de toute justice, et j'ose croire que si Madame eût été au monde le jour que, sous la forme d'une colombe au cou de jaspe, aux ailes noires et blanches, du céleste pigeonnier le Saint-Esprit descendit sur la terre, c'est chez Mme la duchesse qu'il fût entré ; c'est dans son sein virginal (24) qu'il se fût délecté à opérer ; il eût certainement préféré une aussi belle Française à une petite Juive qui avait les genoux cagneux et qui ne faisait jamais son bidet ; de plus, qui en marchant courbait les épaules, comme le jardinier de Nogent et de Belleville.

» J'espère, ô mon Dieu ! que Madame ne perdra rien pour être venue trop tard, et si en ce monde elle n'a pu être mariée avec le Saint-Esprit, quand elle sera dans le ciel, de deux choses l'une, et j'en suis sûr : ou vous, Dieu, père éternel, la prendrez pour votre maîtresse favorite, ou Dieu, votre fils consubstantiel, l'épousera. Tout le paradis sera en joie le jour de ses noces ; les saints de la Jérusalem céleste danseront avec les étoiles du firmament et les chérubins (25) avec les comètes (26). Puissé-je faire en ce monde assez de bonnes œuvres pour être invité à la fête et surtout pour avoir une bonne place dans les ballets !

» En attendant, et pendant que votre future dort, je vais lui administrer le remède nécessaire à ses vapeurs. C'est à vous, ô mon Dieu ! à bénir et à rendre efficace ce remède. Ainsi soit-il ».

Sa prière achevée, M. Henri Roch se mit à l'ouvrage. Mais... quoi !... j'entends certains lecteurs qui disent : Voilà, certes, voilà une prière bien longue et bien ennuyeuse. Censeurs indiscrets et incivils, apprenez que dans cette prière il n'y a de l'ennui que pour les indévots tels que vous, qui ne trouvâtes jamais ni de messes trop courtes ni de dîners trop longs. Vous êtes des gens grossiers, sans religion et sans savoir vivre, de m'avoir interrompu dans le plus bel endroit de mon histoire. Puisse le fort et terrible Samson, revenant de la région des morts, vous traiter avec une mâchoire d'âne, comme il traita les Philistins ! Puisse, race d'Amalec, le saint prêtre Samuel, avec son couteau sacré, vous hacher en morceaux, comme il hacha le roi Agag (27), qui ne valait pas plus que vous ! Puisse le ciel, ouvrant de nouveau les cataractes (28) de son firmament, vous noyer sous les eaux ! Et pendant que vous serez en l'autre monde, et que vous apprendrez ce que c'est qu'un ciel, un firmament et des cataractes je continuerai à raconter tranquillement les exercices de dévotion de M. Henri Roch avec Mme la duchesse de

Coudor, et je dirai que dès qu'il eut fini son travail il reprit sa place.

J'ajoute que madame la dévote, lorqu'elle le crut endormi, tout en se signant, comme il convient à une bonne chrétienne avant de commencer une œuvre, quelconque, et tout en disant : D'un remède qui est bon on ne saurait en user trop souvent, se hucha de nouveau sur M. Henri Roch et se mit à recommencer son exercice, lorsqu'il s'écria :

— Ah ! Madame, pour une dévote, que faites-vous donc là : Voulez-vous me damner pendant que je dors ? Au nom de Dieu, qui voit tout, ne faisons pas de ces choses abominables.

— Je dormais aussi, dit-elle reprenant vite sa place ; je rêvais certainement.

— C'était là un fort vilain rêve que faisait Madame.

— Ah ! Monsieur, n'allez pas vous imaginer...

— Je n'imagine rien ; mais j'ai très chaud dans votre lit, et je vais descendre dans le jardin pour, et à l'exemple des pères du désert, élever mon cœur à Dieu, en contemplant l'armée du ciel.

— J'y descendrai aussi avec vous, lui dit Madame, car depuis que je dors je n'ai encore fait aucune prière.

Le jour commençait à poindre lorsqu'on arriva dans le jardin.

— Nous entrerons, dit M. Henri Roch, sous ce berceau de jasmins. Sa fraîcheur semble nous inviter à une sainte conversation, et si Madame l'agrée, nous nous y entretiendrons de confession et de confesseurs.

— Je le veux bien, et vous ne pouvez me faire un plus grand plaisir. Le mien est un saint ; il ne parle que de l'amour de Dieu et de l'amour du prochain. Je me confesse tous les quinze jours, et il est si zélé pour mon salut, qu'il voudrait me confesser tous les jours. Quand il est avec moi dans le confesionnal, ce n'est pas comme avec ses autres pénitentes, qu'il ne garde que cinq à six minutes ; il me tient des heures entières. Quelquefois même il en sue.

— Oh ! le saint homme: dit M. Henri Roch ; après ?

— D'abord que je suis dans le confessionnal, il me demande si je suis enceinte, parce qu'il s'intéresse beaucoup à ma santé ainsi qu'à mon salut : il voudrait bien que j'eusse un enfant! il me donnerait une belle oraison, qui fait accoucher sans douleurs, et même, à ce qu'il me dit, avec un peu de plaisir.

— Oh ! le saint homme ! après ?

— Ensuite il me demande si j'ai des vapeurs ; il s'informe exactement comment elles me prennent ; si mon mari suffit pour les dissiper : c'est lui qui m'a appris que j'en aurais jusqu'à ce que je sois grosse. Il me dit souvent qu'il voudrait me guérir.

— Oh ! le saint homme ! après ?

— Ensuite, ma foi, il a beaucoup d'esprit, car il persuade tout ce qu'il veut, et arrange tout ce qu'il dit de manière à faire voir quelquefois qu'on ne pèche pas, même en péchant.

— Oh ! le saint homme ! après ?

— Et puis, en disant qu'il donnerait sa vie pour ne plus me voir souffrir, il ajoute :

Et je ne fais au ciel nulle dévote instance,
Qui n'ait toujours pour but votre convalescence.

— Oh ! le saint homme ! après ?

— Puis, ajoutant qu'il m'aime autant que mon mari, il dit :

L'amour qui nous attache aux beautés éternelles
N'étouffe point en nous l'amour des temporelles.
Le ciel défend, de vrai, certains contentements,
Mais on trouve avec lui des accommodements.
Selon divers besoins, il est une science
D'étendre les liens de notre conscience,
Et de rectifier le mal de l'action
Avec la pureté de notre intention.

— Oh! le saint homme! Madame ira-t-elle ce soir à la comédie du *Tartufe?*
— Oui, vraiment, et vous y viendrez.
— Et votre confesseur, qu'en dira-t-il?
— Je le prierai demain à dîner avec nous, et si je lui dis que la comédie me fait plaisir, je suis bien certaine que, par quelque tournure d'esprit, sa dévotion arrangera cette comédie pour qu'il n'y ait pas de péché pour moi ; vous verrez comme il a de l'esprit!
— Je vois, Madame, qu'il est déjà trois heures et qu'il est temps de prier.
— Vous avez raison, répond madame la duchesse, et ce sera au milieu de ce tapis de gazon et auprès de cet amas de feuilles de roses que nous ferons la prière du matin.

Ce fut en effet là que les deux dévots se rendirent et qu'ils se mirent à genoux. En terminant la prière, madame la duchesse demanda, par surérogation et pour la santé de son mari, un *pater* et un *ave.* Après quoi, s'étant assis tous deux sur cet amas de roses, Madame parla ainsi :

— Monsieur Henri Roch, mon mari, pour qui nous avons dit un *pater*, vous a une grande obligation. Sans vous il n'aurait peut-être plus de femme ; dans son désespoir il serait certainement mort de chagrin. Vous lui avez épargné l'affreux malheur de me perdre et de mourir. Après m'avoir perdue, mon père et ma mère, qui m'aiment tendrement, ne m'auraient pas survécu. En me conservant, vous avez conservé toute une famille. Quelle reconnaissance surtout ne vous doivent pas mes femmes de chambre ! Que de larmes elles auraient versées si j'étais morte! elles n'auraient su que devenir.

— A propos de vos femmes, dit M. Henri Roch, sont-elles mariées ?

— Non certainement. Je n'ai chez moi personne de marié, et celles qui se marieraient n'y resteraient pas longtemps.

— Elles ont donc des vapeurs, car du temps que nous faisons ici la prière du matin, l'une est couchée avec votre maître d'hôtel, l'autre avec votre cuisinier et la fille de garde-robe avec le garçon d'office.

— C'est là, répliqua Madame, une horrible méchanceté dont je ne vous croyais pas capable.

— Je ne suis point méchant ; ce que j'en dis, c'est uniquement pour rendre service à vos femmes.

— Voilà certes un plaisant service que vous rendez à des demoiselles qui sont sages comme des anges, qui me disaient hier que vous étiez un saint, qu'elles vous voyaient tous les dimanches à Saint-Sulpice, et à tous les sermons du père Élisée.

— Elles ont pu dire cela à Madame, et je leur en sais bon gré, mais ce qui est certain, c'est qu'il y a quatre ans que je ne suis point entré à Saint-Sulpice ; il y en a dix que je n'ai point entendu le père Élisée.

— Observez donc, dit Mme la duchesse, qu'elles ne m'auraient pas fait un mensonge le jour de leurs dévotions au Calvaire.

— C'est qu'elles n'ont point été au Calvaire, et qu'il est très vrai qu'elles sont actuellement dans les bras de leurs maris ou de leurs amants, occupées à faire des enfants ou à prévenir des vapeurs.

— Comment savez-vous cela ?

— C'est parce que dans tous les pays du monde *les filles se marient toutes seules quand on ne les marie pas.* Je sais aussi que lorsqu'on est jeune, et qu'il fait un grand froid ou une grande chaleur, on ne couche seul que l'orsqu'on ne peut pas coucher deux. Je sais de plus que les femmes de chambre se font un jeu de tromper leurs maîtresses qui sont dévotes, que pour cela elles prennent le masque et le langage de la dévotion. C'est là une de leurs petites industries pour vivre et pour se faire aimer ; ce qui est bien pardonnable.

Tout ce que M. Henri Roch dit là-dessus fit naître à Madame la curiosité de savoir s'il avait raison. En vain il lui fit observer combien il était indigne chez une maîtresse de maison d'aller écouter aux portes des chambres ; tout ce qu'il put obtenir fut une indulgence plénière pour toutes ses femmes, de marier celles qui ne le seraient pas, et de pardonner à celles qui le seraient.

Les charmantes et douces antiennes qu'elle entendit entonner à plusieurs reprises ne lui laissèrent aucun doute sur ce que M. Henri Roch lui avait annoncé. La découverte faite, elle vint le rejoindre au jardin.

— Vous m'avez, lui dit-elle, rendu de très grands services. Comptez sur ma reconnaissance ; regardez ma maison comme la vôtre ; vous y serez toujours reçu avec plaisir. Vous m'avez instruite de ce que je ne devais pas ignorer, et vous m'avez guérie de mes vapeurs. Ce sont là des services qui ne s'oublieront jamais.

— Je me félicite, reprit M. Roch, de la guérison de Madame, mais je n'aurai pas l'honneur de la revoir. Elle a pour moi une maladie plus à craindre et plus difficile à traiter que les vapeurs.

— Ah ! monsieur Roch, vous m'étonnez ! serais-je malade sans le savoir ? De grâce, dites-moi quelle est cette maladie, afin que je fasse avertir Tronchin, Pomme et mon confesseur. Parlez donc vite, quelle est cette maladie ?

C'est la dévotion ; c'est une maladie qui tue votre âme, qui prolonge votre enfance et qui serait incurable, si Madame avait moins d'esprit qu'elle n'en a.

Ce propos plongea Mme la duchesse dans une profonde rêverie, d'où elle ne sortit que pour dire :

— Ce soir, après la comédie du *Tartufe*, je vous ramènerai ici ; vous me montrerez en quoi la dévotion est une maladie, et si vous me le prouvez par de bons exemples tirés, soit de la Bible, soit d'ailleurs, je ne veux point avoir d'autre médecin que vous.

— Je ne hasarderai point, répliqua M. Henri Roch, une semblab' \ cure ; c'est à Madame à travailler toute seule : elle ne doit attendre de ma part ni conseils ni recette. Je puis en avoir contre les vapeurs, mais je n'en ai point contre la dévotion.

Tout en disant cela, il prend la main de Mme la duchesse et la couvre de baisers.

— Que faites-vous donc là ? lui demande-t-elle avec le ton de la plus grande surprise.

Et il ne répond à la demande et à la surprise de Madame qu'en reprenant cette main et en la baisant de nouveau.

— Savez-vous, Monsieur, qu'il n'y a point de dévotion à tout cela ?...

Et il ne répond au reproche que par un geste et par un mouvement qui annonçait un grand désir, qui, dans toute autre occasion, eût été une témérité impardonnable.

— C'est là du fruit défendu, lui dit-elle en le repoussant doucement.

— Quoi ! dit-il à son tour, mon amour est votre ouvrage, et...

— Oh ! répond-elle, l'amour est un très grand péché, et j'en suis bien fâchée ; sans cela je sens dans le fond de mon cœur que je vous aimerais beaucoup.

— Tout au moins, Madame, accordez encore une fois un plaisir que déjà...

— Non, en vérité, je n'en ferai rien. Je ne suis plus malade, et je n'ai plus besoin de remèdes. Si vous aviez des vapeurs, et que cela pût vous guérir, ce serait alors une bonne action que, par reconnaissance, je n'hésiterais pas à faire. En bonnes œuvres, je ne voudrais pas être en reste avec vous, mais nous nous portons bien l'un et l'autre, et le plaisir que vous demandez n'est nécessaire ni à votre salut ni au mien.

M. Henri Roch, qui jusqu'alors n'avait mis aucun prix à des jouissances dont on l'avait rassasié, en mettait un très grand à un plaisir qui serait le fruit d'une victoire ou d'un sentiment. N'obtenant donc rien par prières, il en vint à un siège réglé. Ce fut alors entre eux deux un vrai combat de passion et d'honnêteté. L'amour formait les attaques, la raison et le devoir les repoussaient, et cela sans fierté, sans aigreur, sans y mêler les intérêts du ciel ni le jargon de la dévotion.

M. Henri Roch enlevait-il par surprise ou par force quelque ouvrage extérieur, cet ouvrage était presque aussitôt repris qu'enlevé. La défense fut longue et pénible, c'est encore une des plus belles que femme de condition ait jamais faites. Moins longue et moins glorieuse fut celle qu'à l'âge de dix-huit ans fit madame la marquise de Parpaille pour la conservation de celle qu'elle appelait sa *toison d'or*.

M. Henri Roch varia ses attaques de vingt manières et avec un art infini. Elles furent inutiles. Mais le furent-elles toutes et la place fut-elle emportée d'assaut, ou se rendit-elle à une capitulation honorable? C'est là ce que nos lecteurs sont dans l'impatience de savoir, et c'est ce que nous ne leur dirons pas. Nous avons promis de raconter des exercices de dévotion et non d'écrire les luttes d'un amour profane sur un lit de roses.

Notre devoir est encore de leur apprendre qu'après ce long combat d'amour et d'honnêteté la liaison de madame la duchesse de Condor et de M. Henri Roch fut très décente ; elle n'eut jamais rien de suspect ni aux yeux du public, qui est toujours malin, ni aux yeux des parents, qui sont toujours soupçonneux.

Nous dirons aussi que madame la duchesse fut pour toujours guérie de ses vapeurs ; que le lendemain son mari arriva de la campagne, et qu'au bout de neuf mois elle accoucha d'un beau garçon qui fait le bonheur des deux familles.

Ce qu'il importe encore d'apprendre à nos lecteurs, c'est que, le soir même, madame la duchesse alla à la comédie de *Tartufe* ; que les écailles, en voyant jouer ce *Tartufe*, lui tombèrent des yeux. Elle ne vit plus dans son confesseur qu'un fourbe, un scélérat qui, pour la séduire plus facilement, la rendait imbécile. De dévote acariâtre elle devint une femme très raisonnable, aimable dans la société, attentive à son ménage, douce et indulgente pour tous ceux qui la servaient ; elle lut de bons ouvrages, et bientôt une raison éclairée succéda à un esprit abruti par le bigotisme et par ses pratiques minutieuses.

Le banc qu'elle avait à l'église fut supprimé, mais

elle eut une loge au Théâtre-Français ; elle ne donna plus aux prêtres ni aux moines des sommes considérables, pour dire des messes, pour rafraîchir les âmes du purgatoire et pour brûler des cierges en plein jour, ce qui est d'une dépense inutile comme d'un extrême ridicule ; mais elle envoya des secours honnêtes dans les prisons de Paris et les diverses maisons de charité. L'argent qu'elle dissipait en dons pour des religieuses inutiles fut employé à avoir une petite pharmacie dans chacune de ses terres, tant pour l'utilité de ses vassaux que pour le soulagement des pauvres de la campagne.

Dans Paris on sut bientôt que cette double cure de vapeurs et de dévotion de madame la duchesse de Condor était l'ouvrage de M. Henri Roch. Cela lui fit beaucoup d'honneur à Versailles. Dans le faubourg Saint-Germain, il devint le directeur et le médecin à la mode, et il eut bientôt plus de pratiques qu'il n'en pouvait faire. Tronchin, Bouvard, Lory, Pomme et les confesseurs furent moins occupés que lui ; leurs recettes étaient moins bonnes. Ils devinrent ses ennemis. Autrefois ils l'eussent accusé d'être sorcier (29), ce qui eût été très sérieux. On se contenta de l'accuser d'être philosophe, et le roi, à qui l'on parla de la philosophie et des cures de M. Henri Roch, ne fit qu'en rire. C'est là, ma foi, un bon roi : prions pour lui.

FIN

LA ROCAMBOLE

OU

NOTES ÉDIFIANTES ET RÉCRÉATIVES

(1) Lagrenée, peintre très estimé; d'un pinceau tendre et voluptueux.
(2) M. de Rhuillières, dont il s'agit ici, n'est pas celui qui est attaché aux affaires étrangères, qui en société est très aimable, qui est auteur d'un excellent petit traité, en vers alexandrins, sur les disputes. *Il ne manque à ce M. de Rhuillières, pour avoir une très grande réputation, que du courage. Il aime mieux, dit-il, digérer paisiblement que d'avoir un nom plus connu. Si nos prédécesseurs, qui n'avaient ni plus d'esprit ni plus de connaissances que lui, avaient ainsi pensé, nous serions encore dans les bois.*

(3) Greuze, *peintre d'une grande réputation.* Tout le monde connaît son tableau de la Dame de charité.

Les peintres sont dans l'usage de faire venir chez eux des filles publiques et de les faire mettre toutes nues ; lorsqu'ils trouvent des formes parfaites, ils travaillent d'après ces modèles. C'est ainsi que la nature sert à la perfection de l'art. M. Greuze passe pour le peintre qui a vu le plus de modèles et pour le mari qui, dans son état, a été le plus fidèle. Demandez-le lui.

(4) Heureux celui... *Madame dit des croix de cette vie ce que Salomon dit la sagesse :* Lignum vitæ qui apprehenderit eum beatus. Prov., ch. III, v. 18. Cette erreur est sans conséquence, comme la plupart de celles qui ne font pas renchérir le blé au marché. En théologie on a fait souvent des citations plus dangereuses.

(5) Une troisième fois. On ne doit pas être étonné de ce triple acte de dévotion, surtout quand on songe que Salomon a dit qu'il y avait trois choses insatiables : Tria insaturabilia, infernus, terra et os vulvæ. Salomon, à ce que disait M. Boulierot, curé de Saint-Gervais, aurait pu dire des choses plus utiles et plus honnêtes. Ce M. Boulierot avait beaucoup d'esprit. Il a laissé en mourant cent mille écus comptants.

(6) Démoniens. Mme la duchesse veut sans doute parler des Lacédémoniens ; c'est par ignorance qu'elle s'exprime ainsi. On ne lui avait rien appris, et elle était en état de tout apprendre. Elle parle aujourd'hui plusieurs langues, sait l'histoire, la géométrie, etc., mais elle se gardera bien de faire comme madame de... quatorze volumes en six ans. L'abondance est souvent stérile.

(7) *L'abbé de Reyrac a fait en prose l'*Hymne au soleil. *Cet hymne, si fort vanté dans le* Journal de Paris, *est, ainsi que tous les discours de prophètes, pauvre en pensées, mais riche en paroles sonores. La pompe et l'abondance des expressions y couvrent une stérilité générale d'idées : c'est un gueux vêtu de magnifiques haillons.*

(8) Chatou, Triel, Maisons, Creteil, Saint-Ouen, Saint-Denis, Vanvres, Ménilmontant, Nogent, Montreuil, Belleville, *sont des campagnes du voisinage de Paris. Emath était une bourgade de l'Idumée. Arad Basan, Torgama, étaient en Syrie ; Dibon, Medaba, étaient des villes des Moabites.*

(9) Les Douze Mois de l'année, *poème en douze chants, formant un petit volume, auquel l'auteur a joint trois volumes de notes. On commente ordinairement l'ouvrage des autres ; M. Roucher s'est commenté lui-même. On n'a jamais poussé si loin que lui le privilège d'être bavard en notes. Redire ce que les hommes de génie ont dit, imprimer ce qui est déjà imprimé, vendre ce que les autres ont dit ou imprimé, cela passe la raillerie.*

On sait la double réputation qu'eut le poème des Douze Mois *avant d'être et après avoir été imprimé. Voyez ce qu'en ont dit MM. Imbert et Garat, bons juges et amis de l'auteur.*

Ah ! mon cher monsieur Roucher, quand on a fait un poème qui, à sa naissance, ne put être lu, et qui aujourd'hui est profondément oublié, on doit être modeste ; on ne doit pas surtout se permettre des satires contre la Henriade, *laquelle fait les délices de bien d'honnêtes citoyens. On pardonne à un homme d'être un poète ennuyeux, mais on ne voudrait pas qu'il fût un juge ridicule.*

(10) Osée. *Dieu envoya d'abord ce petit prophète*

chez une femme de mauvaise vie, avec ordre à lui de s'évertuer avec elle, et de lui faire des enfants de prostitution : filios prostitutionum. Il lui enjoignit ensuite d'aimer et de coucher avec une femme adultère : Vade et dilige mulierem adulteram.

Si l'on envisageait ces ordres conformément aux idées reçues, il semblerait que Dieu eût pu traiter un peu mieux ses petits prophètes que de les envoyer chez des femmes de mauvaise vie.

Les grands prophètes étaient moins bien traités ; à l'un il ordonne de manger un livre de parchemin, à l'autre de se promener tout nu dans les rues ; à celui-ci de porter un bât, et à celui-là de manger des excréments humains. Tout considéré, le traitement d'Osée, qu'on envoie se gaudir avec des filles de joie, vaut encore mieux que de déjeuner, comme Ezéchiel, avec une tartine de m.....

Tout change : autrefois Dieu envoyait ses prophètes à des filles de joie, et aujourd'hui, sous peine de l'enfer, il défend à ses prêtres de prendre pour compagnes des femmes honnêtes.

Ce qui mérite l'attention du philosophe, c'est que dans la plus haute antiquité il y avait des filles publiques à Babylone, à Jérusalem, à Ninive, comme il y en a à Paris, à Londres, à Rome et dans toutes les villes policées. Il y en avait dans les temps patriarcaux. Il s'en trouva une dans le désert du temps de Moïse. C'était une femme publique avec laquelle était couché Zambri, lorsqu'il fut transpercé par le pieux Phinée. Ce fut une femme publique qui cacha les espions que Moïse avait envoyés à Jéricho. Samson était avec une fille de joie à Gaza, lorsque sur le minuit on ferma les portes de la ville pour le prendre. Dalila, de la vallée de Sorec, n'était, ce me semble, qu'une courtisane dont le fort Samson était éperdument amoureux.

Longtemps avant les aventures de ce Samson on avait vu le patriarche Juda accoler sa bru Thamar, croyant être avec une fille publique. La méprise fut salutaire au genre humain, car de cet inceste vint Pharès, l'un des ancêtres de Jésus-Christ.

Du temps de Salomon, le manège de ces filles était tel qu'il est aujourd'hui. Voici ce que ce roi en dit dans le livre des proverbes, supposé toutefois que ce roi se soit amusé à enfiler ces proverbes, dont les uns renferment des erreurs et les autres sont fastidieux par leurs répétitions :

« Étant à la fenêtre de ma maison, j'aperçois un jeune insensé qui, sur le soir et lorsque la nuit devient obscure, passe dans le coin d'une rue près de la maison d'une fille. Je la vois venir au-devant de lui, en sa parure de courtisane ; elle prend ce jeune homme, le baise et le caresse effrontément, lui disant : Je me suis acquittée de mon vœu aujourd'hui, c'est pourquoi je suis venue au-devant de vous, désirant vous caresser. Venez, environs-nous de plaisir jusqu'à ce qu'il fasse jour. Jouissons de ce que nous avons tant désiré. Mon mari est absent pour longtemps. Entraîné par ses caresses, le jeune homme la suit comme un agneau qui va à sa mort en bondissant. » Prov., ch, vii.

Remarquons que cette donzelle dit qu'elle a fait sa prière : Hodie vota mea Deo reddidi. Il en est ainsi de nos jours : point de fille de joie qui de temps en temps ne fasse dire des messes pour que Dieu lui envoie des chalands. L'abbé de Voisenon en avait trouvé plusieurs qui lui avaient assuré que cela leur avait toujours réussi.

Cet abbé se plaisait à conter les scrupules et la

délicatesse de conscience de la Tante-Miel, l'une des plus honnêtes pourvoyeuses de Paris.

Il lui demanda un jour si elle faisait bien ses affaires ; et elle répondit très chrétiennement :

— Ah ! monsieur l'abbé, quand on fait son métier en honneur et conscience, Dieu ne nous abandonne jamais.

L'abbé, une autre fois, lui témoignait des craintes sur la santé d'une demoiselle qu'elle lui avait envoyée. — Pour qui me prenez-vous ? dit-elle ; n'ai-je pas, tout comme vous, une âme à sauver ?

Laissons les filles et M. l'abbé. Revenons au prophète Osée. La seconde femme chez qui Dieu lui ordonna d'aller s'amuser lui coûta quinze pièces d'argent et une mesure et demie d'orge. Il y a des filles, de nos jours, qui coûtent beaucoup plus, et d'autres beaucoup moins. Il y en a de vingt, de trente, de quarante mille francs par an. Il y en a à douze sous pour les laquais, et à vingt-quatre sous pour les étudiants, soit en chirurgie, soit en théologie.

(11) *Les malins ont prétendu que l'abbé de Voisenon, sous les noms barbares de* Tel-Ment, *de* You-Rouk, *de* Ron-fer, *de* Seri-Rog, *de* Ro-Té-So *et de* Sei-Batar, *avait voulu désigner* MM. Clément, Royou, Fréron, Grosier, Sautereau *et* Sabatier. *Nous n'en croyons rien. Nous pensons au contraire qu'il a voulu parler de six Juifs aussi fameux par le mépris public dont ils sont couverts que par les haillons qu'ils vendent.*

(12) Tel que Salomon. J'irai, dit ce roi, en parlant d'une visite qu'il veut faire à la Sulamite, j'irai au mont de la myrrhe et à la colline de l'encens : Vadam ad montem myrrhæ et ad collem thuris. Cent commentateurs, espagnols, portugais, ita-

liens, flamands, français, allemands, polonais, se sont signalés pour expliquer ce passage.

(13) Sous la forme d'un maître ouvrier. *Dieu demanda au prophète Amos : — Que voyez-vous ? Et Amos répondit : — Je vous vois sur une muraille avec une truelle à la main. — Je ne me servirai plus de truelle avec mon peuple, lui répliqua le Seigneur ; je ne recrépirai plus ses murailles.*

(14) Quoique son nez. *La comparaison que Salomon fait du nez de sa maîtresse avec une tour prouve que de son temps les grands nez étaient à la mode chez les femmes juives. Il comparait aussi son ventre à un boisseau. Les gros ventres sont regardés de nos jours comme imperfection dans la taille des femmes, mais les grands nez ont encore leur prix.*

(15) Le savant Baumé. *Fameux apothicaire ; il est de l'Académie des sciences ; il est aussi le premier qui ait dépouillé l'opium de sa partie enivrante.*

Il est bon d'observer que M. Henri Roch, dans cet endroit de sa prière, parle par inspiration. Personne n'ignore que dans l'état d'inspiré un homme fait peu de cas de l'exactitude, que souvent il ne sait ce qu'il dit, témoin tous ces livres orientaux dans lesquels les auteurs inspirés, ou se disant inspirés, ont laissé tant d'absurdités et tant d'erreurs sur la physique, sur la chimie, sur la géométrie, sur l'astronomie, la géographie et l'histoire naturelle. La Bible en est remplie.

(16) Lucienne, *située sur la machine de Marly, a un point de vue des plus beaux et des plus agréables. Cette campagne appartient à Mme la comtesse Du Barry, jadis en grande faveur.*

(17) Engaddi. *Les raisins d'Engaddi étaient fort*

renommés. *Les prophètes en parlent avec éloges ; Jacob en bénissant son fils Juda, compare ses yeux au vin.*

(18) Le Sancy. *Ce diamant est en effet le plus beau de la couronne de France ; il vient d'Antoine, roi de Portugal. Ce roi détrôné et réfugié en France, mit pour vivre ce diamant en gage ; il pensait qu'il valait encore mieux avoir du pain que des diamants. Les malheurs avaient formé ce roi.*

(19) Allégrain, *excellent sculpteur. Pendant tout un été on courut à son atelier pour voir sa statue de Diane qui est un chef-d'œuvre, et de laquelle quelques jeunes gens, dit-on, devinrent amoureux, quoiqu'elle fût de marbre.*

(20) Le beau Gabriel. *Il n'est point de peintre qui ne cherche à exceller en peignant le tableau de l'Annonciation. Ils aiment à représenter l'ange Gabriel, qui tout à coup paraît aux yeux d'une jeune vierge, montrant une jambe belle et nue, une cuisse bien nourrie et toute nue, un derrière à demi-découvert et une légère draperie voltigeant et couvrant à peine cette partie de l'homme qui dans un ange est fort inutile, mais dont les alentours peuvent, en un seul clin d'œil, embraser les sens de toutes les vierges juives et françaises.*

J'ai été témoin de l'effet prodigieux que dans l'église d'un village près de Paris fit un pareil tableau sur l'imagination d'une demoiselle bien née, sage et vertueuse jusqu'alors.

(21) Sanir. *Les prophètes dans leurs visions parlent des sapins de Sanir et des chênes de Basan. Ces chênes étaient très renommés, mais un peu moins que ceux de Dodone, qui prophétisaient. Les prophéties de ces arbres sont tombées dans le discrédit. Chaque chose a son temps ; nous nous en*

tenons toujours à celles des grands et des petits prophètes juifs.

(22) Cinq anus d'or. *Dieu pour punir les Philistins de ce qu'ils retenaient son Arche, les affligea d'hémorrhoïdes et leur fit pourrir le derrière. Pour se délivrer de cette horrible maladie, ils lui offrirent cinq anus d'or. Dieu fut sensible à leur offrande et les guérit. Cette offrande n'est plus d'aucun prix aux yeux de Dieu. J'en ai fait la triste expérience.*

(23) Andresi *est un village des plus riants des environs de Paris. Il est situé au bas de la montagne du Hauti, au confluent de l'Oise et de la Seine. L'air d'Andresi est très pur, ses vins sont bons, ses cerises délicieuses, et mademoiselle de Bourbon-Condé, qui l'habite, une princesse adorable.*

(24) Sein virginal. *Comment peut-on appeler sein virginal le sein de madame la duchesse ? C'est sans doute par un trope ou figure de rhétorique dont j'ai oublié le nom. Le lecteur qui sera curieux de le savoir peut s'adresser à M. Bauzée, de l'Académie française. Il n'en coûte que deux sous par la petite poste, et, en vérité, pour une figure d'Académie, deux sous sont bien peu de chose.*

(25) Chérubins. *Il n'est que trop ordinaire de confondre les chérubins avec les autres puissances célestes ; c'est comme si on confondait nos grands seigneurs à talons rouges et les valets de pied du prince.*

Dans le ciel il y a des chérubins, des séraphins, des archanges, des trônes, des dominations, des potentats, des vertus, des forts, des légers, des souffles, des flammes, des étincelles, etc.

Si on veut s'instruire à fond de la hiérarchie de ces êtres, on peut lire l'ouvrage d'un docteur de

Sorbonne sur les ailes des chérubins. Cet ouvrage, qui valut à son auteur le titre de docteur ailé, *n'a que neuf volumes in-folio : c'est le comble du génie d'avoir en si peu de volumes dit tant de choses, de si curieuses et de si utiles.*

Les théologiens de Sorbonne ont, ma foi, rendu de très grands services à l'Etat. Que Dieu et le roi les maintiennent en leur grade contre ces malheureux philosophes qui prétendent qu'une frérie de cordonniers est encore plus nécessaire dans Paris que des théologiens qui disputent contre ces malheureux philosophes qui assurent que M. Parmentier, qui a perfectionné l'art de la boulangerie, vaut cent fois plus que le docteur ailé ; qui désirent que les étables de Sorbonne soient bientôt converties en un beau collège de médecine et de pharmacie.

Saint Bonaventure a aussi beaucoup écrit sur les chérubins et sur les séraphins. Ce fut un chérubin qui fut mis en sentinelle à la porte du paradis terrestre, brandissant une épée flamboyante pour empêcher Adam et Eve de rentrer dans ce séjour de délices.

C'étaient des chérubins qui précédaient les roues mystérieuses qu'Ezéchiel vit sous le firmament. Quand Dieu allait en voyage, c'était ordinairement un chérubin qui lui servait de monture : Ascendit super cherubin et volavit ; *et c'est peut-être à cause de cela que le prophète donne aux chérubins le nom d'animaux :* animalia.

« *Papa, disait Voltaire dans son enfance, quelle est cette bête qu'un chérubin ? Y en a-t-il à la foire ? Quand il y en aura, je vous prie de m'en faire voir un.* »

(26) Avec les comètes. *Nous avons un excellent traité qui contient des choses neuves et des vérités*

utiles en astronomie sur les marches, les promenades et les courses de ces astres ; mais il n'y est pas dit un mot ni de leurs chevelures, ni de leurs queues, ni de leurs danses, et c'est le seul défaut que le père Berthier, de l'Oratoire, trouve à cet ouvrage sur les comètes.

L'auteur de cet ouvrage est M. Dionis du Séjour, conseiller de Grand'Chambre, magistrat aussi intègre, aussi judicieux, aussi paisible, qu'académicien éclairé.

Je ne sais quel bon citoyen a dit que si parmi les pères conscrits il y en avait beaucoup qui le valussent, on ne désespérerait pas du salut d'Israël.

(27) Agag. *On sait que Saül qui, en cherchant des ânesses, avait trouvé un royaume, usa de miséricorde envers Agag, après l'avoir vaincu. Cette miséricorde, comme on sait encore, déplut à Dieu et à son prêtre Samuël qui, pour réparer la faute de Saül, coupa en petits morceaux sa majesté amalécite.*

Voltaire a dit quelque part que le prêtre Samuël mit ce roi Agag en hachis : c'est là une des petites goguenarderies de ce grand homme. Les meilleurs interprètes pensent au contraire que Samuël en fit une fricassée avec une sauce à la maître d'hôtel.

Quelques jésuites, tels que Dina, Tambourinus et Gambacurta, ont bien prétendu que sa majesté Agag fut mise en haricot. Mais ce sentiment n'a jamais été que probable, et même, depuis la destruction des jésuites, il est entièrement rejeté par les théologiens de Sorbonne. Voyez ce qu'en dit Morcillon dans le Cuisinier bourgeois.

(28) Cataractes. *Qu'entend-on par cataractes ? qu'est-ce qu'un ciel ? qu'est-ce qu'un firmament ?*

C'est là le sujet d'un prix que nous proposons aux érudits de toutes les universités, sans en excepter les professeurs des collèges de Tours, de Poitiers, de Bordeaux, de Toulon, de Nantes, de La Rochelle et de Clermont en Auvergne. Le prix sera d'un chérubin vivant, ou un chérubin en or du poids de mille francs. Les discours, écrits en français, seront adressés, francs de port, à M. le marquis de Condorcet, secrétaire de l'Académie des sciences de Paris.

(29) On l'eût accusé d'être sorcier. Dans le quatorzième siècle, un docteur de Sorbonne, nommé Guillaume Edelin, et prieur de Saint-Germain-en-Laye, eut une intrigue avec une jeune dame de condition. Elle devint grosse. Le docteur de Sorbonne fut arrêté et accusé d'être sorcier. On devait le faire brûler, mais il racheta sa vie en s'avouant coupable, en s'accusant d'avoir été au sabbat, d'y avoir adoré le diable sous la forme d'un bouc, de lui avoir baisé le derrière, enfin d'être un vrai sorcier. Il en fut quitte, après cette confession, pour une prison perpétuelle et pour jeûner le reste de sa vie. C'était s'en tirer à bon marché ! Il y a, ma foi, des gens heureux !

Depuis le docteur Edelin il n'y a plus de sorcier en Sorbonne : c'est du moins le sentiment de maître Ribaudier, syndic de ladite école.

FIN DES NOTES

TABLE DES MATIÈRES

Les liaisons dangereuses 1
Les exercices de dévotion de monsieur Henri Roch avec madame la duchesse de C***. 249

FIN DE LA TABLE

Imprimerie DESTENAY, à Saint-Amand (Cher).

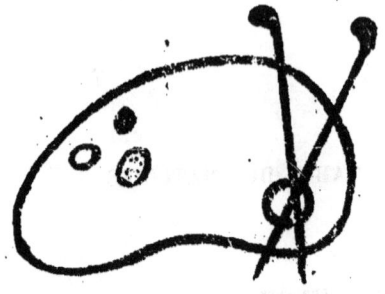

Original en couleur
NF Z 43-120-8.

www.ingramcontent.com/pod-product-compliance
Lightning Source LLC
Chambersburg PA
CBHW071301160426
43196CB00009B/1378